国際ソーシャルワーク
新たな概念構築

東田全央・秋元　樹・松尾加奈 編

International Social Work
of all people in the whole world

ARIISW-Shukutoku

Junposha

推薦のことば

　本書は、国際ソーシャルワークに関する学術文献に新たに加えられた、重要かつ最も歓迎されるべき一冊である。国際ソーシャルワークに関する秋元樹博士の長年の研究成果に基づく論稿に、他の研究者らによる主要概念に関する寄稿が加えられた。本書は、非西洋的視点からの国際ソーシャルワークの新たな構築を含む、新鮮で示唆に富む視点を提供しており、広く読まれるに値するものである。

リン・ヒーリー

コネチカット大学名誉教授

　国際ソーシャルワークに関する学術的な議論を新たな高みへと押し上げる、この分野ではユニークな書籍である。よく練られた議論が展開されるにつれて、読者はテキストに深く没頭し、あらゆる人びとに影響を与え急速に変化する世界における国際ソーシャルワークの意味を再考するように促される。

　第I部は、国際ソーシャルワークの新たな概念について、多角的な視点と洞察による示唆に富んだ議論をまとめ、さらなる議論の幅を拡張する。第II部は、すべてのソーシャルワークに共鳴し、多様な文化や社会に適合する、国際ソーシャルワークの新しい枠組みについての議論を強化する。本書は、国境を越えてソーシャルワークを団結させ、認識し、そして現在も未来もあらゆる場所で人々に影響を与える問題に取り組む国際ソーシャルワークを発展させるための、継続的な対話に寄与することだろう。

アントワネット・ロンバード

プレトリア大学名誉教授、国際ソーシャルワーク学校連盟会長

はじめに

　国際ソーシャルワークとは何か。国際ソーシャルワークに求められる視点とは何か。主流の国際ソーシャルワークが生まれて間もなく1世紀を迎えようとしているが、いまだこれらの根源的な問いは重要であり続けている。本書は、国際ソーシャルワークについて、それらのごく基礎的な、しかし最も重要ともいえる問いに挑む。本書の論旨等については第Ⅰ部のプロローグ（初版 Preface に相当）をご覧いただくこととし、ここでは本書の背景と構成等について紹介するにとどめる。

　本書の原型である英文の初版（*International Social Work of All People in the Whole World: A New Construction*）は、淑徳大学アジア国際社会福祉研究所（ARIISW）の秋元樹名誉所長の単著として、4章構成で、2024年2月に旬報社より発刊された。秋元樹名誉所長の発案を受けて、その増補となる英文の第2版（Second Edition）が、初版の議論をサポートする新たな章を加えて、2024年10月に発刊されるに至った。本書はその第2版（英文）の日本語訳・編集版であるが、初の和訳版でもある。そのため、「第2版（英文）」と区別するために、本書を「和訳版」として述べる。

　大幅にアップデートされた第2版（英文）には、初版（英文）の第1章から第4章が第Ⅰ部としてまとめられ、別の研究者によって執筆された第5章から第10章が第Ⅱ部として加えられた。第2版（英文）の趣旨は、第Ⅰ部（初版）の議論が本書の中心であることに変わりなく、第Ⅱ部にて第Ⅰ部の根拠あるいは論点をより明確に示すことにあった。加えて、この和訳版は各英文執筆者によって日本語に訳されたものである。読みやすさ等を考慮し、第2版（英文）から若干の編集が加えられている場合があることについてはあらかじめご了承いただきたい。それぞれの章構成は次の通りである。

　第Ⅰ部の第1章は、西洋生まれ専門職ソーシャルワーク（Western-rooted professional social work; WPSW）を基盤とした国際ソーシャルワークの歴史的系譜とこれまでの成果を概観する。第2章では、極東の非英語圏における国

際ソーシャルワークやそれに関連する概念の調査結果をもとに、WPSWの国際ソーシャルワークとの異同について議論する。第3章では、第1章と第2章を踏まえて、国家論モデル（A Theory of the State）を概念化したのち、国際ソーシャルワークの新たな定義を示す。第4章では、国際ソーシャルワークのエッセンスを、これからこの分野に参加しようとする人たちにどのように伝えることができるかについて、世界地図を用いた教育手法とともに例示する。加えて、第I部のエッセンスを凝縮した補章（158-179頁）もぜひ参照いただきたい。

　第II部については、異なる専門分野の著者が、第I部および国際ソーシャルワークの議論を補足するために各章を執筆した。一部の章を除き、あえて国際ソーシャルワークそのものについて議論せず、むしろ第I部における新たな国際ソーシャルワーク理論を支える論点を深く掘り下げつつ、初学者でも理解できる範囲で紹介することが期待された。また、執筆者が何らかの形で関係のある国や「自国」から議論を始めないことも条件とした。これらは、第I部で提示および強調されるように、国際ソーシャルワークの視点において、特定の国や地域に特別の価値等を置かないことを意識化するためでもあった。それらの条件のもと、第II部の各章は、編者によるレビューが行われ、執筆者により加筆修正がなされた。

　第5章では、新たな国際ソーシャルワーク理論の画期的な探究において重要な要素である国境と国家、およびその複雑な関係について簡潔に概説する。国境という境界線の様態、歴史的および地政学的な文脈の中でのその構成過程等について紹介する。第6章は、ナショナリズム、インターナショナリズム、コスモポリタニズムの間にある糸を解きほぐしながら、それらの内容や歴史的な系譜を体系的かつわかりやすく概説する。これらの概念およびそれぞれの関係性への眼差しは、より包括的で複眼的な視点に基づく理解を促す。第7章は、ナショナリティ・国籍、アイデンティティ等について多角的に探

究する。この章は、国籍やカテゴリ化の議論の限界に挑戦し、筆者自身の考えや経験を交えて論じる。第8章は、対外援助と国益について、最新の知見を交えて概説する。本章では、政府開発援助（ODA）をはじめとする対外援助のダイナミックスと、その国益との交差を精査し、国際援助の複雑性に光を当てる。第9章では、世界におけるソーシャルワーカーおよびソーシャルワーク校の分布について、公的データをソースとして地理情報システム（GIS）によって、そのばらつきあるいは不均衡を視覚化する。第10章は、WPSWではないソーシャルワークの事例として、ARIISWが主体的に行ってきた仏教ソーシャルワーク（Buddhist social work）研究の知見を概説する。ただし、本章における仏教ソーシャルワークの記述は執筆者による理解であり、ARIISWの知見に著者自身の議論が加えられたものである。

　国際ソーシャルワークをめぐるこの新たな探究において、各章は多角的視点に基づきかつ包括的な議論の醸成に貢献する。他方、本書の計画段階において検討された、いくつかの章の候補（第I部のエピローグを参照）が含まれなかった。それらは、本書の議論の発展を含む今後の課題としたい。

　本書は、これまでの国際ソーシャルワークの書籍とは大きく異なるものと考える。秋元名誉所長が第I部のプロローグで述べるように、本書の形態さえ分類しがたさがあるところに、そのユニークさが秀でている。本書が、世界中において、国際ソーシャルワークを専門とみなしている人びとに読まれるだけではなく、国際ソーシャルワークという言葉を聞いたことがなかったような読者にも何らかの刺激を与えることを願ってやまない。

編者を代表して
東田全央

謝辞

　本書の計画から作成の過程で、直接・間接を問わず、何らかの形でかかわっていただいたすべての方々に心から感謝申し上げます。まず、国際ソーシャルワークの発展に尽くされてきたすべての先達の先生方、淑徳大学アジア国際社会福祉研究所とフォーラムや研究会等で議論や意見交換をしてきていただいた方々に感謝します。皆様との知や経験の交流無くして、本書の着想に至ることはできなかったであろう、と考えます。

　加えて、外部執筆者の方々、本書の作成に直接かかわっていただいた皆様に厚く御礼申し上げます。淑徳大学アジア国際社会福祉研究所の戸塚法子所長、藤森雄介・アジア仏教社会福祉学術交流センター長、事務室の江島一弥室長、野中夏奈さん、染谷有紀さん、能勢貴子さんをはじめ、本書の作成を側面から支えていただいた方々にも大変感謝しています。

　末筆ながら、本書を出版物の意義と重要性を認識し、全過程をサポートしてくださった旬報社の木内洋育代表取締役社長、編集にご尽力いただいた熊谷満部長、今井智子さん、ならびに関係者の皆様に最大限の感謝の意を表します。

編者一同

Contents

推薦のことば 3

はじめに 4

謝辞 7

第1部
―新たな構築―

プロローグ 15

用語 18

第1章　西洋生まれのソーシャルワークの　　　　　　国際ソーシャルワーク概念発展のリビュー
――用語、概念、定義の理解 21

1.　時代区分別国際ソーシャルワーク概念の発展 23

1.1　〜1920年代から40年代初め：誕生とはじまり 23

1.2　40年代後期から80年代：北から南への移転および援助
　　　ならびに「国際」ソーシャルワークから「国際ソーシャルワーク」
　　　への飛躍（TA） 26

1.3　1990年代から21世紀初め：定義の成熟と
　　　グローバリゼーションのもとの国際ソーシャルワーク 30

2.　まとめと限界 42

第2章　国際ソーシャルワークのもう一つの理解
――「活動」のカテゴリーではなく「ものの見方」 55

「国際社会福祉」を創る
――国際社会福祉の実践／研究と規準 58

1.　国際社会福祉とは何をすることか？
　　　――国際社会福祉の名の下で行われた実践／研究 59

2.　それらは必ずしも国際社会福祉ではない 63

3.　国際ソーシャルワークとは何か
　　　――「活動」の分野［カテゴリー］ではなく規準［「ものの見方」］ ... 67

4.　自国から発想しない
　　　――国際社会福祉の仮定義と規準 71

5.　我々の現在地 72

6.　まとめ 75

第3章　新たな国際ソーシャルワークの建設（構築） ···· 79

1.　国際ソーシャルワーク概念発展の2つのモデルと
　　西洋生まれソーシャルワークの国際ソーシャルワーク
　　到達点における疑問
　　――第1章、第2章のフォローアップ ········ 80

1.1　国際ソーシャルワーク概念の発展のモデル ········ 80

1.2　西洋生まれ専門職ソーシャルワークの国際ソーシャルワーク
　　到達点に出された問題についての
　　暫定的議論 ········ 87

2.　「国際ソーシャルワーク」の新たな建設 ········ 91

2.1　基礎工事 ········ 92

2.2　枠組み ········ 97

2.3　『国際ソーシャルワーク』の中核要素 ········ 100

2.4　『国際ソーシャルワーク』の誕生と
　　その「国内」ソーシャルワークおよび
　　ソーシャルワーク全体との関係の歴史的発展 ········ 105

2.5　理念型と実在
　　――『国際ソーシャルワーク』と『国際ソーシャルワーク』′（ダッシュ）······ 107

2.6　環境要因
　　――国際化とグローバリゼーション ········ 109

2.7　将来：未解決の問題 ········ 114

3.　新たに建設された定義とまとめ ········ 118

第4章　国際ソーシャルワークのエッセンスと9枚の世界地図
　　――どのように学生に国際ソーシャルワークの奥義を伝授するか ···· 128

1.　国際ソーシャルワークとは何か ········ 128

2.　国際ソーシャルワークのエッセンスをどのように伝承するか ········ 130

【付録】　2枚の世界の白地図（コメント一覧） ········ 143

エピローグ ········ 153

| 補章 | キャサリン・ケンドル記念講義 | 158 |

受賞者紹介 158

キャサリン・ケンドル記念講義録
100周年を超える国際ソーシャルワーク（ISW）
第3ステージのソーシャルワーク（SW）のISW
西洋生まれの専門職SW、仏教SW、すべての人々のSW 161

1. その上にISWがよって立つ第3ステージのSWの理解
   ——それはどのようなものか？ 161

2. そのような第3ステージのソーシャルワーク理解の上に立つISW
   ——それはどのようなものか？ 168

「補章」の背景と解説 174

第Ⅱ部
―構築のための土台―

第5章	国境と国家

——誕生・発展・変容 182

1. 国境とは何か 183

2. 国境の諸側面 184

3. 国境の歴史
   ——誕生、発展、変化 185

4. 国境をめぐる諸問題 189

5. 結語 190

第6章	ナショナリズム、国際主義、コスモポリタニズム

——概念の比較検討 194

1. 各用語の意味 195

1.1 ナショナリズム 195

1.2 インターナショナリズム 197

1.3 コスモポリタニズム 198

2. 各用語の歴史 200

2.1 ナショナリズムの歴史 200

2.2	インターナショナリズムの歴史	201
2.3	コスモポリタニズムの歴史	203
3.	グローバルな現代における比較	204
4.	結語	207

第7章 「国籍」の背後にみえる世界、超えた先にひろがる世界 209

1.	国籍の持つ3つの意味	211
1.1	基本的人権としての国籍	211
1.2	アイデンティティの証明としての国籍	214
1.3	より良い人生を実現するためのツールとしての国籍	216
2.	移民の社会統合と難民保護システムのジレンマ	217
2.1	「外国人」と「国民」の二項対立を超えた複雑な排除構造	217
2.2	難民保護システム:国籍と国境管理	219
3.	インターセクショナリティか、カテゴリーの解体か	221
4.	国籍とカテゴリーの本質化を超えて	223

第8章 対外援助と国益 227

1.	各国が援助する動機は何か?	227
1.1	ODAの概要	227
1.2	対外援助と国益の過去と現在の関連	230
1.3	対外援助と国益:日本の事例	231
1.4	自由で開かれたインド太平洋 (FOIP)構想と安倍ドクトリン	232
2.	対外援助の競争と協力	233
2.1	被援助国の視点	233
2.2	中国国際発展協力庁	234
2.3	援助相補性仮説	235
2.4	実際の援助の補完性	236
3.	ポストCOVID-19開発パラダイム	237
3.1	自由資本主義の崩壊と新しい資本主義の模索	237
3.2	プラットフォーム資本主義	238
3.3	SDGsを問い直す	239
4.	結語	240

第9章　ソーシャルワーカーおよびソーシャルワーク校のマッピング ……… 243

1. ソーシャルワーカーの人数と分布 ……………………………… 244
2. ソーシャルワーク校・プログラム数と分布 …………………… 248
3. 事例：精神保健ソーシャルワーカーと
   ソーシャルワーク校の関係性 ………………………………… 249
4. 結語 ……………………………………………………………… 251

第10章　仏教ソーシャルワーク ……………………………………… 253

1. 仏教ソーシャルワークに関する研究の小史 ………………… 254
2. 仏教ソーシャルワークの特徴 ………………………………… 255
3. 概念化 …………………………………………………………… 258
4. 結語 ……………………………………………………………… 261

おわりに …………………………………………………………………… 264
索引 ………………………………………………………………………… 266

第I部

―新たな構築―

秋元　樹

私をソーシャルワークの世界に
またその世界のなかで導いてくださった
マリアン・マハフィ博士（元全米ソーシャルワーク協会会長）と
その夫ハイ・ドゥーハ氏に本書を捧ぐ

プロローグ

　国際ソーシャルワークとは何か？　他国に関することをすれば国際ソーシャルワークというわけではない。植民地においてその支配をスムーズにするためにソーシャルワークを行うこと、政治的、経済的進出の露払いとしてミショナリー活動あるいはODAプロジェクトの一部として他国で働くこと——それらは国際ソーシャルワークといえるのだろうか。他国の福祉事情すなわち海外事情を調査紹介するのは国際的ソーシャルワークだろうか。自国内の移民が抱える問題を解決するために、あるいは自国の児童福祉政施策をより良いものにするために他国と関係を持ちあるいは他国から学ぶのは国内ソーシャルワークなのではないか。気候変動、世界的流行病のようなグローバルな社会問題に働くこと、文化多様性について議論すること、あるいは国際比較をすることがイコール国際ソーシャルワークなのか。西洋生まれの専門職ソーシャルワークをグローバライズすべく努めることは国際ソーシャルワークなのか。これらは必ずしも国際ソーシャルワークではない。

　国際ソーシャルワークの言葉が初めて使われてから100年近くが経つ。それは多くの先達たちの偉大な努力により大きなものに育った。著者は彼（女）たちに無条件の敬意と謝意を表するとともにこれの前進が今後も続くことを祈る。

　これらの努力と達成は主に英語圏あるいは西洋世界のそれである。本書はそこでうち捨てられてきた非英語圏、非西洋世界からのささやかな貢献の一つである。そこから、なんらかの新たな何か、ユニークな何かが見えて来ないか。

　本書は今日世界に拡がる主流の国際ソーシャルワークとは異なる新たな国際ソーシャルワークを提唱する。新しい国際ソーシャルワークの概念的構築を試みんとするものである。しかし、主流国際ソーシャルワークを否定、再定義、再構築せんというものではない。

　我々は、国際ソーシャルワークは一分野（一定のカテゴリーの活動・機能）というより一定の「ものの見方」を中心とする一定の理念をその内に持つこ

とをもって定義されるものと考える。その「見方」とは、自国を含めた国民（主権）国家の外からの目、あるいは複眼を持ってものを見ることを意味する。国際ソーシャルワークの対語は国内・国別ソーシャルワークである。

　国際ソーシャルワークは地球上のすべての国と地域の人々を「対象」とする。その国と地域、人々を平等に見て、平等に仕える。これを現実のものとするために国際ソーシャルワークは"ソーシャルワーク＝西洋生まれの専門職ソーシャルワーク"の等式のままでおさまっているわけにはいかない。国際ソーシャルワークというからには他のソーシャルワークをも視野に入れていなければならないからである。西洋生まれの専門職ソーシャルワークは上記「対象」のすべて、あるいは圧倒的多数にその質量両面において今日仕えていないし近い将来仕えることもできない。国際ソーシャルワークの概念は世界のあらゆるソーシャルワークと整合性のあるものとして構築されなければならない。

　国際ソーシャルワークは、たとえば、人権だ国連だというレベルで止まるわけにはいかない。その先、その内実を問う。人権の意味する内容は一通りではないし、そもそもそれは西洋生まれの専門職ソーシャルワーク全体の中核的価値であり国際ソーシャルワーク特有の価値ではない。国連の組織、成果物はなお主権国家間の争いの場、結果でもある。

　新たな国際ソーシャルワークはさらにいくつもの特徴を示す。たとえば、

1. 国際ソーシャルワークの誕生は2度ある。最初は国境が引かれたとき、2度目は国民国家が成熟したときである。
2. 国民国家が成熟したとき、国民国家の限界を破り国境を越える道は2通りあった。1つは主権国家内の国内・国別ソーシャルワークの国際関係活動、もう1つは主権国家の外（見方を含む）からの活動である。しかし、新たな定義にあってはそのうちの1つ、後者のみが「国際ソーシャルワーク」として採用されている。
3. （国内・国別）ソーシャルワークから飛び出して、国民国家の主権の外に独立の存在物となり、なおかつソーシャルワークの枠の中に留まる国際ソーシャルワークは、「国民国家の主権の外にある」という要素はも

ともとソーシャルワークの中にその誕生から遺伝子のごとく内在する
ということを思いおこさせる。
4. 国際ソーシャルワークは「専門職ソーシャルワーカー」の側から定義
されず「ソーシャルワーク」の側、すなわちソーシャルワークを行う
人および受益者の側から定義される。
5. 国際ソーシャルワークは単純に西洋生まれの（専門職）ソーシャルワー
クのグローバリゼーションめざすものではない。
（新たな国際的ソーシャルワークの最終定義を急ぐ読者は第3章の3(118
頁)を見られたい。）

第1章は西洋生まれの専門職ソーシャルワークの一部としての国際的ソー
シャルワークの功績をリビューする、第2章は極東の非英語圏の一国におい
てなされた一研究の発見である。第3章はこの2つの章に基づいて新たな国
際ソーシャルワークの概念を構築する。第4章は国際ソーシャルワークのエッ
センスは新たにこの道に足を踏み入れる人々にどのように伝承することがで
きるかの一例を示す。

本書の第Ⅰ部はかなり独立した4つの章からなる。それぞれの稿は30年に
わたる異なる年に書かれている。第1章は主に2021年、第2章は1990年代
の初め（1995年、1997年出版）、第3章は2021-22年、第4章は2000年代はじ
め（2005年出版）である。説明的例示をはじめとした「時代遅れ」、用語の
章間の不整合も見い出されるが、あえてそのままに残されている。それぞれ
の時のオリジナルの成果に敬意を払うとともに史的記録の保持のためでもあ
る。読者はいずれの章から読み始められても良い。全巻を通して見られる重
複記述はこのゆえに意図的に残されている。

本書は、教科書と分類されるか、建築図面と分類されるか、調査報告書と
されるか、学術書とされるか、夢を語るエッセイとされるか？　それはどう
でも良いことである。著者は本書が国際ソーシャルワークのベテランの教授
や実践家が批判的心情を持ちつつ楽しみ、また国際ソーシャルワークに関心
を持つ人が初めて手にする本であればと思う。

用語

1. **活動**（ソーシャルワーカーのあるいはソーシャルワークに従事する人々の）：原語（英語）activities の訳。主に第 1 章では機能(functions)、実践(practices)、行動(actions)、行為(acts)がそれぞれの厳格な定義ならびにそれぞれの間の異同および関係についての議論なく、活動と時に相互互換的に用いられている。この非厳格さを示すために「活動」と鉤括弧がつけられている。

2. **機能**（ソーシャルワーカーの；主に第 1 章）：前項1を見よ。

3. **理念**（第 3 章）：原語（英語）idea (idee)の訳。ここでの意味は日常生活における考え・アイディアというより哲学におけるそれ——「行動の可能な道筋に関かわる思想あるいは導き」(Oxford Dictionary of English, 2nd Ed. Revised, Oxford University Press, 2005)——に近い。「その事がどうあるべきかという根本的な考え。カント哲学では経験を超越する概念」『精選版日本国語大辞典』小学館, 2006)「現代では決断や解釈の目的として存在論的な含意なしに用いられる」(『広辞苑』第六版, 岩波書店, 2008, 2014) 第 3 章では理念は一定のものの見方、未来に対する歴史的見方および夢を含む包括的概念として用いられている。(101-104頁 (a)〜 (d) を見よ)

4. **国際ソーシャルワーク**：他の国と関係したソーシャルワークとの意味を持つ一般的用語。それは国際ソーシャルワーク(A) (次項5) と国際ソーシャルワーク(B) (下記6)の双方を含み得る。

5. **国際ソーシャルワーク(A)** (主に第 3 章)：国内（国別）ソーシャルワークの一部としての国際ソーシャルワーク。他国に関したあるいは国境を越えた自国のためのソーシャルワーク。次項6を見よ。cf. 第 3 章 97-98頁.

6. **国際ソーシャルワーク(B)** (主に第 3 章)：国内（国別）ソーシャルワークあるいは国民国家の外に根を持った国際ソーシャルワーク。世界のすべての国と地域のすべての人々に平等に働くソーシャルワーク。上

記5を見よ. cf. 第3章98頁.

7. 『国際ソーシャルワーク』（主に第3章）：前項6の国際ソーシャルワーク（B）は本書においては国際ソーシャルワークと名づけられるにふさわしいものであることを示すために二重鉤括弧を付した『国際ソーシャルワーク』によって置き換えられている。

8. 『国際ソーシャルワーク』′（ダッシュ）（第3章107頁）：現実社会に実在する『国際ソーシャルワーク』（前項7）。読者が"′"を見落とすのを避けるために（ダッシュ）の文字が挿入されている。

9. 国内ソーシャルワーク：主に第1章では local social work、主に第3章では 'national' social work の訳語として用いられている。その他 domestic social work, state social work, social work country by country の訳語である場合もある。国内の、国別の、それぞれの国ごとのソーシャルワークを意味する。(cf. 次項10) 鉤括弧の使用については上記1項を参照。

10. 国（主に第3章）：原語（英語）nation の訳。時に state、country、国民国家あるいは時には政府（government）の訳語として用いられる。それぞれの語の定義、それら相互間の異同、関係については上記項1を参照。

11. 国境：第2章では national boundaries、主に第3章では national borders の訳として用いられている。本書においては意味上の違いはない。第5章も参照のこと。

12. 期（主に第1章）：原語（英語）period の訳。期という語は歴史的時間軸上の区分として用いられる。(cf. 次項13を見よ)

13. 段階（主に第3章）：原語（英語）phase の訳。段階はモデル内の発展区分として用いられる。(cf. 前項12を見よ)

14. 「国家論」（第3章）：国家、国民国家のその誕生と発展、福祉国家から福祉世界への志向性にフォーカスを合わせたモデルに与えられたニックネームであり、プラトン、ボーダン、スピノザ、ルソー、マルクス等のそれのような大理論をいっているのではない。

15. TA：現著者 Tatsuru Akimoto（秋元樹）のイニシアル。主に第1章において、主流西洋文献の中からではなく彼によって外から加えられた彼独自の考えあるいは解釈であることを示すために挿入されている。

16. **価値**（主に第1章）：原語（英語）value の訳。第1章では、それは時に目的（purpose）、ねらい（aim）、規準（standard）、あるいは倫理（ethics）によって置き換えられている。鉤括弧の使用については上記項1を参照。主流ソーシャルワークにおける価値の内容はたとえば、人権、社会正義、民主主義、専門職の促進等とされている。

17. **ものの見方**：原語（英語）the way of viewing matters の訳。第2章および3章において第1章の「価値」（前項16）はものの見方に取って代わられる。それは理解の仕方（the way of looking at things）、（物事の）とらえ方（perception）、考え方・見通し（perspective）、もの差し（yardstick）、標準（standard）、規準（norm）等とも時に互換されうる。鉤括弧の使用については上記項1を参照。本書の『国際ソーシャルワーク』における「ものの見方」の内容は自国からではなく外からの目、あるいは複眼を持って見ることである。

18. **もの差し**：前項17を見よ。

第1章
西洋生まれソーシャルワークの国際ソーシャルワーク概念発展のリビュー
——用語、概念、定義の理解

　本章は西洋生まれのソーシャルワークにおける国際ソーシャルワークという語、概念、定義の理解、その誕生から今日までの概念上の発展のリビューと理解に捧げられる。本章の目的は次章以降における国際ソーシャルワークの新たな建設（構築）についての議論のための土台となる基礎の共通的基礎知識と理解をすべての読者と共有することである。国際ソーシャルワークの正　統な主流がその自らの歴史全体をどのように理解してきているか？　この知識なくして、国際ソーシャルワークについての学習、議論をしようという者は前に進むことはできないだろう。

　国際ソーシャルワーク研究は今日高度な完成レベルに到達しているように見える。多くの偉大な業績が蓄積されてきている。特に過去10〜20年間、ライオンズら（Lyons, et al., 2012）[1]およびヒーリーとリンク（Healy & Link, 2012）[2]による『国際ソーシャルワークハンドブック』という同じタイトルを持った2冊の本を含めいくつもの書籍が発行されてきている。国際ソーシャルワークのタイトルを持った（あるいはその語をタイトルの一部に含んだ）他の英語のものとしては、ホーケンスタッドら（Hokenstad, et al., 1992, 1997）、ライオンズ（Lyons, 1999）、ヒーリー（Healy, 2001, 2008; Healy & Thomas, 2021）、コックスとパワール（Cox & Pawar, 2006, 2013）、シュー（Xu, 2006）、ペインとアスケランド（Payne & Askeland, 2008）、ハグマン（Hugman, 2010）その他が他の著者によって書かれあるいは編集されている。多くの優れた雑誌論

1　特に Huegler, N., Lyons, K. & Pawar, M., "1 Setting the Scene" (pp. 5-13)

2　特に Healy, L., "2 Defining International Social Work" (pp. 9-15)

文もある。

本章の文献リビューは主に上記2冊の『ハンドブック』および同じパラグラフに挙げられているリン・ヒーリー（Lynne M. Healy）『国際ソーシャルワーク——相互依存の世界における専門職の活動』（*International Social Work——Professional Action in an Interdependent World*, 2001, 2008, 2021; cf. 前頁、Oxford University Press)[3]に負うている。

それらはそれまでの主な文献をほぼすべてリビューし、国際ソーシャルワークの語の使われ方、概念および代表的定義を簡潔に紹介している。本章の特に第1節はこれを導きとし、その記述はそこでなされた書籍と論文からの引用された文、パラグラフからほぼなっている。その意味で、本章の文献リビューのクレジットは現著者にではなくそれら『ハンドブック』の原著者に行くものである。

引用された節、パラグラフはあたかもそれらがフィールド調査における生データであるかのごとくに扱われ、編集され解釈されている。その編集と解釈は現在の著者のものである。そのオリジナルなデータは正確であり適切であり十分であると敬意を持って仮定され、そしてそのような扱い方は本書のねらい、すなわち国際ソーシャルワークの新たな建築（構築）を成し遂げるためには十分でありかつ正当化され得るだろう[4]。膨大な完全な文献リビューそのものを実行することは本章の目的ではない。

現著者（秋元樹）によるインプットは正統な歴史をありのままに記録するために意図的に本章では最小に留められている。これの例外はイニシアル（TA）によって指示されている。その例は、時代区分、「国際」ソーシャルワークから「国際ソーシャルワーク」への飛躍、地域レベルのソーシャルワークへの目配せ、3段階の国際化／グローバリゼーション（問題、規準、実践）、社会的背景および内容への言及である。

発展は基本的には時と流れに沿って3期に分けて記述される。区分の主な

3 　特に "What Is International Social Work?" (pp. 5-13, 2001; pp. 5-15, 2020)
4 　数か所の引用は孫引きの批判を受けるかもしれない。非英語圏にある現著者の時間的、能力的限界による元資料の入手困難のゆえである。

指標は南北関係、価値要素の投入とグローバリゼーションである。区分は「1.
～1920年代から40年代初め：誕生とはじまり」「2. 40年代後期から80年代：
北から南への移転、援助」「3. 90年代から21世紀初め：定義の成熟とグロー
バリゼーションの中の国際ソーシャルワーク」である。

1. 時代区分別国際ソーシャルワーク概念の発展

1.1 ～1920年代から40年代初め：誕生とはじまり

(1) 語の初めての使用──1928年会議

　現著者の知るかぎり、「国際ソーシャルワーク」の語が初めて用いられたの
は[5]1928年、パリにおける第1回国際ソーシャルワーク会議でのエグランティ
ン・ジェップ（Eglantyne Jebb）[6]による発表であった（Jebb, 1929: 637-657）。

　ジェップは「国際ソーシャルワーク」の語をその発表の中で何回か用いた。
彼女の国際ソーシャルワークの意味は基本的には国際協力、特にセーブ・ザ・
チルドレン、赤十字、国際移民サービス（The International Migration Services）
のような国際社会組織を通したそれをいう。彼女は効率、経験、アイディア、
示唆のための知的な研究の交換並びに［国際ソーシャルワークのための］特
別な教育と国際ワーカー間のコンスタントな接触・交流の重要性[7]を強調した。
彼女は会議自体がそのような交流の1つの形であるともした（652頁）[8]。会議
では、ラテンアメリカやアジアのような南からの参加者を含め「6大陸の42

5　ヒューグラーら（Huegler, Lyons & Pawar）はシュー（Xu, 2006: 10）を引用して「『国際
　ソーシャルワーク』の語は1943年にジョージ・ウォーレン（Georg Warren）によって初
　めて用いられた」と書く。しかし、その語の初めての使用はジェップ（Jebb）による1928
　年会議であり、ウォーレンの最初の論文での使用1937年であった（1.1 (3) をみよ。）。

6　「病気のゆえに彼女は会場で口頭報告することが出来なかった」、「会議のあとまもなく亡
　くなった」（Jebb, 1929: 637の脚注；cf. 655-657）。

7　彼女はそれらの組織と財政面を含めた管理運営（pp. 647-8）ならびにその各国の組織と
　の関係の重要性をも強調した。（Jebb, 1929: e.g. 652）。

8　彼女は背後の理念としてナショナリズム、インターナショナリズム、コスモポリタニズム
　についても論じた。（pp. 637-640, 656）［第Ⅱ部6章参照］

023

か国からおよそ2,500人の参加があった」(Healy, 2012: 9)。ヒューグラーら (Huegler, Lyons & Pawar, 2012) はその会議をこれら代表者の参加によりソーシャルワークの国際化の強化に勢いを加えるものとして認めた。現在の3つの主要ソーシャルワーク専門職組織、すなわち、IASSW（国際ソーシャルワーク学校連盟）、ICSW（国際社会福祉協議会）、IFSW（国際ソーシャルワーカー協会）はこの会議にルーツを持つ。「その後（1920年代から1940年代）、ソーシャルワークの知識とモデルは北から南へ移転された」(Huegler, Lyons & Pawar, 2012: 10)。

（2）　1920年代以前

この期の以前ですら、「国際ソーシャルワーク」という語は使われていなかったが、情報、考え、実際の訪問の交流は行われていた。「知識、実践の交流あるいは移転の形における」国際活動は「そのずっと以前の時代からソーシャルワークの中では見られ［た］。20年代あたりまでに、新たに生まれたソーシャルワーク知識は主に北の中で共有された」(Huegler, Lyons & Pawar, 2012: 10)。

北の中での「交流」だけでなく、後の年に大きく見られるであろう（次小節（3）をみよ）北から南への「知識やモデルの移転」および「支援や援助」もまた事実行為としてはるか以前にすでに見られていた。我々が本章で依っている著書の各セクションは地域レベルの活動にあまり言及していないが、実際には多くの北から南への個人的、組織的かかわりは見られていた。「伝道師（ミッショナリー）としての仕事」という表現——必ずしも宗教的意味だけでなく——がしばしばより良くあてはまる。たとえば、「ソーシャルワークは20世紀になる前にアジアに初めて紹介され、いくつかのソーシャルワークの学校は新たな世紀の20、30年代に設立された」(APASWE, 2013: 1) (TA)。

ジェッブ (Jebb) は同時に、前小節（1）で見られたように国際社会組織を通しての国際協力を意味する「実際の国際ソーシャルワークにおける急速かつ驚くほどの増加」をも証言している。「第1次大戦以降……強いニーズのプレッシャーのもとで組織が次から次へと立ち上がった」(Jebb, 1929: 650)。

(3) 最初の論文──『ソーシャルワーク年鑑』1937年

ラッセル・セージ財団（Russell Sage Foundation）の『ソーシャルワーク年鑑』、現在の全米ソーシャルワーカー協会（NASW）の『ソーシャルワーク百科事典』（*Encyclopedia of Social Work*）の前身が1937年の第4巻で「国際ソーシャルワーク」の見出し項目を初めて持った。それ以前の巻では、「国際」の語を持った見出し項目、すなわち「ソーシャルワークの国際会議」（第1巻 1929: 229）、「国際組織」（International Institutes）（第2巻1933: 253）、「国際ソーシャルケースワーク」（第3巻1935: 214）はあったが、「国際ソーシャルワーク」の見出し項目はなかった。後者2つ（第2巻と第3巻）の内容は移民に関したものであった。見出し項目「国際組織」は「移民および外国人コミュニティを見よ」とのみ指示し内容本文はない。「国際ソーシャルケースワーク」（第3巻）は「アメリカへのあるいはからの個人および家族の移民のゆえに公私の福祉機関で問題が出てくる」とし、3つの小項目、「問題の性格」、「協力機関」、ヨーロッパの都市とニューヨークに9つのオフィスを持つ「国際移民サービシーズ」（第3巻1935: 214-216）を持つ。第4巻（1937）では「国際ソーシャルワーク」の初めての見出し項目のもとにジョージ・ウォーレン（George Warren）は「国際ソーシャルワークは次の3つの活動からなる」（p. 224）と書く（Akimoto, 1995: 98; 1997: 26）。

（a）国際ソーシャルケースワーク；（b）ソーシャルワークの諸テーマについての国際会議；（c）疾病と闘う、労働条件を向上する、婦人児童を保護するための世界規模の努力における国際連盟、国際労働機関および国際連盟の保健機構の保護（援助）のもとの政府および民間機関による国際協力。

次の第5巻（1939: 192）は、上記a）とb）の間に「b）災害あるいは戦争被害者および困窮少数派グループに対する公私の国際援助」を加え上記3つに代えて4つの活動とした。上記最後のc）は「d）疾病と闘う、世界中の社会的、政治的平和と調和を確保することにおける国際連盟、国際労働機関および国際連盟の保健機構の諸機関（媒介）を通しての政府および民間機関による国際協力」と書き換えられた。

この期あるいはそれ以前の年においてすら、後の期にみられる国際ソーシャルワーク活動のほとんどの種類はすでに登場していた：交流と移転、移民、戦争および災害被害者および困窮少数派グループへのサービスと援助、国際連盟や国際労働機関（ILO）のような政府間組織および専門職ソーシャルワーク組織を含む国際非政府組織（INGO）の働きを通しての国際協力。それらの主な活動は北の中での活動と自国のケース、出来事、挑戦に焦点を合わせているように見えた。しかし、南へのおよび南の活動、関与の例もすでに見られた。

1.2 40年代後期から80年代：北から南への移転および援助 ならびに「国際」ソーシャルワークから「国際ソーシャルワーク」 への飛躍（TA）

(1) 大戦直後期とその後数十年および東西関係を背後に持った南北問題（TA）

「1940年代から60年代の間、特に第2次大戦直後、教育、実践および福祉行政のモデルとスキルの移転という点から見れば、特定の種類の……国際ソーシャルワークがピークに達した。」それは「ほとんどは北から南への」「一方向の流れ」であり、「国連組織やNGO、また新たな主権国家の個別政府によって支援された」ものであった（Huegler, Lyons & Pawar, 2012: 11）。アジア太平洋ソーシャルワーク教育連盟（APASWE）の歴史出版物は次のようなセンテンスではじめる（TA）：

> 「種々のソーシャルワーク関連活動が行われ、ワークショップ、訓練セミナー、会議がその地域内で、しかしアジア外の機関、最も典型的には国連およびアメリカ合衆国からの機関により、組織された。以前の植民地宗主国イギリスと並んで他のいくつかの国際組織、他の西洋国からの人々が関係した。これら同じ機関・組織と個人は多くの国において新たな学校を創設しそれらをサポートした。」（APASWE, 2013: 1）

アジア地域では、最初のソーシャルワーク学校は1944年タイで、1946年イ

ンドネシアで、1950年フィリピンで、1952年マレイシアとスリランカで——一方インドでは1936年ではあるが——それぞれ設立された (Matsuo, 2015: 74)。

　この特別の時期および続く数十年については、当時の国際ソーシャルワークを理解するためにはそれらの年の社会状況を見る価値はある。第2次世界大戦直後、アメリカは直接及び国際連合やNGOを通じて広範囲の地域——当初はヨーロッパをも含む——の戦後復興のために政治、経済、社会分野での援助に活発であった。1970年代までに80以上の新たな国の独立が、主にアジア、アフリカでそしていくつかがラテンアメリカでなされた。それは以前の植民地宗主国、たとえば、イギリス、フランスそして他のいくつかの主にヨーロッパの国々の支配の否定であり、旧帝国主義からの解放であった。しかしながら、大量貧困や他の深刻な政治的、経済的、社会的問題はつづき時にはかえって拡がりもした。南北問題は東西問題、社会主義対資本主義の問題と共にあった。競争は西と東の間でまた新たな西洋あるいは北の強国の間で高まった（新帝国主義）。ODA（政府開発援助）は代表的例の一つであった (TA)。

　これら条件の下で、一方ではソーシャルワークは専門職自身の努力によって世界中にひろめられた。ソーシャルワークの地域連盟が最初に1967年ラテンアメリカに、第2に1971年にアフリカに、第3に1974年アジアにIASSWの中から誕生した。(APASWE, 2013: 1)、他方、ソーシャルワークの拡がりは、西または北により提供された改良主義アプローチとして否定的反応を呼び、一定のレベルに限定された。「アメリカ帝国主義による懐柔策」あるいは「社会主義革命に対する予防措置」との言葉が「途上国」の間でまたいくつかの「先進国」内でソーシャルワークに対して時に投げかけられた（TA）。

　この期は北から南への、知識やスキルだけでなくソーシャルワークそのもののモデルの移転および援助の時代として特徴づけられる。北のソーシャルワークは、南における種々の直接処遇、制度政策の開発における相談と権利擁護の役割、ソーシャルワーク教育におけるプログラムおよびカリキュラム開発に関与する。

(2)　「国際」ソーシャルワークから「国際ソーシャルワーク」への飛躍
　　　ならびに狭い定義と広い定義

　第Ⅱ期は「国際」ソーシャルワークから「国際ソーシャルワーク」への飛躍の年であった。2つの語、「国際」と「ソーシャルワーク」からなる「国際」ソーシャルワークが、この期の間のいずれかの時に、1つの独立語あるいは概念である「国際ソーシャルワーク」になった。

　1950年代以降、国際ソーシャルワークの範囲あるいは国際ソーシャルワークとは何かがより意識的に議論された。ある人々は狭い特定の範囲あるいは定義を好み、他のある人々は広い一般的の範囲あるいは定義を好んだ。アメリカのソーシャルワーク教育協会（CSWE）の作業定義（1956）とサンダースとピーダーソン（Sanders & Pederson, 1984）による定義はその2極と見なされる。前者は狭い定義を、後者は広い定義を選んだ。前者は国際連合、政府あるいは非政府の機関による施策に自らを限定した。後者は「国および文化の境を越えたソーシャルワーク活動およびかかわり」（Sanders & Pederson, 1984: xiv）を選択した。ヒーリー（Healy）はそれぞれの立場およびその両者の間の立場を支持する引用を紹介する。

　前者は、
　　　［CSWEの］作業委員会メンバーは狭義の解釈対広義の解釈の問題に取り組み、その語の6つの異なる用法を検討した……。「他国で働くソーシャルワーカーから難民サービス、世界の他の地におけるソーシャルワーカーと共通の専門職の関心事にまでおよぶ」（Healy, 1995: 423）。

　　　委員会は狭義の定義を選択した……『国際ソーシャルワーク』の語は国際分野のソーシャルワークプログラム、たとえば、政府間機関によってなされるプログラム、主に、国連、政府、国際プログラムに関わる非政府機関のプログラム、に適切に限定されるべきである（Stein, 1957: 3）（In Healy, 2001: 5-6）。
　後者は
　　　最も一般的レベルでは、国際ソーシャルワークは2か国以上を巻き込む

専門職のすべての側面と定義されうる。これは「2か国以上『の』、『に関する』、あるいは『に影響する』」および「国境を越えて活動する、知られる、または到達する」を意味する『国際』の辞書による定義に基づくものである（Marriam-Webster, 2011）」（In Healy, 2012: 10）。

キンバリー（Kimberly, 1984）は、国際ソーシャルワークは相対的に新しい分野として、早まってその範囲を限定するより広い解釈にオープンにしておいた方が良いと議論する（In Healy, 2001: 6）。

これら2つの中間に異なった幅を持ったいろいろの定義があり得る。1980年代の末にはヒーリーは「国際ソーシャルワークの定義に不可欠の……構成概念を見出すために」（Healy, 2001: 6）11の国際ソーシャルワーク学校連盟（IASSW）加盟校についての調査を行い、5地域すべてから200の回答を得た（1989/90）。諸々の考え得る国際ソーシャルワーク活動を並べ各校に選択させた。

回答は……多数順で、次のような概念を必須のものとして選んだ：異文化理解、比較社会政策、グローバルな問題への関心、全般的世界規模の見方、世界規模で共通する専門職知識、国際的実践、政府間社会福祉、そして他国のソーシャルワーカーとの一体感（Healy, 1990）……異文化理解［が最多で得票を得た］（Healy, 2001: 6-7）。

（3）　さらなる議論のために心に留めるべき4つの点

「この期［1970〜1980年代］は実践上の役割についてはほとんど書かれていない」（Healy, 2012: 10）が、将来の議論のためにこの期にあっては心に留めておくべき4点がある（TA）。

第1は1960年代初めのゴールドマン（Goldman）のアイディアである。「国際ソーシャルワークをケースワーク、グループワーク、コミュニティ・オーガニゼーションに次ぐ第4の主要実践方法として定義づけるユニークなものである。ゴールドマン（Goldman, 1962）は、「ちょうどケースワークが個人

の問題への個別解決を求めると同じように「国際的問題への国際的解決」（pp. 1-2）を求めるために、ソーシャルワークの目を、コミュニティレベルを超えて拡げるという次の論理的ステップとして提言した（Healy, 2012: 11）。後の期にこの考えについて前進はなかった。

　第2、第3のポイントは国際的 見 方 の重要性と一部これに関係する比較研究の重要性について一般的アイディアとしてではあるが注目が払われたことである。双方はより多くの論者の関心の焦点となるだろう（e.g. Lyons, 1999: 12）。この期にあっては、「ベーム（Boehm, 1976）は、国際ソーシャルワークを国際機関の明解な働きとともに同時に比較分析と考えとイノベーションの国を越えた交流へのその貢献と緩く定義した」（Healy, 2012: 10）。

　第4は北から南への「一方向」、「直線的流れ」の移転および支援・援助に対する批判である——「専門職帝国主義」[9]（Midgley, 1981）。あるソーシャルワーカーたちにとっては、その語は唐突に聞こえたかもしれないが、上記小節（2(1)）に見られるような当時の社会的コンテキストにあってはソーシャルワーク分野の外では何も特別のものではなかった。しかしながら我々は、この批判を国際ソーシャルワークへの重要な影響を与えた1つのきっかけと読む（次節1.3(2)、2(1)(iii)を見よ）（TA）。

1.3　1990年代から21世紀初め：定義の成熟と　グローバリゼーションのもとの国際ソーシャルワーク

　この期の特徴は2点である。1点は、「国際ソーシャルワークとは何か」への言及と議論が定義の形で活発になった。活動（activities）、行為（actions; acts）、実践（practices）あるいは機能（functions）（本節では以下「活動」または「機能」という）に基づく定義は成熟に近づいていた一方、価値（value）、目的（purpose）、ねらい（aim）、ゴール（goal）、規準（standard）あるいは倫理（ethics）（本節では以下主に「価値」という）に基づいた定義が出現し

9　cf.「文化帝国主義」（Midgley, 1983; Lyons, 1999: 17）。「途上国」における専門職化、国際化、グローバル化のコーラスに対してはソーシャルワーク植民地主義の警告がこの数十年、国際会議、ワークショップを含めいろいろの場で繰り返し述べられてきた（たとえば、筆者Akimotoによりインドネシア（2013）、ベトナム（2014）、タイ（2015）にて）。

ポピュラーになった。2点は、1990年代になって「グローバリゼーション」の語が使われはじめ、その2つの語はその意味において大きく異なるのだが、次第に「国際化」の語を置き換えた（第II部6章参照）。国際ソーシャルワークの「国内・国別」（national, local, domestic, state 等の訳語；本節では以下「国内」という）ソーシャルワークとの関係についての言及および議論が不可避となった。

(1)　機能定義の成熟に向けて

(1-1) フォークとナジの調査：国際ソーシャルワークの知識と活動の12分類

　　フォークとナジ（Falk & Nagy）は1995/96年に調査を行い「国際ソーシャルワークの『意味』についての広範囲の考えを挙げた」（Huegler, Lyons & Pawar, 2012: 11）。対象はヨーロッパ、北米とオーストラリアの20か国の800のソーシャルワーク学校であった（回収率50パーセント）。「以下は（回答者の見解から引き出された）国際ソーシャルワークの知識と活動の彼らの分類のまとめである」（Lyons, 1999: 26; cf. Falk & Nagy, 1997）。

　　1　世界の人々が直面している問題を生む国際的出来事および社会的力
　　2　増加しつづける国家の独立の意味
　　3　国際政府組織（international government）と NGO
　　4　多国籍企業および世界的金融組織の増え続ける影響
　　5　社会政策、構造、価値および前提たる文化の比較
　　6　他の文化の中で使われる実践アプローチ、プログラム、方法
　　7　国際的実践機会の範囲
　　8　より公正な世界を目指した戦いと人権実現のための支援
　　9　自国内の移民、難民への取り組み
　　10　教育者、学生、実践家の教育交流
　　11　国際的コンサルテーションプロジェクト
　　12　国際セミナー、会議

　1～6項は国際ソーシャルワークが身につけているべき「知識」に関し、7～12項は国際ソーシャルワークが従事するであろう「活動」に関する。

（1-2）ヒーリーの定義：代表的機能定義

　2001年、ヒーリーは上記に引用したもの、特に実践活動のカテゴリーを示したものを含め多様な文献のリビューに基づき国際ソーシャルワークの代表的定義を提供した。彼女はそれを機能定義あるいは実践に基づいた定義と名づけた。これは1937年のウォーレン（Warren）の年鑑論文（1.1(3)参照）以降21世紀の最初の数十年引き続いた流れの中にあった。ヒーリーの定義の特徴は直接処遇のみならず「国際政策発展と権利擁護」への言及でもあった。

　国際的専門職の行為（action）およびソーシャルワーク専門職およびそのメンバーによる国際的行為を行う能力[10]。国際的行為は4つの側面を持つ：(a) 国際に関係した国内実践と権利擁護、(b) 専門職の交流、(c) 国際的実践、および (d) 国際的政策発展と権利擁護（Healy, 2001: 7）。((a)～(d) の文字は現著者による挿入)

　定義は専門職および専門職ソーシャルワーカーによる「4つの種類の行為」((a)～(d)) からなる。(Healy, 2012: 10)。彼女はこれら各種類について次の例を与える（Healy, 2001: 7-13）。

(a) 国際的に関係した国内実践および権利擁護：「難民定住、他の国からの人々（international population）に関する働き、国際養子縁組、国境地域におけるソーシャルワーク」(p. 7)

(b) 専門職交流：「ソーシャルワーク情報および経験を国際的に交流すること、その知識と経験を自国のソーシャルワーク実践と社会福祉政策をより良いものとするために用いること」「自分の専門領域についての外国の定期刊行物や書籍を読むこと、他国の専門職と交信すること、訪問者を迎え対応すること、国際会議で専門職の交流に参加すること、そ

10　「人間の尊厳、人権を向上すること、人々のウェルビーイングを高めること」の句が後に同書の第3版で挿入された（Healy, 2020: 8）。(2-2) をみよ。

して他国の社会福祉イノベーションを知り、自国の場に適応させること」(p. 9)

(c) 国際実践：国際開発機関での雇用およびボランティアを通して国際開発の仕事に直接的に貢献すること (p. 10)

(d) 国際政策開発および権利擁護：「重要な社会問題についての立ち位置を形成し拡大し、そして経験領域に関係した重要な世界的問題の解決に貢献をする世界規模の運動」(p. 12)（たとえば、家庭内暴力、女性の地位；「教育的努力のゴールは国連の政策討議に影響を与えること」）(p. 13)

(1-3) ハグマンの国際ソーシャルワーク実践の分類

　提案されていた定義を見る限り、ハグマン（Hugman）は国際ソーシャルワーク実践と働きをソーシャルワーカーとクライアントの位置と彼（女）たちが従事している問題の組み合わせからつくられた5つのカテゴリーの形に整理し提示した（Hugman, 2010: 18-20）。

(1) ソーシャルワーカーの自国以外の国におけるソーシャルワークの実践

(2) ソーシャルワーカーが実践しているところ以外の国からの個人、家族およびコミュニティに働くこと

(3) 国際組織に働くこと

(4) ソーシャルワーカーが考えを交流しあるいは国境を越えたプロジェクトに共に働く国と国の間の協働

(5) グローバライズされた社会システムの中で生じた問題に国内で取り組む実践

　(1)～(4) は我々が前節で引用した定義にしばしば共通的に見出され、(5)は見出されなかった。社会の問題のグローバリゼーションをソーシャルワーク提供者と受益者の間を結びつける要素と見、ハグマンは次のような定義を与える。

　「国際ソーシャルワーク」はその中で専門職とそのサービスから益を受け

る人々、あるいは[11]（ママ）これら2人の行為者を結びつける問題の原因が国の間の境をなんらかの方法で越えて旅してきた環境（状況）に関する実践と政策に言及する（Hugman, 2010: 20）。

(2)　価値要素の投入

この期までは国際ソーシャルワークは主にソーシャルワーカーによる行動あるいは機能の種類またはカテゴリーをめぐって狭くあるいは広く定義されたが、今やある著者は自らの定義において「価値」に焦点を当てた。

(2-1) ホーグの定義：価値に焦点を当てた定義

フォークとナジ（Falk & Nagy, 1997）の上記12分類（(1-1) 参照）の5項はその中に「価値」という語を持っていた。「アマディ（Ahmadi, 2003）は人権、民主主義、社会正義、紛争防止そして平和の前進に国際ソーシャルワークの焦点を当てるあるいは再焦点を当てることを要求した」(Healy, 2012: 11)。ホーグ（Haug, 2005）はまた自己の定義の中で「人権や社会正義への明確なコミットメントといった共通のゴールおよび価値に焦点を当て［た］」(p. 132)。

国際ソーシャルワークは世界中のあらゆるところの世界総体（グローバル）の社会正義と人権に向けたあらゆるソーシャルワーク活動を含む。その中で各国の実践は弁証法的に全世界（グローバル）のコンテクストと結びついている（Haug, 2005: 133）。

「価値」に代えて、各筆者はねらい、目的、規準、見方あるいは倫理等異なる用語を用いる、あるいは用いることができる。「価値」の内容もまたいろいろ変わりうる。ホーグの定義の中の「価値」は社会正義と人権であるが、たとえば、上記のアマディは民主主義、紛争予防、そして平和を、下記のコックスとパワールは見通し（パースペクティヴ）の名の下にエコロジーと社会開発（ソーシャルディベロップメント）を加える（Cox & Pawar, 2013: 29-30; (2-2) も参照）。

ホーグの短い定義は2、3の重要な点を含む。第1に、それは「国際ソーシャ

11　「および」？

ルワークは世界中のあらゆるところの……あらゆるソーシャルワーク活動を含む」のセンテンスではじまる。これら上記3行を見る限りでは、国際ソーシャルワークの主体、プレーヤーを専門職ソーシャルワーカーにのみ限定しないようであるが、それはソーシャルワーカーに限るのかどうかは不明である。ヒーリーの上記定義およびコックス゠パワールの下記定義[12]を含め本章で引用されたほとんどの定義は国際ソーシャルワークを専門職ソーシャルワーカーによる、あるいはソーシャルワーク専門職を向上するためのいくつかのカテゴリーの「機能」「活動」として定義づける。上記センテンスは国際ソーシャルワークの対象、ターゲットとする人々をも世界中の場所をも問わずすべての人々であると明確にするようである。大概の定義は同じ考えを共有するがそれらの表現はより明確、直接的ではない。次小節のコックスとパワールの定義は「世界の人口の多くのセクション（のウェルビーイング）」、上記ヒーリー（Healy）とハグマン（Hugman）の定義はある部分はソーシャルワーカー自身の国の人々ではじめる。

　第2に、ホーグの定義は「各国の実践は全世界のコンテキストと弁証法的に結びつく」との節で終える。それはグローバリゼーションのもとでの各国の実践の関係に興味を示している。それは次小節（3）で議論される。

　第3は、「社会正義と人権」はたとえそれらの前に「グローバル」を挿入したからといって国際ソーシャルワークの「価値」として妥当であるかどうかである。それらは同論文の著者がそれについて批判的である典型的西洋生まれの専門職ソーシャルワークの中核的要素である[13]。彼女は彼女の上記定義を含む同じ論文の前半で大いに論じている（Haug, 2005）。「西洋生まれの専門職ソーシャルワークの手の平から抜け出す」ことは難しい。

　これらの以上議論は、しかしながらほとんど、ソーシャルワーク自体の理解と定義に関わるものであって、厳密にいえば国際ソーシャルワークのそれ

12　専門職建設を含めることは、世界定義（グローバル）、倫理指針（ガイドライン）、各国レベルから世界レベルにわたるソーシャルワークのための活動アジェンダ「ソーシャルワークおよび社会開発のグローバル・アジェンダ」を世に出すという国際専門職団体の発展と符合する（Healy, 2020: 7）。

13　cf. IASSW/IFSWソーシャルワーク専門職の世界（グローバル）定義

らに関するものではない。

(2-2) コックスとパワールの定義とヒーリーの改訂定義：
　　　統合（機能および価値）定義
　コックスとパワール（Cox & Pawar）は「ソーシャルワーク教育と実践の促進」と「真に一体化された国際的専門職を打ち立てる」ねらいを強調する長い定義を与える。

　　国際ソーシャルワークは、世界人口の大きな部分のウェルビーイングに大きな影響を持っている種々のグローバルな課題に適切かつ効果的に応える教育、実践についてのソーシャルワーク能力を反映した真に一体となった国際的専門職を打ち立てる目的を持って、ソーシャルワーク教育および実践を、世界的に、国内的に前進させることである。このソーシャルワーク教育と実践のグローバルかつ国内の前進は、国際的状態とそれらへの対応におけるグローバル、人権、エコロジカル、そして社会開発との見方を統合する一体化した見　方アプローチに基づいている（Cox & Pawar, 2013: 29-30; cf. 2006: 20）。

　　この定義はヒーリーの機能定義とホーグの価値定義の中間にあるように見える。ヒーリーはこの定義を「行為と実践に重きを置いた」「機能定義のカテゴリー内」にフィットするが「しかし、それは同時に」「真に統合化された国際専門職を作り上げるという目的を持ち」「……価値の側面も含む」にあたると読む。（Healy, 2012: 11）「価値」は人権のみならずエコロジーや社会開発を統合化する見方で置き換えられている。
　　ホーグ（Haug）の定義における主体、客体、「価値」についての議論（小節 (2-1)）はパワール（Pawar）についても当てはまる。パワールは上で議論されたそれら定義の中の「北の関心を反映している北のコンテキスト」を指摘している（Pawar, 2010）（cf. Huegler, Lyons & Pawar, 2012: 12）。
　　機能と価値要素は国際ソーシャルワークの定義の中で結合される。たとえば、ヒーリーは彼女の定義の中に「人間の尊厳と人権をすすめ、人間のウェ

ルビーイングを高める」の句を彼女の上記定義の第1センテンスのおしまいに、彼女の著書の第3版の中で、挿入した（上記（1-2）脚注10を見よ）。「国際ソーシャルワークは人権および人間的ウェルビーイングを世界全体に推進することを目指した価値を持った行為である」（Healy, 2020: 15）。

（3）　グローバリゼーションとソーシャルワーク：
国際ソーシャルワークの「国内」ソーシャルワークとの関係

　我々が負うている2冊の書籍の文献リビューのこの時期のページはほとんどが「グローバリゼーション」に焦点を当てている[14]。

（3-1）グローバリゼーションの下のソーシャルワーク

　すべてのものがグローバリゼーションの下にある。ソーシャルワークだけがこれから逃れるわけにはいかない。「すべてのソーシャルワークがグローバルな変化のプロセスの中にとり込まれる」（Lorenz, 1997:2）。ソーシャルワークのグローバリゼーションは3層にあるように思われる——①現実のグローバリゼーション、②規準のグローバリゼーション、③実践のグローバリゼーション」[15]（TA）（cf. Akimoto, 1992）。

①　現実のグローバリゼーション：「グローバリゼーションは新たな社会問題に導き、長い間存在していた他の問題にますます気づかせている；ほとんどのあるいはすべての国においてこれら問題はますます増加している。ペインとアスケランド（Payne & Askeland, 2008）はポストモダンの見地から「まずます増加する不平等と不公正をグローバリゼーションの結果［として］」議論する（Healy, 2012: 10, 11）。

②　規準のグローバリゼーション：「人権の規準はますますグローバルレベルで議論再検討され、社会的取り決めや制度は（国）境を越えてモデ

14　「グローバリゼーション」の「国際化」との違いについての意識的議論は引用されていない。ここで挙げられたものとパラレルの質問と議論は「国際化」についてもなされなければならない（TA）（第Ⅱ部参照）。

15　元論文では「実践」ではなく「理論」（Akimoto, 1992）。

ル化され競い合っている」（Healy, 2008）。ホーグ（Haug, 2005）もまた社会正義と人権を規準として特定した（1.3(2-1)）。「人権」もまた上記引用されたアマディ（Ahmadi, 2003）やコックスとパワール（Cox & Pawar, 2013）の中にも見出される（1.3(2-1)および（2-2））。

③　実践のグローバリゼーション：「生活のあらゆる部面——経済、安全、健康、環境、文化——のグローバルな傾向はソーシャルワーク実践、実践家、ソーシャルワーク介入のクライアントに影響を与える」（Healy, 2012: 10）

　すべての社会問題あるいはソーシャルワークニーズはグローバルなコンテキストのなかにあり「グローバリゼーション」の要素によって影響されている。規準もまた同様である。問題に直面しているクライアント[16]と彼（女）たちに働くソーシャルワーカーはこれら事実とそれらケースまたは実践自体が同じグローバリゼーションのもとにあるという事実をも認識し理解していなければいけない。

(3-2) グローバリゼーションのもとの「国内」ソーシャルワーク

　すべてのソーシャルワークがグローバリゼーションの下（もと）に来る。「国内」ソーシャルワークだけが例外とされることはできないし直前パラグラフと同じ3層の中にある。言い替えれば、「グローバルコンテキスト」の要素は「国内」ソーシャルワークのあらゆる部面のはしばしにまで染みこむ。「国内」実践は国際のレンズを通して見られなければいけない。

　　もし以前であれば国内の場に限定して見られていたかもしれない特定実践分野の国際活動、たとえば国際養子縁組に働くならば、ますます多くの人が自らの福祉システムやソーシャルワークサービスの比較知識を高める必要があると考えるようになるだろう（Lyons, 2006; In Huegler, Lyons &

16　「クライアント」の語は多くのソーシャルワーカーによって受け入れられない。しかし、我々は考えの流れ理解を容易にするためにこれを用いる。

Pawar, 2012: 12)。

海外のケースだけでなく、「純粋に国内の」ケースにおいても、より一般的に「国内実践に国際的見方の適用が必須となる」（Akimoto, 2020: 42）。

ライオンズら（Lyons et al., 2006）およびローレンスら（Lawrence et al., 2009）は……「国内」実践は国際のレンズを通して見られ得る——そして見られるべき——ということ、すなわち国際的な出来事・情勢（events）や異なる文化についての知識は「国内」実践に必要・有効なものである（inform）ということを提示する（Huegler, Lyons & Pawar, 2012: 12）。

「国境（Local and national borders）はもはや我々の情報源および倫理的実践の十分な限界ではない」（Link & Ramanathan, 2011: 1）、「これら国境を越えた共通の社会問題および人の動きは国内ソーシャルワークという概念（notion；考え、理解、認識）そのものに疑問を投げかける」（Healy, 2012: 10）、「国内（local）実践はグローバルなコンテキストに弁証法的に結びついている」（Haug, 2005: 133; (2-1) 参照）、「弁証法的」という語は既存の「国内」実践とは異なる「国内」実践を約束するものだろう——正反のうえの合である（TA）。

(3-3)「グローバリゼーションの下の（「国内」）ソーシャルワーク」ではなくグローバリゼーションの下の国際ソーシャルワーク」を議論せよ
——国際ソーシャルワークは消えてなくなるのか？

しかしながら本小節内のこれらの議論はすべて（「国内」）ソーシャルワークあるいはグローバルなコンテキストの中の（「国内」）ソーシャルワークに関するものであって、我々が今検討している国際ソーシャルワークとは何か（(2-1) 参照）に直接関するものではないと見える。それは前小節でなされた専門職ソーシャルワーク、西洋ソーシャルワークバイアス、そして「価値」＝「人権と社会正義」の等式についての議論と同様である（(2-1) 参照）。我々はグローバリゼーションの下の国際ソーシャルワークに集中しなければなら

ないだろう。

1）国際ソーシャルワークは消えてなくなるか。もし「ノー」であるならば
　それはどのようなものとなるか。
　一方で、（「国内」）ソーシャルワークが国際ソーシャルワークをその中に吸収すると考え得るだろう。もし「グローバル」の要素が「国内ソーシャルワーク」のあらゆる部分、隅々にまで浸透するならば、そしてすべてのソーシャルワーカーが国際ソーシャルワークの見方を理解し持つ必要があるというのであるならば、我々はどうやって国際ソーシャルワークをグローバライズされた「国内ソーシャルワーク」と区別するのだろうか。この論理に従うならば、国際ソーシャルワークの実践/研究の分野は不要となり存在することをやめることになるのだろうか。次の引用は、国際ソーシャルワークが実践において残るということを前提にしている。

　　「すべてのソーシャルワーカーは自分の専門領域として『国際ソーシャルワーク』に従事することを選ぶわけではない一方……社会問題の国際化はますます多くの数のソーシャル［ワーク］[17]専門職に、サービス利用者の問題を理解し適切に処遇するためには国際的な条件と現況についての知識を持つことを求めることとなるだろう（Huegler, Lyons & Pawar, 2012: 12）。

　少なくとも、ヒーリーの定義（（1-2）参照）の4分野のうちの2分野、すなわち、「③国際実践と④国際政策形成とアドボカシー」は国際ソーシャルワークのために保たれるかもしれない。
　すべてのソーシャルワーカーが国際ソーシャルワーカーになり、国際条件および現況についての知識を国際ソーシャルワーカーと同じレベルで備えるわけではない。上で述べられたレンズ（（3-2）参照）は「グローバリゼーション」あるいは［グローバルなコンテキスト］のレンズであり、国際ソーシャルワーカーのレンズではない。そうであるなら国際ソーシャルワークの役割と

17　現著者による挿入。

機能は何であるか。国際ソーシャルワークの意味、概念、定義はどのような
ものになるのか。議論はこれら問いを超えるところまでは未だいっていない。

2）もし答えが「イエス」であったなら、すなわち国際ソーシャルワークが
　　消えてなくなるならば、それはどのようなものとなるか。
　他方、'国際ソーシャルワーク'の将来の存続を疑う2、3の考えもある。ラ
イオンズ（Lyons）は「一方で、国際比較の要素と国際的見方（perspective）
の国内（local）実践への適用、そしてよりはっきりと国を越えた（cross-national
or supra-national）性格を持つ政策と実践活動への参加」を挙げながらも、な
お国際ソーシャルワークは、「漫然とした概念である」と書いている（Lyons,
1999: 12）。
　「北には、『国際ソーシャルワーク』の語の適切さに疑問を提示し、世界総体（グローバル）
と国内との相互関係のプロセスと多様な方途を検討する理論と実践を発展さ
せるさらなる努力が必要であると論ずる人々（e.g. Dominelli, 2010）[18]、あるい
は国際ソーシャルワークではなくソーシャルワーク国際主義（インターナショナリズム）の概念をよし
とする人々（Lavalette & Ioakimidis, 2011）もいる」（Huegler, Lyons & Pawar,
2012: 12）。
　最後に「国際ソーシャルワークあるいはグローバルソーシャルワークの有
効性を拒否する」というウェッブ（Webb）の議論を、思い起こすのも価値あ
ることかもしれない。

　　「ソーシャルワークは本質的にローカルなものでありローカルな文化の深
　い理解を要求する」。ゆえにソーシャルワークは「グローバリゼーションと
　の関係においては明確に特定された、正統（legitimate）な要請（mandate）
　は受けておらず」、「『グローバルソーシャルワーク』などというものは実際
　には不可能であ」（p.193）り、それは専門職のためのうぬぼれ（虚栄の種）

18　国際ソーシャルワークの将来を議論するフォーラム（第4回淑徳大学アジア国際ソーシャ
　　ルワーク研究所国際学術フォーラム、2021年2月千葉にて）に招かれ、彼女は気候変
　　動やCOVID-19の世界的（グローバル）流行のような世界的な社会問題の増加と重要性に焦点を当てた。

以外のものではない（Webb, 2003: In Huegler, Lyons & Pawar, 2012: 11）。

我々はもし「グローバリゼーション」、「グローバルソーシャルワーク」を「国際化」、「国際ソーシャルワーク」と置き換えても、彼が同じ主張を維持するかどうかは不明である。不幸にして、彼の上記引用された箇所だけを見る限りでは、国際ソーシャルワークとグローバルソーシャルワークを区別していなかった。

その間、この期にあっては、国際ソーシャルワーク活動のいろいろな形――「交流」をはじめとして――が成長しつづけている。ヒーリーは「コミュニケーション技術が世界中の考えの急速かつ頻繁な交流そして各国および世界総体の発展についての情報へのアクセスを容易にする」、「専門職は高度にグローバライズされたコンテックスの中で成熟し発展しつづけている」といっている（Healy, 2012: 10）。

---

2. まとめと限界

(1) 時代区分別国際ソーシャルワーク概念の発展のまとめ

我々は国際ソーシャルワークの意味、概念、定義の全発展をその誕生から今日まで前節で3期に分けて歴史的にリビューした。それは44-45頁の**表1-1**に現著者のいくつかの分析的解釈を加えてまとめられる。

左端第1欄はそれら期の区分である：第Ⅰ期（～20年代終わり－40年代初め）、第Ⅱ期（40年代後半－80年代）、第Ⅲ期（90年代－21世紀初め）。第2欄は国際ソーシャルワークの語、概念、定義の発展段階である：誕生－成長－成熟（そして再検討）。第3欄は「出来事」（出版および社会的背景）である。第4欄は国際ソーシャルワークの名の下に行われた代表的活動といくつかの説明的備考である。右端の最後の欄は各期を特徴づける南北関係や主なる仮定される受益者である。

(i) 第Ⅰ期：誕生と揺籃期

第Ⅰ期は「国際ソーシャルワーク」の語が生まれ幼少であった時期をいう。

それは1920年代終わりから1940年代初め、世界大戦のゆえに実質的には30年代の終わりでまでである。国際ソーシャルワークの語は、1928年パリソーシャルワーク会議のためのジェッブ（Jebb）のペーパーの中に、また1937年『ソーシャルワーク年鑑』第4巻の中のウォーレン（Warren）の論文の中に現れた。それらは国際ソーシャルワークの名の下の次のような活動に言及した。①政府（たとえば、国際連盟、ILO）および非政府機関（たとえば、セーブ・ザ・チルドレン、赤十字）の間の国際協力、②情報、知識、スキル、経験および考えの交流、国際会議を含む、③移民、戦争や災害被災者、被抑圧少数グループへのケースワークおよび支援。活動はほとんどの場合、北、ソーシャルワーク先進国の中および間で行われた。主な関心は自国内の個人または機関として自らのために学び益を得ること、および／または主に自国に関した人々に良いサービスおよび援助を提供することにあった。いくつかの関心はまた非北地域の人々を助けること、非北地域にソーシャルワークを広めることにもあった。しかしながら、この第I期以前の年代（19世紀〜1920年代）には、これら活動のいくつかはすでに北の中でそして／あるいは非北で「善意」からそして「ミッションの仕事として」（必ずしも宗教的意味ではなく）国際ソーシャルワークと呼ばれることなくすでに行われていた。

国際ソーシャルワークの語は多くの場合、「国際」に関したソーシャルワークを意味する「国際」ソーシャルワークとして使われた。

(ii)　第II期：成長

第II期は大戦直後期（北による北へのそして南への復興援助がなされた）と元植民地の独立、そして第3世界と南北問題の興隆の数十年を含む40年代後半から80年代の間の期であった。ソーシャルワークの知識、スキル、モデルの移転が北から南へとなされ、実践、政策形成、教育における金銭的、技術的援助と支援が北により南であるいは南のために与えられた。これらはこの期における国際ソーシャルワーク活動のおもな形になった。背後には東西関係があった。

この一方向的動きに対し、帝国主義、植民地主義の批判が挙げられ、この期の終わりに向けてそれへのいくらかの国際ソーシャルワーク側からの反応

がなされた。

　第Ⅱ期は「国際」ソーシャルワークが「国際ソーシャルワーク」へ飛躍し、「何が『国際ソーシャルワーク』か」の概念あるいはその中核の要素および定義が探求されはじめた期でもあった。主要な傾向は要素の抽出およびもろもろのカテゴライズされた「活動」（機能、行為、実践；本節で以下「活動」または「機能」という）の組み合わせであった。世界の背後の社会にあってポピュラーな語になった国際化は、ソーシャルワークに国際的見方、国際比較の見方、および文化的見方を持ち込んだ。たとえば国際比較研究や異文化カウンセリングは国際ソーシャルワーク研究、実践においてポピュラーな主題となった。

表1-1：期別国際ソーシャルワーク理解、概念、定義の歴史的発展

期	語/概念/定義の発達	出来事 [出版物、社会背景]
（前史） 19c-1920年代 終わり	語なし、 概念なし	
Ⅰ 20年代終わり -40年代初め	語の誕生と幼少期 「国際」ソーシャルワーク （「国際」に関係した ソーシャルワーク）	1928パリ会議（Jebb） 1937ソーシャルワーク年鑑4巻 （Warren）
Ⅱ 40年代後半 -80年代	成長 「国際」ソーシャルワーク ⇩ 「国際ソーシャルワーク」 （独立概念）	[戦争直後；もと植民地の独立] [南北問題] [東西関係] [国際化]
Ⅲ　Ⅲ-A 90年代-21c初め Ⅲ-B	成熟 最終製品に向けて 価値要素の組み込み ISW概念の再検討 繁栄あるいは解消	2001 Healy 2005 Haug 2020 Healy; 2006 Cox & Pawar [グローバリゼーション]

しかしながら、この期の間はソーシャルワーク実践と教育に関しては非常に多くの国境を越えた活動とその進展があったが、国際ソーシャルワークの概念的、定義的発展は「国際」ソーシャルワークから「国際ソーシャルワーク」への飛躍以外あまり活発には進まなかった。

(iii)　第Ⅲ期：最終定義への成熟と自己再検討
　第Ⅲ期（1990年代から21世紀初め）は（A）国際ソーシャルワークの定義の成熟と（B）グローバリゼーションによる国際ソーシャルワークの理解の再検討によって特徴づけられる。

代表的ISW活動/備考	南北関係 [誰のために]
後の期における命名法に従えば実質的には国際ソーシャルワーク活動である（たとえば、「善意」、「ミッションとしての義務」、知的/実践的関心から）	北→非北 [他の人]
交流（知的考え；会議）；組織的協力（国際非政府組織、国際連盟、ILOその他）；国際調査研究；ケースワーク（移民）、戦争、災害犠牲者、抑圧された少数者その他への支援 ソーシャルワーカーによる	北の中 [自己/自国]
支援/援助（救済と開発）；モデルの移転 南北関係（一方向；力の格差；不平等）の批判；帝国主義 概念/定義の探索 種々のカテゴライズされた活動（機能）の抽出 →国際的見方；比較研究；異文化の見方	北の中 北→南 [他の人；南] （南-南）
最終定義——"ISWとは何か？"——の追求 一方向の修正→双方向；平等→価値一般→その内容の投入（たとえば、人権、社会正義、民主主義、専門職ソーシャルワークの促進） 機能定義（専門職ソーシャルワーカーによる一定のカテゴリー化された機能/活動） 価値定義（目的；ねらい；規準） 統合定義	北＝南 （両方向；平等） [北、南双方] 少なくとも 理論的には
→ソーシャルワークはグローバライズされる。「国内」ソーシャルワーク総体はグローバルなコンテキストの中におかれる。→すべての「国内」ソーシャルワークは「グローバル」のレンズを通してみられなければいけない。ISWはより繁栄する。あるいは消滅する？	中枢→周縁 （北→南） [すべて あるいは一極]

○45

（A）この第Ⅲ期は北と南の関係に関する限り第Ⅱ期の継続であったがしかし前期における北から南への一方向の関係はその両者の間での二方向のあるいは水平の関係——相互関係の認識、相互依存、相互学習と共有、平等の目を持つこと——に次第に正された。理論上では。現実にあっては力の差は厳として残ってはいたが。この期の歴史的背景としての出来事は東西関係の緩和であった[19*]。

「国際ソーシャルワークとは何か」の概念的追求は「最終製品」（完成体）に向けつづけられ、これに近づいた。2つの流れがあった。1つは以前から続くものであり、もう1つは新たなものである。「以前から続く」流れは、国際ソーシャルワークの活動/機能の要素とカテゴリーの探求であった。これは第Ⅱ期から、あるものは第Ⅰ期からすら引き継いだものである。そのなかで、定義は基本的には発展して来た——ウォーレンからヒーリーへと。（「機能定義」）新たな流れは「機能」を「価値」（目的、ねらい、規準、倫理；以下「価値」という）でおきかえたもので、21世紀の最初の10年の中頃に出てきた（e.g. Haug）。その「価値」は最も代表的には人権と社会正義を、時には民主主義、専門職ソーシャルワークの促進、開発、エコロジー等を意味した（「価値定義」）。

後になって、機能定義と価値定義はいくつかの定義で合体された。ヒーリー（改訂版）（Healy, 2010）は代表的モデルである。コックスとパワール（Cox & Powar, 2006）はこの定義の1つとして解釈された。

第Ⅱ期で出された国際ソーシャルワークの現実に対する専門職帝国主義の批判は定義の外からのものであった。それは国際ソーシャルワークであるための必要定義構成要素に転じた。それはその構成要素が含まれていないならば国際ソーシャルワークではないことを意味する（cf. **Box 1-1**）。

第Ⅲ期は「一方向」の是正、「価値」判断要素の組み込み、製品（定義）の最終仕上げの年であった。

19* 2020年代あたりから新たな中国・ロシア——西洋関係が生まれてきている。

知的好奇心の脇道
Box 1-1: 批判から価値への仮説的論理的道筋

　第Ⅱ期に生まれた専門職帝国主義とソーシャルワーク植民地主義批判は国際ソーシャルワークの概念および定義に価値要素を組み込むことに導く貢献をなした。それは仮説的に次のように発達した：

①　それは一方向的南北関係と力格差を批判した。

②　それは価値判断要素を国際ソーシャルワークの議論に持ち込んだことを意味した。

③　第Ⅱ期の遅い年には双方間関係への是正に動き、より広い、一般的問題、たとえば、相互依存、相互受益、相互共有、すなわち一般的平等の概念に関心を拡げた。

④　これらはソーシャルワーク一般に共通であり、特に国際ソーシャルワークに特有というわけではない。国際ソーシャルワークに特有なのは平等の主体が国境を越えた国、国民、個人の間であるということである。

⑤　それが平等といったそのような一般的語にひとたびなるや、それはより広範囲の一般的概念たる価値に拡張されるのは容易なことである。

⑥　①から③へのそして③から⑤へのプロセスにおいて、力の格差・大小や、南北関係への批判という当初の関心や焦点はある意味では希釈化された。関心範囲が広まるにしたがい、ねらいは希釈化されきれい事（euphemistic）になる。

　第Ⅱ期における専門職帝国主義批判と第Ⅲ期における「価値」要素の組み入れの間には事実的、歴史的結びつきはないだろう。しかしながら、その批判から「価値」への論理的、仮説的結びつきを追って見ることは可能であろう。

（B）第Ⅲ期は同時にグローバリゼーションの時代でもあった。上記（A）での議論と以下の（B）での議論はこの期のなかで後先の順にではなく同時に進んだものである。

　社会はグローバライズされ、ソーシャルワークがグローバライズされた。すべての「国内」（national, state, domestic）ソーシャルワークはグローバルなコンテキストの中におかれた。「グローバル」な要素は「国内」ソーシャルワークの隅々に入り込んだ。ゆえに、ソーシャルワークのすべてが「グローバル」の目、あるいはレンズをもってすなわちすべてはそのようなグローバルな世界の中にあるということの理解を持って、見られなければならなくなった。問題、規準および実践はすべてグローバライズされ、国際ソーシャルワークはその重要性をますます増加するだろう。あるいはそれは概念的には「国内」ソーシャルワークによって吸収されのみ込まれて消え去るだろう。国際ソーシャルワークの概念そのものが問い直される。

　各期の特徴は時にはその時代区分の線を越える。ある１つの期のいくつかの特徴や要素は以前の期にも現れるかもしれないし、以前の期の特徴と要素は後の期にも現れ続ける。

(2)　国際ソーシャルワークの「最終定義」

(i)　基本構造：「活動」のカテゴリー×専門職ソーシャルワーカー（機能定義）

　定義を含めこれら概念理解のほとんどすべては専門職ソーシャルワーカーが従事しているカテゴライズされた「活動」の総合あるいは一部の組み合わせであるように見える。それら「活動」は①情報、知識、考え、スキル、の交流——相互訪問や会議を含む、②自国における海外に関した実践、③他国にあって行う実践、④北による南への援助（社会福祉制度政策の向上を含む）、⑤国際組織における働き、⑥専門職ソーシャルワーカーの間の協働から、⑦国境を越えたその他のソーシャルワークへの従事にまで拡がる。

　本細節のタイトルの乗法の各項については２、３の逸脱した考えがある。それらは「カテゴリカルな機能」や「専門職ソーシャルワーカー」の限定を取り払い、それらをそれぞれ「ソーシャルワーク一般」「ソーシャルワーカー」

で置き換えるものである。

(ii) 価値要素の投入（価値定義、統合定義）

21世紀の初め、「価値」（目的、ねらい、規準、倫理）の要素が定義の一要素となった。多くの著者にとってこの価値は最も典型的には人権と社会正義を意味したが他の著者にとっては、それは「一方向」のそして力格差の是正、平等な南北関係の達成、ソーシャルワーク専門職の振興、その他を意味した。いくつかの定義は機能定義と価値定義の双方の要素をあわせ持つ統合定義となった。

(iii) 国際ソーシャルワークの消滅？──グローバリゼーション

グローバリゼーションのもと、「国内」ソーシャルワークはグローバライズされている。それが取り組む社会問題、それを持って取り組みをする規準、そしてそれが従事する実践はすべてグローバライズされたコンテキストの中にある。グローバルな要素は「国内」ソーシャルワークのあらゆる部面に入り込んでいる。もし我々が国際ソーシャルワークはそれによって完全に吸収されていると仮定するならば、国際ソーシャルワークが存在する場所はなおあるのだろうか。もし、あり得るとしたならば、「国内」ソーシャルワークとの関係はどのようなものだろうか、国際ソーシャルワークの役割と機能はどのようなものであろうか、そして国際ソーシャルワークの定義はどのようなものとなるのだろうか。

(3) 出てくるであろういくつかの質問

第Ⅲ期をめぐっては、いくつかの質問が「最終定義」および「グローバリゼーションのもとの国際ソーシャルワーク」に対してやってくるだろう。
1)「最終製品」（定義）が報告されるやいなやその内容について３つの質問が挙げられるだろう：(a) 機能定義の中で挙げられたそれら「活動」/「機能」は国際ソーシャルワークの活動/「機能」であるといわれるのは適切か。(b) 国際ソーシャルワークの下の「価値定義」および「統合定義」の中で挙げられた人権のような特定された内容の「価値」要素を含むのは適切か。そして

○４９

(c)「機能定義」および「統合定義」の中の国際ソーシャルワークのそれら活動は専門職ソーシャルワーカーによっておこなわれなければいけないか。

2) 第2のカテゴリーの質問は「グローバリゼーションのもとの国際ソーシャルワーク」に関係する。それらは国際ソーシャルワークについてのより理論的質問である：(d) 第1は前頁の細節（2）(iii) の質問である——もし「国内」実践がグローバルなコンテキストにおかれるならば、グローバライズされた「国内」実践はなお「国内」ソーシャルワークなのか、あるいはそれは国際ソーシャルワークなのか。国際ソーシャルワークは存続しつづけるのか。もしそうなら、そのようなグローバライズされた「国内」ソーシャルワークを一方に持つ国際ソーシャルワークの役割と機能はなんなのか。そのときの国際ソーシャルワークとはどのようなものだろうか。(e) 国際ソーシャルワークはソーシャルワークそのもののグローバリゼーションをどのように扱うのか。西洋生まれの専門職ソーシャルワークを世界中にグローバライズするのは国際ソーシャルワークの役割か。そして（f）国際ソーシャルワークの「国内」ソーシャルワークの発展へのおよびソーシャルワーク総体の第3段階への発展への国際ソーシャルワークの貢献は何か（e.g. Akimoto, 2017: 1-5）。

　（a）項は次章第2章で、(b)～(f) 項は第3章でフォローアップされる。

(4)　2つの脚注
（i）　「国際ソーシャルワーク」の語の異なる使用法
　1つは「国際ソーシャルワーク」の語の意味における異なる使用である。いくつかのたとえば、ブータン、スリランカ、ベトナムのような「ソーシャルワーク途上国」ではその語はしばしば自国外のソーシャルワーク、特にヨーロッパ、北米、オーストラリア、ニュージーランド、国際ソーシャルワーク関連組織たとえば、国際連合（最も典型的にはユニセフ）およびNGO（赤十字、セーブ・ザ・チルドレン、IASSW、IFSWその他）の西洋生まれの専門職ソーシャルワークを意味するのにしばしば用いられる。「国際ソーシャルワー

ク」は「ソーシャルワーク先進国」の、あるいは時には隣国を含む[20*]他国の
ソーシャルワークを意味する。本書ではそのねらいからこれら用法は横に置
くこととする。

(ii)　主に英語国にのみ限定された英語文献のリビュー

第2は、限定された文献リビューに基づいた本研究の限界に関する。我々
が頼った著作は主に英語国からの英語文献をのみ扱っている。非英語の書籍
や論文は、しかして非英語国の議論は、世界的には多数をなすフランス語、ス
ペイン語、ポルトガル語国のそれですら、全くあるいはほとんど無視されて
いる[21]。それは特に「国際ソーシャルワークとは何か」といったトピックの真
摯な探求にあっては致命的である。加えて、ロシア語、中国語、および中東
は我々がリビューした文献ではめったに注意は払われてはいない[22]。

第2章は東の非英語国で1995年に書かれた非英語論文のリプリントであり、
本章とほとんど同じ主題を探求している——国際ソーシャルワークとは何か。
第3章では第1章と2章の成果が望むらくは今日の全世界で受け入れられる
であろう国際ソーシャルワークの新たな定義の建築に導く。

[20*]　「発展途上国」（less-developed countries）にあってはもうひとつの使い方がある。他国
　　でソーシャルワークの仕事を見出し、手にするための知識とスキルを大学(スクール)が学生に提供
　　することを国際ソーシャルワークと名づけることがある（cf. Vasudevan, 2023）。

[21]　アメリカ、イギリス、アイルランド、カナダ、オーストラリア、ニュージーランド、南アフ
　　リカに加え、世界の3分の1の国と地域が英語を公用語としている。

[22]　彼らの言語による出版物は多くは存在しないかもしれないし、またあったとしてもそれら
　　の国はソーシャルワークに関する限りほとんど英語圏から学ぶがわけであるのでそれら非
　　英語国における議論の内容は英語国におけるそれらとほぼ同一であり得る。（cf. 第2章
　　Box2-1）この意味では無視は正当化され得るかもしれない。

文献

秋元樹（1992）「国際化と労働者福祉―現実の国際化、視点の国際化、概念の国際化―」佐藤進編『国際化時代の福祉課題と展望』一粒社（pp. 233-249）

秋元樹（1995）「『国際社会福祉』を創る―国際社会福祉の実践／研究と規準」『福祉を創る』（ジュリスト増刊）有斐閣（pp. 97-101）

秋元樹（2020）「国際ソーシャルワークの目的と理念」岡伸一・原島博編『世界の社会福祉12：国際社会福祉』旬報社（pp. 25-50）

Ahmadi, N. (2003). Globalization of consciousness and new challenges for *international social work. International Journal of Social Welfare, 12*(1), 14-23.

Akimoto, T. (1997). A voice from Japan—Requestioning international social work/welfare: Where are we now? Welfare world and national interest. *Japanese Journal of Social Services,* 1, 23-34.［秋元（1995）の改訂・翻訳版］

Akimoto, T. (2017). The globalization of Western-rooted professional social work and exploration of Buddhist social work: Toward the third stage of social work, learning from the revision of international definition. In Gohori, J. (Ed.). *From Western-rooted professional social work to Buddhist social work: Exploring Buddhist social work* (pp. 1-44). ARIISW-Shukutoku University. Gakubunsha.（秋元樹（2018）「西洋専門職ソーシャルワークのグローバリゼーションと仏教ソーシャルワークの探求 ソーシャルワークの第3ステージへ―国際定義改訂から学ぶ」郷堀ヨゼフほか編 西洋生まれ専門職ソーシャルワークへ 仏教ソーシャルワークの探求 学文社（pp. 1-53））

Asian and Pacific Association for Social Work Education, APASWE. (2013). *The birth and development of the APASWE—Its forty years of history: Rebellion, dissemination, and contribution.* APASWE.

Boehm, W. (1976). Editorial. *International Social Work, 19*(3), 1.

Cox, D., & Pawar, M. (2006). *International social work: Issues, strategies, and programs.* Thousand Oaks, London and New Delhi: Sage Publications.

Council on Social Work Education (CSWE) of the United States (1956). The working committee.

Dominelli, L. (2010). *Social work in a globalising world.* Cambridge: Policy Press.

Falk, D., & Nagy, G. (1997). Teaching international and cross-cultural social work. IASSW Newsletter, Issue 5.

Goldman, B.W. (1962). International social work as a professional function. *International Social Work, 5*(3), 1-8.

Haug, E. (2005). Critical reflections on the emerging discourse on international social work. *International Social Work. 48*(2), 126-135.

Healy, L.M. (1990). International content in social work educational programs world-wide. Unpublished raw data. (Cited in Healy, 2001 below.)

Healy, L.M. (1995). Comprehensive and international overview. In Watts, T.D., Elliott, D., & Mayadas, N.S. (Eds.). *International handbook on social work education* (pp. 421-439). Westport, CT: Greenwood Press.

Healy, L.M. (2001; 2008; 2020). What is international social work? In Healy, L.M. (2001;

2008) and Healy, L.M., & Thomas, R.L. (Eds.). (2020). *International social work: Professional action in an interdependent world* (pp. 5-13, 5-15, and 5-15 respectively). Oxford University Press.

Healy, L.M. (2012). Defining international social work. In Healy, L.M., & Link, R.J. (Eds.). *Handbook of international social work: Human rights, development, and the global profession* (pp. 9-15). New York: Oxford University Press.

Hokenstad, M.C., Khinduka, S.K., & Midgley, J. (Eds.). (1992; 1997) *Profiles in international social work*. Washington, D.C.: National Association of Social Workers Press.

Huegler, N., Lyons, K., & Pawar, M. (2012). Setting the Scene. In Lyons, K., et al. (Eds). *Handbook of international social work* (pp. 5-13). Sage Publications.

Hugman, R. (2010). *Understanding international social work: A critical analysis*. Basingstoke, Hampshire: Palgrave Macmillan.

International Association of Schools of Social Work, IASSW. (1989/90).

Jebb, E. (1929). International social service. In International conference of social work: *Proceedings, Volume 1*. First Conference, Paris, July 8-13, 1928, pp. 637-657.

Kimberly, M.D. (Ed.). (1984) *Beyond national boundaries: Canadian contributions to international social work and social welfare*. Ottawa: Canadian Association of Schools of Social Work.

Lavalette, M., & Ioakimdis, V. (2011). International social work or social work internationalism? Radical social work in global perspective. In Lavalette, M. (Ed.). *Radical social work today: Social work at the crossroads* (pp. 135-52). Bristol/Portland, OR: Policy Press.

Lawrence, S., Lyons, K., Simpson, G., & Huegler, N. (2009). *Introducing international social work*. Exeter: Learning Matters.

Link, R.J., & Ramanathan, C.S. (2011). *Human behavior in a just world: Reaching for common ground*. London, MD: Rowman & Littlefield.

Lorenz, W. (1997, August). Social work in a changing Europe. Paper presented at the Joint European regional seminar of IFSW and EASSW on culture and identity. Dublin, Ireland, August 24, 1997.

Lyons, K. (1999). *International social work: Themes and perspectives*. Aldershot: Ashgate.

Lyons, K., Manion K., & Carlsen, M. (2006). *International perspectives on social work*. Basingstoke: Palgrave Macmillan.

Lyons, K., Hokenstad, T., Pawar, M., Huegler, N., & Hall, N. (Eds.). (2012). *The Sage handbook of international social work*. Sage Publications.

Marriam-Webster. (2011). *Online dictionary*. London: Heinemann.

Nagy, G., & Falk, D. (2000). Dilemmas in international and cross-cultural social work education. *International Social Work, 43*(1), 49-60.

Payne, M. & Askeland, G. A. (2008) *Globalization and International Social Work: Postmodern Change and Challenge*. Aldershot, Hampshire: Ashgate.

Pawar. (2010) "Looking outwards: teaching international social work in Asia." *International Journal of Social Work Education*. 29(8), 896-909.

Sanders, D.S., & Pederson, P. (Eds.). (1984). Education for international social welfare.

Manoa: University of Hawaii and Council on social Work Education.

Social work yearbook. Russell Sage Foundation. [Predecessor of NASW *Encyclopedia of Social Work*]. Vol. 1, (1929). 229; Vol. 2, (1933). 253; Vol. 3, (1935). 214; Vol.4, (1937).; Vol. 5, (1939). 192.

Stein, H. (1957, January) An international perspective in the social work curriculum. Paper presented at the annual program meeting of the Council on Social Work Education, Los Angeles, January 1957.

Warren, G. (1937). International social work. In Kurtz, R. (Ed.). *Social work yearbook*. Vol.4 (pp. 224-227). New York: Russell Sage Foundation.

Webb, S.A. (2003). Local orders and global chaos in social work. *European Journal of Social Work, 6*(2), 191-204.

Xu, Q. (2006). Defining international social work: A social service agency perspective. *International Social Work, 49*(6), 679-692.

Conference Lectures/Speeches/Presentations

Akimoto, T. 23 October 2013. Social work education programs, professionalization and dilemmas. In Bandung University Social Work Conference, "Strengthening the development of social work in Indonesia." Bandung, Indonesia.

Akimoto, T. 10 November 2014. Human resource policy framework: Is professionalization the way we take? Rejection of "social work=professional social work". In the 17th Vietnam Social Work Day International Conference. Hanoi, Vietnam.

Akimoto, T. 23 October 2015, Proposals to professional social work: Prepare for global crisis, rejecting IA/IF global definition. In the panel discussion, "Social work and policy in response to global crisis." APASWE /IFSW(AP) Social Work Regional Conference. Bangkok, Thailand.

Vasudevan, V. 9 February 2023. International collaborative research project on "international social work" curricula in the Asia-Pacific region. In The 7th ARIISW-Shukutoku International Academic Forum, Chiba Japan.

第2章
国際ソーシャルワークの
もう一つの理解
——「活動」のカテゴリーではなく「ものの見方」

　本章は第1章引用文献と同じテーマ——国際ソーシャルワークとは何かの探索——について東洋の非英語国で書かれた一非英語文献の英訳リプリント[からの再翻訳]である[23]。主流から一定程度の距離を保つことは主流に丸々のみ込まれることなく異なる見解、考え、見方と新たな定義の提案に導く可能性を持つ[24]。初出論文は1990年代初めに書かれたものである。

　最初の第1節は上の国において国際ソーシャルワーク[25]の名の下（もと）に行われた「活動」（営為、機能、実践と研究；以下「活動」とする）の包括的一覧表を示す。第1章の西洋の筆者たちによって見出されたものはほとんどこのリストと同一であった（cf. **Box2-1**）。しかしながら、次の第2節では筆者はこれらの「活動」は必ずしも国際ソーシャルワークではないと論じ、我々を国際ソーシャルワークは単に「活動」の分野（カテゴリー）ではなくむしろ規準（「ものの見方」）であるとの結論に続く第3節の初めで導く。10年のタイムラグをもって、2000～2010年の中頃、西洋文献は「価値」「基準」「目的」等と

23　一部改訂、再編集されている。詳細は脚注4参照。

24　本編が現著者の全世界に受け入れられる国際ソーシャルワークを理解し構築したいという野望の達成に導くことはないだろう。しかし、英語圏の外のただの1か国を見ることでもその究極のゴールに何らかの貢献をするだろう（cf. 第1章 2.2 (2)）。

25　彼らの言語における"social work"の原語は「社会福祉」*shakai-fukushi*"はそれぞれの文脈に合わせて英語に訳すなら、"social welfare"（社会福祉）, "social policies and programs"（社会制度・政策）, "social work"（ソーシャルワーク）, "social development"（社会開発）, "(social) wellbeing"（ウェルビーイング）と訳されうる。その国ではそれは最も多くの場合は"social welfare"（社会福祉）と訳され得る。しかし、本章では2つの語の違いを無視して「ソーシャルワーク」と訳してある。

○５５

の語を用いてこの類似の議論を行った（cf. 第2章）。第3節は、中核の規準（「ものの見方」）を抽出するために、次のような背景の思想、理論の発展をリビューする。国連やその条約（conventions）の重要さと限界；西洋近代思想や基本的人権；福祉国家と福祉世界；国民、世界市民、「人として」、地球人といった概念；ナショナリズム、インターナショナリズム、コスモポリタニズム相互の関係；そして国家論と国民国家等に関する思想、理論。第4節は国際社会の発展の今日の発展段階を考慮しつつ、国際ソーシャルワークの仮の定義の骨子を提示する。次の第5節は国際ソーシャルワークの発展の過程の中のどこに我々は今いるか——現実にそして理論上——を測定する。そして著者は読者の注意を国際ソーシャルワークの将来の方向に向ける。

第1節と2節は第1章のまとめの節で挙げられた質問（a）（2.（3））に答え、第3節と4節は質問（b）にある程度答え、第5節は質問（d）に関わる議論に、中核の語、「国際化」と「グローバリゼーション」の違いはあるが、役立つだろう。

この論文［章］では「非英語国」とは日本であり、「非英語」言語とは日本語である。しかしながら内容については議論されるのは特に日本についてではない、すべての国についてである。本章読者にはなお引用された国名や引用された例示に日本およびアジアへの偏りを見出し、目障りかもしれないが、これは単にこの元論文が日本の読者を想定して日本語で書かれたことによるものである。現読者は現著者の真意を理解するために、これら引用された国名や事例を読者自身のもので置き換えてほしい。この論文とそのリプリントのねらいは、1つの特定の国およびその言語での最近の議論を利用しつつ国際的に受け入れられる国際ソーシャルワーク概念の建設（構築）に貢献することである。

知的好奇心の散歩道
Box 1-2:　なぜ両者は同じになったのか

　第1章は主に西洋世界で、英語で書かれた文献をリビューし、第2章は極東で日本語で書かれた文献をリビューしたにもかかわらず、なぜ引き出された製品は同じなのか？

　ソーシャルワークは文化、伝統、生活および社会の政治的、経済的、社会的条件に基づいていると仮定されている。2つの社会のそれらは非常に異なっている。

　理由はおそらく日本のソーシャルワークは内容的には主に西洋生まれの（主にアメリカの）ソーシャルワークを学びコピーしてきたからであろう。もし他の非西洋地域/国、非英語国に関しても同様であるならば、現著者の第1章末尾の危惧（2.(4)(ii)）——我々がよってたった書籍、論文の文献リビューの限界（国際ソーシャルワークを扱いながら他の言語圏、文化圏を見ていない）——は意味のなかったことになるだろう。

「国際社会福祉」を創る
——国際社会福祉の実践／研究と規準[26*]

　過去の10年（1980年代1990年代初め）、国際社会福祉[27]への関心は日本で高まった。20世紀の残る年（ママ）、21世紀の初めの数十年には、その関心はさらに高まるだろう。国際社会福祉は社会福祉の一分野として受け入れられてきているようにみえるが、国際社会福祉とは何かは未だ全く合意されてはいない。本論は日本におけるこのトピックについての議論のリビューを通して国際社会福祉の国際的に受け入れられ得る概念の構築に貢献することをめざす。

　本論文は1970年代から90年代初めまでの間、日本において日本語で出版された国際社会福祉に関するすべての代表的書籍と雑誌論文の包括的文献リビューといくつかの簡単な調査とインタビューに基づき書かれたものである[28][29]。

26*　元論文は秋元（1995b）。1994年10月8日、同志社大学における日本社会福祉学会年次大会での報告に基づき書かれた秋元樹（1995）「『国際社会福祉を創る——国際社会福祉の実践／研究と規準』『福祉を創る』有斐閣（pp. 97-101）である。後に一部改訂され英訳され "Requestioning international social work/welfare: Where are we now? — Welfare world and national interest."のタイトルの下で *The Journal of the Japanese Society of Social Welfare Studies*. No.1, 1997. pp. 23-34として出版された。本章は基本的には元原稿の翻訳であるが、上記英語Journal論文および今回本書籍（英語版）出版時になされた一部改訂と再編集が反映されている。本章（本頁）の日本語は一部本書英語版からのバックトランスレーションである。

27　脚注25をみよ。他章との整合性を維持するために「社会福祉」に「ソーシャルワーク」のルビを付し社会福祉としている。

28　書籍、論文75編がカバーされている。文献は「社会福祉分野における研究者、実践家として知られる著者によるもので、'国際社会福祉／ソーシャルワーク'あるいは'国際福祉'の語をもつものに原則限定されている'開発経済学、国際関係論、文化人類学、社会学、心理学'等他の学問分野は含まれるべきであるが検討から除かれている。政府関係資料（たとえば、『厚生白書』）やJICA（Japanese International Cooperation Agency; 日本国際協力機構）の膨大な出版物もリビューされなければならない（三木・秋元, 1998）。

29　文献リビュー自体は数年前に現著者（秋元）によって行われたが、三木との共著出版は後に行われた（三木・秋元, 1998）。

1. 国際社会福祉とは何をすることか？
――国際社会福祉の名の下で行われた実践／研究

　国際社会福祉の理解と誤解はいろいろな形で混乱している。学生が国際社会福祉と名づけられたコースの履修登録をする時に彼（女）たちは何を期待しているか。そして実践家や研究者が国際社会福祉について実践や研究をしていると信じているときに彼（女）たちは実際には何をやっているか。以下の表はその文献リビューと我々の小さな非公式調査とインタビューから得られた回答である［各項についての日本語の出典は以下本節においてはほぼ省略されている。関心のある読者は（三木・秋元, 1998）参照］。

　人々は何をもって国際社会福祉と呼んでいるか。本節での我々の関心は定義ではなく国際ソーシャルワークとは何かの内容あるいは構成要素である[30]。11の大項目18の小項目が見出された（**表2-1**）。

　ある人々は、「①他国についての学習・調査研究」をすることをもって国際社会福祉と考える。この中には、「a. 他国の社会福祉事情を学習、研究すること」、例えばスウェーデンの老人福祉（ママ）、アメリカのADA［障害を持つアメリカ人法］を学びあるいは各国の社会福祉の一般状況を研究すること（e.g., 小島＝岡田（1994）、萩原（1995年））と、「b. 他国における現地（field）学習・調査研究を行うこと」、例えば、ダッカのスラムを研究し、ベルーの農村を調査すること、の2通りが考えられる（本項及び以下の②、③、④、⑤、⑩ bの例は、各福祉系大学の紀要、日本社会福祉学会(1994)、*International Social Work* (Sage Publications) 等に無数に掲載されている）。

　国際社会福祉の語の最も単純かつ共通的な用法は自国以外の「現地調査研究」（cf. ①b.）に限らぬ「②他国に身を置いての（なんらかの）国際社会福祉を実践」することである。

　「③国際比較調査あるいは研究」は多い。これを行えば国際社会福祉と考える人々もいる。テーマはあらゆる社会福祉問題、政施策にわたる。マレーシ

30　国際社会福祉が扱う「問題」については、例えば、小島蓉子（1992）301頁、図2がよくまとめている。

ア、インドネシア・ベトナムの児童福祉の比較、日英の社会保障制度の比較等（e.g., 第16版（1971）以降の『ソーシャルワーク百科事典』（Encyclopedia of Social Work; NASW）、特にモハン（Mohan, 1987: 957-969）、古川（1994））。

「国際」（International）の語を最も文字通りに取れば、「④ 2国または多国間の関係において派生する問題についての実践／研究」こそが国際社会福祉ということになろう。これには、「a. 個人レベルに生じる問題」、例えば、JFC（日本人男性とフィリピン人女性の間の子供）[31*]の実践、調査と、「b. 自然、社会に与える影響」、すなわち、ある国あるいはその中の強力な構成分子の行為が、その結果として他国に与える影響、例えば、A国の火力発電による隣国への酸性雨、B国における山林伐採による下流に位置する国の洪水についての実践／研究、の双方が含まれる。もちろん前者にあってはその原因、背景は社会的なものであるし、後者にあってはその結果はそこに住む人々の個人の生活に問題を生じせしめる。

「国際」をグローバルと訳すならば「⑤ 地球規模で派生する問題」に対する実践／研究こそが 国際社会福祉となる。貧困、環境・生態系破壊、難民、エイズ等々がある（e.g., ケンダル, 1994: 11）。

ある人々は異文化・多文化社会福祉（ソーシャルワーク）と国際社会福祉を相互互換性のあるものと理解する。「⑥異文化接触に関する実践／研究」は異文化に対する理解、異文化間のコンフリクト、それが生じた場合の解決への努力が問題となる（e.g., シタラム, 1985）。クロスカルチュラルカウンセリングは国際社会福祉の重要な一実践分野である。多くの「外国人」はいかなる国でも多くの困難を持つ。

「国際」の文字をもって海外を追った後、少なからぬ人々はその目を国内に向ける。すなわち「⑦ 内なる国際化」を国際社会福祉の必須の一構成要素として問う。例えば、日本の場合であれば、外国人労働者、難民、在日朝鮮韓国人、中国帰国孤児等に対する処遇。

[31*] 主に1980年代以降日本で働いたフィリピンの女性と日本の男性の間の婚姻内、外で出生した子ども。子どもの多くは種々の経済的、精神的、法的問題を持った。

表2-1：国際社会福祉（ソーシャルワーク）の名の下に行われた実践／研究

① 他国についての学習・調査研究
　　a. 他国の社会福祉事情（一般または特定の問題）の学習・研究
　　b. 他国に身をおいた現地学習・調査研究
② 他国における社会福祉の実践
③ 国際比較調査研究
④ ２国または他国間の関係において派生する問題についての実践／研究
　　a. 個人レベルに派生する問題についての実践／研究
　　b. 自然、社会に与える影響についての実践／研究
⑤ 地球規模で派生する問題についての実践／研究
　　a. 個人レベルに派生する問題についての実践／研究
　　b. 自然、社会に与える影響についての実践／研究
⑥ 異文化接触に関する実践／研究
⑦ 「内なる国際化」についての実践／研究
⑧ 「外交」（Foreign Affairs）（コミュニケーション；Colleagueship,
　　friendshipの深化）
⑨ 国際交流
　　a. 国際親善の実行
　　b. 情報、経験、考え、人（学生、教員、実践家、［市民］）、調査研究の
　　　交流
　　c. 国際会議の開催／参加
⑩ 国際協力・協調の実践／研究
　　a. 国連その他国際機関、各国政府及びNGOによる活動
　　b. 他国実践家、組織、研究者との共同実践、研究プロジェクト
⑪ 途上国開発援助を含む南北関係に関する実践／研究

　ある人々は自らが所属する組織の「⑧ 外交」（foreign affairs）に従事することをもって国際社会福祉の実践と認識する。国が外務省を持つように、現代においては社会を構成するほとんどすべての組織は「外交」＝外国とのビジネスを持つ。日本社会事業学校連盟［現日本ソーシャルワーク教育連盟］が国際関係特別委員会を持ち［2019年廃止］他国と接触するが如きである。
　「⑨国際交流」には３通りが含まれる。いずれの場合も個人、グループ、組

織、自治体、国家の各レベルにおいて行われる。第1は「a. 国際親善活動の推進」である。個人レベルにおける親善のほか（e.g., 岡田, 1985: 185はこの重要性を強調する）、それぞれのメンバー及び非メンバーを対象とする人事交流を含めた国際親善のプログラムが行われている。少なからぬ自治体は国際社会福祉施策^{ソーシャルワーク}として何を行っているかを問われ姉妹都市、市民交流プログラム等に言及する。第2は「b. 情報、経験、考え、人（学生、教員、実践家、［市民]）、調査研究の交流」交換である。第3は、「c. 国際会議」の開催をもって国際社会福祉^{ソーシャルワーク}の実践とする。b. の一つの形である。無数の国際会議、シンポジウム、会議が行われている。国際社会福祉^{ソーシャルワーク}の誕生及び成長の初期において中心的位置を占めた（e.g., 各版の『ソーシャルワーク年鑑』（*Social Work Year Book*, New York : Russell Sage Foundation）および *Encyclopedia of Social Work*, NASW(National Association of Social Workers)、根本（1989))。

現代における「⑩ 国際協力・協調」の中心は「a. 国連その他国際機関」の活動がある。ILO（国際労働機関）、WHO（世界保健機構）、UNICEF（国連児童（緊急）基金）のような国連組織と国際赤十字のような民間国際機関の双方がある。しかし、各国政府による活動も同様に重要である。たとえば、アメリカ連邦児童局、JICA等。NGO（非政府機関）、たとえばCARE インターナショナル、国境なき医師団等の重要性は近年増している。IASSW、IFSW、ICSWといった国際社会福祉^{ソーシャルワーク}組織もこのカテゴリーに入る。「b. 他国実践家、組織、研究者との共同実践、研究プロジェクト」に従事することをもって、イコール国際社会福祉^{ソーシャルワーク}の実践とみる人々もいる。

ある人々は国際社会福祉^{ソーシャルワーク}を「⑪ 南北関係に関わる実践／研究」に従事することとする。戦争、災害時その他の緊急救済活動と、途上国に対する開発援助その他のより長期的視野を持った活動が含まれる。典型的活動は国連その他の国際組織によるものである。「⑩ 国際協力・協調」a. の一形態と分類されてもよいが、ある人々は国際社会福祉^{ソーシャルワーク}からあまりにストレートに途上国援助を思い浮かべるので、ここでは別項としてある。ロマニシンは「国際ソーシャルワークは持てる国と持たざる国との間の不平等の是正である」（Romanyshyn, 1971:12; 邦訳は足利, 1985: 187）という（cf. Sanders & Pedersen, 1983; 邦訳は岡田, 1993: 16）。JICAによる出版物も多い。

以上各項目はあくまでもモデル的分類である。よって、相互に排他的ではない。特に、⑦−⑪は互いに連続し、あるいは重なり合う。と同時にこれらは国際社会福祉（ソーシャルワーク）の定義ではないのであるから、当然ながら各人、各論者はこれらのいずれか一項目を選択するわけではない。いくつかの組合せをもって彼あるいは彼女の「国際社会福祉（ソーシャルワーク）」とする。例えば、初期の『ソーシャルワーク年鑑』(*Social Work Year Book*, Russell Sage Foundation) は「④a. 個人レベルに派生する問題についての実践／研究」「⑨c. 国際会議の開催／参加」「⑩a. 国連その他国際機関、各国政府及びNGOによる活動」を結びつける（e.g., Warren, 1937: 224）。のちの『ソーシャルワーク百科事典』(*Encyclopedia of Social Work*, NASW) はさらに「③ 国際比較調査研究」「⑨a. 国際親善の実行」「⑪ 途上国開発援助」を加える（e.g., 18版, 1987: 957-986）、小島蓉子、リン・ヒーリー (1993) は「③ 国際比較調査研究」「⑤ 地球規模で派生する問題についての実践／研究」「⑨a. 国際親善の実行」「⑥ 異文化接触に関する実践／研究」その他を含める（他に e.g., 谷, 1993: 54）。

2. それらは必ずしも国際社会福祉ではない

上記第1節のリスト（**表2-1**）をみると、まるで「海外」にかかわればすべてが国際社会福祉（ソーシャルワーク）にあたるが如きである。筆者の理解はまったく違う。表のいずれかの一項目の実践／研究をやったからといって、あるいはそれらのいくつかの項目を組み合わせたからといって国際社会福祉（ソーシャルワーク）になるわけではないだろう、というものである。

なぜこれらは必ずしも国際社会福祉（ソーシャルワーク）ではないのか。2つの理由がある。第1に、ナイーヴながらストレートな質問が各項ごとに投げかけられる、第2にその歴史的発展は無視されるべきではない。我々は第1の点を本節で議論し、第2の点を次節で論ずる。

我々は**表2-1**のすべての項目について詳細に記述することはできないが、一言で言えば、もし我々が外国に関した何かをやればそれが国際社会福祉（ソーシャルワーク）だというわけでは必ずしもないということである。

「① a. 他国の社会福祉問題および事情（一般または特定の課題）」「を学習・研究する」ことは必ずしも国際社会福祉ではない。他国の社会福祉の歴史あるいは現状を学び記述することは［海外事情］あるいは「海外状況」と呼びうるところの何者かであろう。我々はひとたびこの種のことをはじめるや、それはエンドレスとなる。

スウェーデンの老人ホーム、アメリカのADA、国連の子供の権利条約、ボリビアの児童労働、バンコクの都市スラムをやったからといって国際社会福祉になるわけではない。それらは国内社会福祉の一部であるかもしれない。社会が国際化したがゆえに国境を越えた問題にまで目をやらなければ高齢者福祉論、障害者福祉論、児童福祉論、貧困論が自己完結しなくなったというだけのことである。

「外国において現地学習・調査研究」を行うこと（① b）は必ずしも国際社会福祉ではないだろう（秋元, 1995a）。ここでいう「現地調査」とは現地（当該調査研究対象の国）に自らの身をおいて行う調査研究を意味し、普通いわれる「フィールド調査」に限らない。外国であることをすれば国際社会福祉で同じことを自国でやれば国際社会福祉ではなく国内社会福祉であるというのはおかしくないか。日本の研究者がロンドンの貧困分析調査研究をロンドンでやったケースと同じことを東京でやったケースを想起されたい。中国や韓国の学生、研究者が日本の高齢者の問題について調査研究をし、日本の学会の年次大会で発表をする。それは国際社会福祉であり、もし日本の学生、実践家、研究者が同じことをやったらそれは国内社会福祉か。

もし、① a. b.および以下の項目の他の「活動」で、あなたが自国のためになんらかのレッスンを引き出そうが何ら代わることはない。もし自国のためにレッスンを引き出すならばそれは国内社会福祉ではないか。

「現地調査研究」① b. を「現地実践」で置き換えるならば、「他国でソーシャルワーカーが実践をす」れば（②）それは何でも国際社会福祉か。もしアメリカのキリスト教系NGOのカルカッタ（ママ）のスラムでの活動が国際社会福祉実践と呼ばれるべきであるならば、なぜインドの修道女のシカゴスラムスープキチンでの活動は国際社会福祉と呼ばれないのか（Physician Task Force, 1985）。アメリカの専門職ソーシャルワーカーたちはこれを国際

社会福祉と受け入れるか。彼（女）たちの「途上国」での実践への従事は国際社会福祉であるにもかかわらず、である（ブラウン＝パイザー, 1990: 7）。より深刻──もし日本のソーシャルワーカーのアジア諸国での実践が国際社会福祉と呼びうるならば、南満州鉄道会社調査部の中の日本の研究者の仕事や実践家の日本の社会福祉を「満州」や朝鮮半島へ移転する仕事は国際社会福祉と呼ばれるべきか（cf. 沈, 1995その他）。イギリスからのソーシャルワーカーがアジアの国に来てその植民地化した国をスムーズに経営するために社会福祉制度をデザインし、その運用のためにソーシャルワーカーを養成しあるいはコミュニティでケースワークを繰り返したらそれは国際社会福祉と呼ばれうるか。北半球の植民地宗主国はそのようなことをそれらの国々で数多く行った。彼（女）らがしたことを国際社会福祉といっていいか。

　より基本的に、このアプローチは、日本人が日本で何かあることをすれば国内社会福祉実践にあたり、ケニヤ人やオーストラリア人が同じことを日本でやったら国際社会福祉である（逆はまた逆）という。これはどう見ても合理的ではない。

　「国際比較調査・研究」（③）・分析などというものはソーシャルワークに特別なものではない、あらゆる学問、分野、テーマに共通な最も基本的な研究方法の１つにすぎない。これは「とうの昔から」行われてきたことである。

　「異文化接触に関する実践／研究」（⑥）は国際社会福祉とイコールではない。異文化、多文化ソーシャルワークは国際社会福祉の中でも重要であるが、なにも国の間の関係だけに関するものではない。それは各国内でも重要である。我々はそれを国際社会福祉と呼ぶことはできまい[32*]。

　ソーシャルワーカー自国内における「内なる国際化の実践／研究」（⑦）は

32* IASSW 会長、アジア太平洋ソーシャルワーク教育連盟（APASWE; Asian and Pacific Association for Social Work Education）会長、リン・ヒーリー（Lynne Healy）教授（cf. 第１章）が出席した2018年１月東京におけるフォーラムにおいて、講演者、参加者はこの理解に全員賛同した（松尾・秋元・服部, 2019: 76）。同フォーラムはアジア国際社会福祉研究所（ARIISW; the Asian Research Institute for International Social Work; 淑徳大学）によって、日本ソーシャルワーク教育連盟共催のもと、日本社会福祉学会、日本ソーシャルワーク学会、日本ソーシャルワーク教育学会の後援をえて開催されたものである。

国際社会福祉であるかもしれないしないかもしれない。それは難民が来ないようにする、あるいは外国人労働者を日本文化と社会に同化させんとする活動を国際社会福祉と呼ぶのは易しくない。

　他国からの訪問者を受け入れる、MOU を他国の大学と交わす、学生、教員、研究者（cf. ⑨ b.）の交換に従事すること、各国ソーシャルワーク教育連盟の国際関係委員会に努力を捧げること（cf. ⑩ a.）は、それらはコミュニケーション、同僚意識・友情向上に貢献はするだろうが国際社会福祉とは呼ばれないだろう。これら活動は今日の社会では民間企業を含めほとんどすべての組織によってごく普通に日々行われている「外交」（⑧）とでも呼ばれるべきものではないか。

　国際ソーシャルワーク組織が開催する会議に出席し調査研究発表をすること（⑨ c.）、他国によって招待されて国際会議でキーノートスピーチをすることが国際社会福祉か。

　国連機関、NGO、あるいは IASSW, IFSW, ICSW といった中核的ソーシャルワーク組織に働くことは国際社会福祉実践か（⑩ a.）。

　他国の研究者と共同調査研究を行うこと（⑩ b.）は必ずしも国際社会福祉ではない（秋元, 1995a）。日米共同調査研究プロジェクトにおいて、アメリカの一大都市の貧困の調査研究をすることは日本の研究者にとっては国際社会福祉であり、アメリカ研究者にとっては国内社会福祉にすぎないのか。日本の高齢者問題についての共同調査チームが組織されたと仮定しよう。中国や韓国からのチームメンバーにとっては国際社会福祉であり、日本のメンバーにとっては国内社会福祉なのか。あるいは日本のメンバーにとっては国内社会福祉なのか。

　南北関係についての議論（⑪）は国際社会福祉とは限らない。自国の市場を拡大し自国の国益を高めるために実行された援助活動の実践／研究は国際社会福祉か。ODA プロジェクトに従事することは国際社会福祉であると無条件に断定するのは易しくない。

3. 国際ソーシャルワークとは何か
──「活動」の分野［カテゴリー］ではなく規準［「ものの見方」］

　上記リストの各項のもとの実践と研究は国際社会福祉（ソーシャルワーク）と呼ばれるかもしれないし呼ばれないかもしれない。それでは国際社会福祉とは何か。国際社会福祉（ソーシャルワーク）は一定の「活動」の「分野」（field）［カテゴリー］というよりむしろ一定の「規準」「視点」あるいは「アプローチ」［「ものの見方」］である。（秋元，1995a；この意味で国際社会福祉を部門（branch）と呼ぶならそれもよかろう。）

　それではその「規準」「視点」あるいは「アプローチ」［「ものの見方」］とは何か。上記第1節におけるそれと同じ文献リビューは2つの流れを見出した：（1）全米ソーシャルワーカー協会のエンサイクロペディア・オヴ・ソーシャルワーク[33]、W.A. フリードランダー[34]、小島蓉子と（2）G. ミュルダール、R. ピンカー、足利義弘、岡田藤太郎である。

（1）　外から見る
　小島蓉子（1992）は次のようなパラグラフを書く：

　　国の法・行政及び民間福祉サービスが未整備であっても、国際社会福祉の立場は、その不備を究明し、各国の法律、制度、福祉実践の問題にあって、社会的不利を背負わせられた人や家族のために提供すべき福祉サービスを開発し、新しい実践のフロンティアを切り開いて行くことである（p. 288）。

　　国連レベルでは、狭く社会福祉を限定することなく、婦人、児童、障害者、老人、難民、少数民族、移住労働者などの人権についての人権保障を論議し、こうした人々の権利を他の国や、体制が阻んでいる場合には、容

---

[33]　『ソーシャルワーク年鑑』（Social Work Year Book）および『ソーシャルワーク百科事典』（Encyclopedia of Social Work）の各版、特に第13版（1957）。

[34]　Friedlander (1961, 1975)

赦なく他国を批判・攻撃して社会正義が前進するよう世界の論戦が展開する。その中で各国の政策の進展を刺激するために、それが必要であるとの国家間の合意が成立すれば、国連加盟国の代表たちが力を合わせて、決議や宣言を起草し、何年間も掛けて各国の人権政策の進展に貢献し、効力を持つ条約や議定書の成立に努めるのである（p. 288）。

　基本的人権は従来から、国家の憲法、法律によって保護される。つまり法律の定めた範囲・限度内で個人の権利は主張でき、個人の権利が守られなければ個人は、法律を根拠として救済を求めることができる。しかし法律の範囲が限定され、改悪されれば、申し立てできる根拠を失い、人は泣き寝入りせざるをえない。これは人権保障が国家権限だから、ある国が、法の権限外にある外国人の権利を守ることなく、人権侵害が起こっても、他国はそれを非難することは出来ないばかりか、かえって当事国からは「内政干渉」のそしりを受けるということになる。ところで伝統的に「個人は国家に属する」という考えで国内法が定められてきたが、国際人権規約を批准し、その締約国になれば、国家次第で個人の権利保障は左右されることにはならなくなる……国際立法は、「国家に服していた人」を「個人のためにある国家」の中で生きることができるようにするものである（pp. 289-290）。

　そのすばらしさは国家の外からのソーシャルワークの理解を持っていることである。限界は、ここでは実定法レベルのことのみを論じていること、国連に対する幻想と言っていいほどの評価を与えていること、世界人権宣言及び国際人権規約によりかかりすぎていることであろう。

(2)　福祉国家を超え福祉世界へ

　足利義弘（1985）と岡田藤太郎（1985）はミュルダールとピンカー（G. Myrdal & R. Pinker）をそれぞれ引用し次のようなパラグラフをそれぞれ書く：

　　「近代的福祉国家が西欧的世界で発展してきたときの舞台装置は、国際的

分裂の進行しているときであった。同じように否定できないことは、国民的進歩とか個人の平等と安全の増大とかのためにできた複雑な公共政策の体系が、その大部分は、それが今日の福祉国家をつくりあげているものであっても、概していえば、国際的均衡を攪乱する傾向をもっていたということである。このような公共政策は、どの国でも、国際的共同行為として考えられたものではなく、また実行されたものでもない。海外への影響など考慮されたことがない」（ミュルダール，1960：160-161）[*]という意味で近代的福祉国家は国民主義的であり、「個々の国民内部での結束の強化や、国民的経済計画の及ぶ範囲の拡大が国際的分裂を促進する傾向にあった」（ミュルダール，1960：285）[*]ということから、最終的解決は「……国際的分裂にかわるべきものは、国際協力と相互調整とによって福祉世界の建設に着手する以外にない……」（ミュルダール，1960: 176）[*]……ということになる（足利，1985: 187）。［ミュルダールの引用情報は現著者によって加えられた］

　『福祉国家』の理念を延長敷延（ママ）することによって得られる『福祉世界』の理念は、人類社会のメンバーであるということだけで、ナショナル・ミニマムならぬヒューマン・ミニマムを権利として与えられ、世界社会はそれを充足する義務を遂行するということであろう。……社会福祉の理念の根拠を人権思想と無制限の他利主義に置き、『福祉国家』は『福祉世界』に広がる必然性を持っているとするのが、社会福祉の国際主義であるが、現実はナショナリズムの厚い壁に阻まれている。R. ピンカー（1981）も *The Idea of Welfare* で指摘しているように、社会福祉には境界維持的な側面があって、国民利己主義によって国家という制度的限界に止まっているからである。国家は福祉の容器であると同時に壁である。ナショナリズムは必要であるが開かれたものでなければならない。国際主義とナショナリズムはしたがって国際社会福祉に内蔵される 2 つの契機である（岡田，1985: 185）。

これら引用の意義は、その思想的背景への興味である。福祉国家の歴史的

意義、限界を問い、これを媒介項として挿入することにより福祉世界を展望する。

知的好奇心の散歩道
Box2-2: なぜ両者は異なったのか

　第1章と2章は西洋生まれの専門職ソーシャルワークに基づき同じ課題「国際ソーシャルワークとは何か」を問う文献をリビューしたにもかかわらず、なぜ第2章だけが福祉世界のような背後の思想、理論——それもなお西洋生まれであるが——に関心を持った一群の文献に遭遇したのか。

　理由は言語問題であるかもしれない。両者は異なる言語を用いる。一方は英語、他方は日本語である。ソーシャルワークという英語の語句は日本語ではしばしば社会福祉と訳されている。それは、西洋世界のソーシャルワークだけでなく、ソーシャルウェルフェア、社会政策制度、社会開発、ウェルビーイングをもカバーする。当然のことながら概念的差異はそのカバーするもの範囲の違いから生まれ、この「誤解」（もともとの英語のソーシャルワーク世界の見解から判断すると誤解とされる）のゆえに、予期せぬソーシャルワークのポジティヴな概念的進展（我々ソーシャルワークを世界規模で考える立場からみると進展とされる）が可能となり得る。ひとたび他言語に訳されると、その言語の社会における議論はその訳された言語を用いてなされる。この議論は原言語でなされる議論とのあいだに当然のことながらずれを生む。

4. 自国から発想しない
——国際社会福祉（ソーシャルワーク）の仮定義と規準

　次はこれら上記2つの流れから学んだ、そして次の小節（2）と（3）で議論される世界の現在の発展段階を押さえた上での国際社会福祉（ソーシャルワーク）の最も抽象的レベルでの仮定義である。

　「国際社会福祉とは国際社会（世界の人々）の福祉を考え、その実現に向けて努めることである。そのキー概念は「外からの判断」である。考え、努める時の規準は、自国の外にある国際社会に共通に通用する規準[35]である」

　①規準は何か。ナショナリズム、国益の対極にあるものである。福祉世界、地球市民、「人間として」、といったものからの発想の要求である[36]（秋元、1995a）。その規準はもちろん世界人権宣言／国際人権規約だけではない。ことは人権だけではない。国連諸機関において各国により合意せられた「実定法」は最もわかりやすいが、それらだけではない。逆に国連の活動、行動のあるものは国際社会福祉の規準として用い得ないかもしれない[37]。ときにNGOの主張は国連のそれとは異なりそれと衝突するのを見るだろう。ここで言う規準とは、国際社会における社会規範である。その規範が何であるかをみつけ、あるいはこれを形成することが鍵となる。

　②それら規準は可能なのか？　国民国家主流の現実のもとで、ナショナリズム・国益に譲歩を求めること、福祉世界・地球市民・世界人・「人間として」などということが果たして可能なのか。超歴史的概念のように見える福祉世界その他これら概念は、しばしばマスメディアやNGOや学術的文献に見出されるが、理論的、実践的に現実的か。

35　その規準が自国内の規準にとけ込まされていればそれはそれでよい。
36　多くのNGO、社会福祉関係者が好んで用いる。
37　国連は「すばらしい」が、その社会学的分析はもっとなされなければならない。そこはナショナリズム、各国の国益のぶつかり合いの場でもあることを忘れてはいけない。

理論的には、我々は福祉国家の限界までは学んでいる。哲学的には、我々は西欧啓蒙思想を持ち世界人権宣言への道を見出してきている。ある国民国家の憲法のある条項とそのもとでのある法律、たとえば日本の労働基準法は、自国民と非自国民を区別しない。ある宗教は長い間神の前のすべての人々の平等と兄弟愛を説いてきた。別の形の前進もあり得るだろう。

5. 我々の現在地[38]

1つの困難は実際の社会がすでにそれら概念あるいは規準をどの程度用意しているかを測定することにある。

(1) 実際の社会：確固たる国民国家と国境

今日にあっては現実に、国境もまた低くなっている[39]。たとえば、一人の女性は、フランスで生まれ、すぐにナイジェリアに移り、高等教育をアメリカで受け、メキシコ人と結婚し、今はシンガポールで働いている。彼女はこれらの国すべてを愛し自分が何人だと問われても困る。いうまでもなく、移民、外国人労働者、難民は増加している。社会学的意味での無数のアソシエーション——多国籍企業（岡田, 1985: 185）と国境を越えた非営利国際組織双方が存在している。

国際連合のみならずEU、ASEAN、NAFTA（北米自由貿易協定）［2020年解消］その他がある。NAFTAの労働面の協定NAALC（北米労働協力協定）は一協定参加国において労働法の違反または不満足な履行があったケースは別の参加国の審査局（労政事務所）に行く。G7会合におけるほとんどの議論と合意は数十年前であったなら、「内政干渉」との批判を受けたであろう。一国の経済の他国への相互依存あるいは影響は驚異的に高まっている。世界は経済的超強国ですらもし彼らが自国の利益のみを考えているならば彼ら自身の

---

38 第5節の小節 (1) および (2) はそれぞれ（秋元, 1997: 28–29 & 29–30）からである。

39 我々は 理念を探求する時代ではなく、福祉世界に向けて現在どの辺にあるか、実際の社会がそれに対してどのようにそなえているかを実証的に測定する時代に入っている。

国益を守ることすらできまい（加々美, 1995; 秋元, 1992: 243）。

情報はまるで国境などないがごとくに瞬時に地球を一周する。核兵器の存在と地球生態系は国境を意味ないものとする（足利, 1985: 188）。

逆に、国民国家はしかと存在する、そして現実は国益を争っている。我々はいまだ、たとえば、「日本国民である本旅券の所持人を通路故障なく旅行させ、かつ、同人に必要な保護扶助を与えられるよう、関係の諸官に要請する。日本国外務大臣（公印）」という国の保護要請付き身分証明書＝パスポートなくして国境を越えることはできないという単純な事実のもとにある[40]。

その所持人はその国にその保護を依頼していないかもしれないにもかかわらずである。

国連ですら国民国家の集まりである。２パラグラフ上に略号を並べられた組織の合意と運営は国益を争うことによって妥協も強いられている。なんらかの社会的大義、たとえば、環境保護あるいは「女性であること」をもったNGOは国境を超越することができるか。これらは近ごろ耳にする類いの問である。階級ですら国境をなかなか超越しない。国境を越えた労働運動の国際連帯は未だ成功裏に達成せられていない。もっと基本的にいえば、今日の社会福祉は人々の国家からの権利として、あるいは国家の国民に対する義務／サービスとしてデザインされている、あるいはしばしば定義されてすらいる。人間を国籍の前に見ることはどこまで可能か。

(2)　理論において：福祉世界ではなく国際化された国家

国境は一方では大きく消滅しつつあるようであるが、国民国家はしかと存続しつづけている。そのような中にあって、福祉世界とは何か[41*]、それはどのように達成されるか、我々はいま我々の福祉世界への道のどこにいるかを

---

[40]　多くの欧州人はただちにEUおよびシェンゲン圏 (Shengen Area)に言及し、国境の意味の変化について主張するが、ここでは横に置く。これら地域、国々は全世界から見ればごく一部であること、またそれら地域、国々とその外の地域、国々の間の「国境」はしかと存在することのみを思い起こさせておく。

[41*]　それはピンカーやミュルダールの時代に思い描かれ思考されたものと当然異なっているだろう。

我々は検討する必要がある。ここでは後者、すなわち第3点をのみ論ずる[42]。

今日、我々は一か国の良き市民であること、良き国際人であること、そして良き世界人であることを同時に求められる時代であると言われる。国家とその社会福祉はこのアナロジーで考え得る。我々は国内社会福祉を提供する良き国民国家であること、国際化された社会福祉を持つ良き国際化された国家であること、そして福祉世界と世界福祉についての見方[43]を持つこと、これらを同時に要求される。

ここで重要なことは第2項、すなわち、「国際化された国家とその国際化された社会福祉」である。国際化あるいはグローバリゼーション[44]ゆえに、国家とその社会福祉は国際化されなければならない。国際化は3つの論点を含む。

第1点は、基本的性格はなおナショナルである。国益の判断の時間的長さは第1項すなわち以前の「国家と国内社会福祉」より長いかもしれないが。この意味で、福祉世界と世界福祉は必ずしも国とその社会福祉の国際化の延長として生じるものではないだろう。

第2点は、国際化は国境のある程度の抹消を要求する。それは政策主体としての国家を否定はしないが特別の意味、重要性を特別の国につけることを拒否する。たとえば、我々は日本を特別の国であるとは考えない。我々は、日本は他の国々と全く同じである1つの国であるとの点からはじめる。それは日本国民からはじめない。数ある国民の1つたる点からはじめる。さらに、それはしばしば我々を日本人としてではなく、人あるいは一個人としてはじめることを求める。ある意味では、それは我々を国際的である前にコスモポリタン的であることを求める (Akimoto, 1992:243)。言いかえれば国際社会福祉ソーシャルワークは福祉世界への契機を内に含む。内からの発展あるいは自己の否定は可能か。もし可能であるならば、どのようにしてそれは可能か。

第3点は、「国際化」は国家のより直接的「乱暴な」経済的、社会的、文化的拡張の過程における諸々の活動を記述するために用いられ得る。時にはそ

---

[42] 厳格にいうならば、前2者論ずることなく後者を論ずることは合理的ではない。

[43] 福祉世界と世界国家との間の関係は未だ充分議論されていない。

[44] 国際化とグローバリゼーションの相違、関係についてはここでは触れない（第II部参照）。

の語は帝国主義的侵略の婉曲的表現でもある。経済の国際化は独立変数であり、社会福祉の国際化はその従属変数である。時間的タイミングは適切な時間差をもって見事に一致する。開発プロジェクトですら貧困解消のためでもありうるし、「先進国」の経済的拡張のためでありうる。より難しいのは1つのプロジェクトがその双方の側面を同時に持つことである。

(3) あなたの国の現在地

[日本を例にしよう。各読者はそれぞれの自国について書き換えてみて欲しい。]

我々は国際社会福祉（ソーシャルワーク）についての日本の議論に注意を払う必要がある。(1)ほとんど我々の調査、インタビュー、文献リビューにおけるすべての日本人の回答者および筆者は、日本の見地からだけ、日本と日本の社会福祉（ソーシャルワーク）の国際化との関係においてのみ見て先の項目リストを作り上げた。それらのほとんどは日本の役割、日本の貢献、贖罪を問うのに忙しかった。それらは国籍をひとまず背後［横］に置かない。(2)日本における国際社会福祉（ソーシャルワーク）についての議論が盛んになった時期が示唆的である。それは80年代後半からであり、日本の経済の他国、特にアジアへの拡張に見事に一致した。

国際社会福祉（ソーシャルワーク）のエッセンスは国際社会の規準すなわち国益からではない[45]見方である。

---

6. まとめ

人々は次のようないろいろな「活動」を行い、それらに国際社会福祉（ソーシャルワーク）との名を与えてきた。たとえば、外国についてのあるいは外国に身を置いての実践、研究；2国間または多国間あるいは全地球規模で起きる問題についての

---

[45] ある人々は、現在、今日人間の歴史のより短い期間でみるなら、「先進国」における急拡大する大量失業およびナショナリズムが国際ソーシャルワークにとってより大きい中心的課題であると主張するかも知れない。

実践、研究；「内なる国際化」についての実践、研究；南北関係についての実践、研究；異文化接触についての実践、研究；さらに国際比較研究；「外交」；国際交流；国際協力／協働等。

　しかしながら、これら「活動」をすることは必ずしも国際社会福祉ではない。他国に関するすべての実践、研究が国際社会福祉の概念の下に来るわけではない。それらはそうであるかもしれないしそうでないかもしれない。なんとなれば国際社会福祉（ソーシャルワーク）は一定の「活動」の分野［カテゴリー］として定義されるべきではなく、むしろ一定の規準［「ものの見方」］あるいは福祉国家を越え描かれた福祉世界に向かっての努力として定義されるべきであるからである。今日はいかに国際化されようとなお確固たる国民国家の時代でありながら、福祉世界——その中身と方向性は未だ明確ではないが、にもかかわらず——に向けての見方を当面持つことが同時に求められる時代である。この認識を持って、我々は今日の国際社会福祉、国際ソーシャルワークの中核要素、すなわち、国境、国益、ナショナリズムとともに福祉世界への夢を見過ごさない。我々が今いる現在地の認識に欠けての実践／研究とおしゃべりは無意味であるのみならず有害でもある。「国際」は挑戦的トピックであるが同時に危険なそれでもある。

　国際社会福祉は、今日の社会の発展段階に適合するように、その規準［「ものの見方」］が「自国からのものでない」国際社会への努力と再定義される。国際社会福祉は国益とナショナリズムに抗う志向性を内包する。

文献

秋元樹（1992）「国際化と労働者福祉─現実の国際化、視点の国際化、概念の国際化─」佐藤進編『国際化時代の福祉課題と展望』一粒社（pp. 233–249）

秋元樹（1995a）「社会福祉における国際化：国際化とナショナリズム」一番ケ瀬康子編『21世紀の社会福祉』（有斐閣）

秋元樹（1995b）「『国際社会福祉』を創る─国際社会福祉の実践／研究と規準─」『福祉を創る─21世紀の福祉と展望』『ジュリスト』増刊［1994.10.8日本社会福祉学会年次大会（同志社大学）口頭報告に基づく］

足利義弘（1985）「国際社会福祉序説」『ソーシャルワーク研究』11（3）.

岡田籐太郎（1985）「巻頭言『福祉世界』のゆくえ」『ソーシャルワーク研究』11（3）.

岡田徹（1993）『社会福祉教育年報』（1993年版第14集）

加々美光行（1995）「人びとのアジア 仲村尚司著（書評）」『朝日新聞』1月15日朝刊.

ケンダル, キャサリン・A.（1994）「相互に依存し合う世界の中の社会福祉」『社会福祉教育年報』（1993年版第14集）（日本社会事業学校連盟）

小島蓉子（1992）「国際社会福祉確立の基盤」佐藤進編『国際化時代の福祉課題と展望』一粒社（pp. 278–303）

小島蓉子・岡田徹編（1994）『世界の社会福祉』学苑社

小島蓉子・リン・ヒーリー（1993）「日・米大学における国際社会福祉研究の比較研究」『社会福祉教育年報』（1993年版第14集）

シタラム, K.S. 御堂岡潔訳（1985）「異文化間コミュニケーション─欧米中心主義からの脱却─」東京創元社（Sitaram, K.S.（1976）. Foundation of intercultural communication. Carbondale. IL: Southern Illinois University）

谷勝英（1993）「国際福祉教育の課題」『社会福祉教育年報』（1993年版第14集）

沈潔（1995）『「満州国」における社会事業の展開』（博士論文）

日本社会福祉学会（1994）『社会福祉における国際協力のあり方に関する研究』（基礎研究編）（日本社会福祉学会）

根本嘉昭（1989）「国際社会福祉の沿革」仲村優一ほか編『社会福祉教室』［増補改訂版］有斐閣

萩原康生編（1995）『アジアの社会福祉』中央法規出版

ピンカー, R. 星野政明・牛津信忠訳（2003）『社会福祉：3つのモデル』黎明書房（Pinker, R.（1979）. *The idea of welfare*. Heinemann Educational.）

ブラウン, L., & バイザー, H.F. 青木克憲訳（1990）『現代アメリカの飢餓』南雲堂（Brown, J.L. & Pizer, H.F.（1987）. *Living hungry in America*. Macmillan.）

三木和子・秋元樹（1998）「文献を通して見た日本の『国際ソーシャルワーク』研究」『社会福祉』（日本女子大学社会福祉学科）, 31-42.

ミュルダール, G. 北川一雄監訳（1963）『福祉国家を越えて』ダイヤモンド社

古川孝順（1994）「国際化時代の社会福祉とその課題─比較社会福祉の基礎的諸問題を中心に─」『社会福祉学』35（1）.

Akimoto, T.（1997）. Requestioning international social work/welfare: Where are we now?: Welfare world and national interest. *The Journal of the Japanese Society of Social Welfare Studies, 1*, 23–34.［The English translation of Akimoto, 1995b with some revisions and the revised title.]

Encyclopedia of Social Work. 各版. NASW.

Fasteam, I.J. (1957). International social welfare. In *Encyclopedia of social work, Vol.13.* NASW.

Friedlander, W.A. (1961). *Introduction to social welfare*, 2nd ed. Englewood Cliffs, NJ: Prentice Hall.

International Social Work. Sage Publications.

Matsuo, K., Akimoto, T., & Hattori, M. (2019). *What should curriculums for international social work education be?* (The 3rd Shukutoku University International Forum; 20 January 2019). Asian Research Institute for International Social Work (ARIISW), Shukutoku University, Japanese Association for Social Work Education (JASWE), and Japanese Society for the Study of Social Work (JSSSW).

Mohan, B. (1987). International social welfare comparative systems. *Encyclopedia of social work.* NASW, Silver Spring, MD. 18th ed. pp. 957–969.

Myrdal, G. (1960). *Beyond the welfare state.* New Haven and London: Yale University Press.

Physician Task Force on Hunger in America. (1985). *Hunger in America: The growing epidemic.* Middletown: CN, Wesleyan University Press.

Romanyshyn, J.M. (1971). *Social welfare; Charity to justice.* Random House.

Sanders, D.S., & Pedersen, P. (Ed.). (1983). *Education for international social welfare.* Hawaii: CSWE/University Hawaii School of Social Work.

Social Work Year Book. New York : Russell Sage Foundation.

Warren, G.L. (1937). International social work. In Russell H. Kurtz. (Ed.). *Social work year book. 4th Issue.* New York: Russell Sage Foundation.

第3章
新たな国際ソーシャルワークの
建設（構築）

　第3章では、第1章と第2章の成果に基づき、そこからレッスンを得て、「国際ソーシャルワーク」の新たな理解に接近し、そして国際ソーシャルワークそのものの新建設の提案に向かう。

　本章は第1章および第2章から国際ソーシャルワークの概念的発展の2つのモデルを抽出することではじめる。それらはモデルであり年代順の歴史的事実と内容において必ずしも一致するものではない。2つのモデルの間には5つの主な違いがある。①実際の歴史のリビューからの帰納的建設と「国家論」からの演繹的建設、②後の段階で国際ソーシャルワークの下の実践とされるものと同じ、あるいは類似の実践があったが国際ソーシャルワークの名やそのような述語がなかった時期の扱い（国際ソーシャルワークの前史として扱うかその一部（第1期、第1段階）と見るか）、③「価値」へのフォーカスと「ものの見方」へのフォーカス、④ソーシャルワークの理解（すなわち、ソーシャルワークとソーシャルワーカー、ソーシャルワークをする人と金銭を得て職業としてソーシャルワークを行う「ソーシャルワーカー」の区別）、⑤グローバリゼーションを通しての既存主流のソーシャルワークの流布、拡大とゼロすなわちすべての人々、地域、国々その他の間の種々のインディジナス（土着）な「ソーシャルワーク」（ソーシャルワークの名も概念も持たないかもしれない）からのそれらの上にそれらを包括した国際ソーシャルワークの新たな建設。

　それらモデルから学び、第1章の終わりに挙げられた疑問に仮の答えが与えられる。これら「準備体操」、ウォーミングアップのあと、本章は建設作業に進む。次のようなステップが踏まれる。「国　際」、国、国境の意味の検討、国際ソーシャルワークの目的と働く対象の特定、投入されるべき「ものの見方」（cf. 第1章の「価値」；第2章の「規準」）、国際ソーシャルワークの

○79

グローバライズされた「国内」あるいは「国別」（第1章でいう「ローカル」；以下本章では「国内」という）ソーシャルワークおよびソーシャルワークそのものの次の段階への発展との関係。まとめと結論が上記諸要素を内包した新たな定義の形で示される。最後にこの分野を新たに訪れる人々のために重複をおそれず新たな『国際ソーシャルワーク』への紹介がまとめとして示される。

---

1. 国際ソーシャルワーク概念発展の2つのモデルと西洋生まれソーシャルワークの国際ソーシャルワーク到達点における疑問
──第1章、第2章のフォローアップ

1.1 国際ソーシャルワーク概念の発展のモデル

図3-1は国際ソーシャルワーク概念の発展を単純化したモデルである。1つは第1章の主流（西洋生まれの専門職）国際ソーシャルワークのまとめの表（表1-1）から第2章での発見からの手助けを得て発展されたものであり、もう1つは第2章の解釈と学びから発展されたものである。

第1欄では国際ソーシャルワーク概念の発展は4段階に区分されている。その段階は以下の通りである：

段階I：国際ソーシャルワークの誕生

　国際ソーシャルワークという「言葉、概念は（まだ）ない」段階である。しかし後の段階で国際ソーシャルワークの名のもとに行われているものと実質的には同じものが行われている。

段階II：国際ソーシャルワークの語の誕生とその成長

　「国際」ソーシャルワークの段階。「国際」に関わるすべてのソーシャルワークが国際ソーシャルワークと呼ばれる。

段階III：概念の成熟

　段階IIの「国際」ソーシャルワークが「国際ソーシャルワーク」に転じ、その概念の探求「国際ソーシャルワークとは何か」が追求され最終定義

に導かれる。

段階IV：国際化／グローバリゼーションのもとでのその概念の再検討と未来
　　　　自家撞着、全世界の人々のものとするための再検討の段階である。一部
　　　　グローバリゼーションとも関わる。

（1）　主流モデル──第1章から

第2欄は第1章**表1-1**に第2章の成果を加え発展された主流モデルを示す。
それは「国際ソーシャルワークの用語の初めての使用で始まり、全発展が上
記第1欄の4段階ではなく3段階（期）に区分される。「用語、概念なし」の
段階Iは抜けており、「前史」として扱われている。

この「第1期」（**図3-1**の第1欄の段階II）は「国際ソーシャルワーク」の
時期を示す。他国と関係したあるいは国境を越えまたはこれに関わるすべて
のソーシャルワーク活動が国際ソーシャルワークと見做される。主流国際ソー
シャルワークの実際の歴史にあっては、ジェップ（Jebb）の1928年国際ソー
シャルワーク会議における発表がその使用の第一の例であり、国際ソーシャ
ルワークの名の下に赤十字やセイブ・ザ・チルドレンのような国際組織の活
動および共同調査研究の必要に言及した。まとまった文章としてはジョージ・
ウォーレン（George Warren）が1937年版『ソーシャルワーク年鑑』に「国際
ソーシャルワーク」のタイトルを持った項目を初めて書いている。

モデルの「第2期」（第1欄の段階III）は「国際ソーシャルワーク」の概念
──国際ソーシャルワークとは何か──が探求される時期である。他国に関
した、または国境を越えたすべてのソーシャルワーク活動のうちの一定のカ
テゴリーの「活動」（第1章のあるところでは「機能」とされている）が国際
ソーシャルワークと名づけられている。主流の実際の歴史では前期の上記
ウォーレンでさえ国内のケースワーク（たとえば、移民）に仕えるための国
境を越えた活動、ソーシャルワーカーの自国外の他国での実践、戦争や災害
の犠牲者や他国の恵まれない人々（the depressed）への援助、国際組織で働
くことのカテゴリーを挙げている。加えてこの段階では、交流（会議、相
互訪問、共同調査研究を通しての情報・知識・意見・考え・経験の交換、仲
間作り）、比較調査研究、異文化間実践その他の国際に関した活動もまた国際

図3-1:「国際ソーシャルワーク」概念の発展簡略モデル（第１章および第２章から）

発展段階	'国家論' モデル（第２章から）
Ⅰ ISWの誕生 ISWの語、概念 なし	国民国家および国境の誕生 '主流' モデル（第１章から） （前史）
Ⅱ 語の誕生と成長 "国際" SW ("国際"に関したSW)	（第Ⅰ期）→（第Ⅱ期） 〈他国に関係したSW、国境を越えたまたは 国境に関したSW〉（ソーシャルワーカーによる） 
Ⅲ 概念の成熟 "国際SW" （一つの独立概念） ISW 概念 「ISWとは何か」の 探求 定義 （最終製品）	（第Ⅱ期）→（第Ⅲ期） 〈一定のカテゴリーのSW活動/機能〉 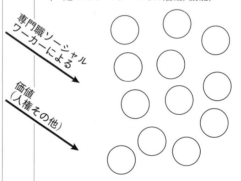 特定の価値（人権、社会正義、民主主義、専門職の向上 その他）に基づいた〈**一定のカテゴリーのSW活動/機能**〉 専門職ソーシャルワーカーによってなされる
Ⅳ 国際化/グローバリ ゼーションの下での 再検討とISWの未来 全世界の すべての人々	（第Ⅲ期） 問題、基準、実践のグローバリゼーション ISW の消滅あるいは拡大 既存の西洋生まれの専門職ソーシャルワークの グローバリゼーション（普及）、インディジナイズされ あるいはされずに グローバル専門職

〈 〉: それぞれ段階/期における定義的理解

	<SWと国家>
〈他国に関係したSW、国境を超えたまたは国境に関したSW〉 後の発展段階でISWと名づけられたものと実質的に同じ活動	SW 国境 (ISW) SW
	SWの発展
→ 必ずしも ISW ではない ISWの第2の誕生，国家主権の外に 〈一定の「ものの見方」を持ったSW活動〉 　外からの目でみる； 　複眼；国民国家を超えた/の外からの目； 　世界からの目 ・ 地球上のすべての人々を対象とすることの再強調 ・（自国を含めた）いかなる特定の国と地域にもいかなる 　特定の意味、重要性を置かない「ものの見方」 地球上のすべての人々のウェルビーイングを向上するための 〈一定のものの見方を持つSW〉。誰によってなされるかは問わ ない。自国を含むいかなる特定の国・地域にもいかなる特別の 重要性を与えない。	SWの 国家への移転と 国家による包摂 国民国家=福祉 国家の限界 国家の主権から 飛び出る ISW　NSW 国民国家の外の 存在または組織 e.g. 国連, INGOs
国民国家、国境が存続する限りISW は存続する 種々のSWに根を持ちそれらを内包したISWの建設 （ゼロからスタートしすべての人々、国、SWに適応するものにまで） SWの次のステージへの発展	（世界連邦） （福祉世界）

ソーシャルワークと数えられた。それらの過程で、2つの鍵になる要素——「専門職ソーシャルワーカーによる」と「価値」（たとえば、人権、社会正義、専門職ソーシャルワークの発展、民主主義）——が必要な要素として加えられ、これら活動のいろいろな組み合わせが定義として議論された。このモデルの生産物（定義）は次のようになる（cf. 図3-2）：

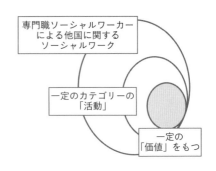

図3-2:「主流」モデルの定義

　　一定の価値（たとえば、人権、社会正義、民主主義、専門職の前進）に基づいた専門職ソーシャルワーカーによってなされる他国に関係する一定のカテゴリーのソーシャルワーク活動

　第3期（第1欄の段階Ⅳ）はその国際ソーシャルワークの未来がグローバリゼーションの下で問われるときである。「国内」ソーシャルワークを含むソーシャルワーク全体が国際化／グローバライズされ（cf. 2.6）、国際的／グローバルなコンテキストの中におかれる。ソーシャルワークの取り組む社会の問題、基準および実践が国際化／グローバライズされる。「国際的」／「グローバル」な要素がソーシャルワークおよび「国内」ソーシャルワークの隅々に染みこむ。すべての人々は「国際的」／「グローバル」な目を持つこと、その上でソーシャルワークに関わることが求められる。よって、国際ソーシャルワークは「国内」ソーシャルワークの中に吸収され、存在することをやめることになるのか、あるいは国際ソーシャルワークはその重要性を無限に増幅し、拡張し、そして既存の主流の西洋生まれのソーシャルワークを全世界に、インディジナイズしあるいはせず、グローバライズする。ソーシャルワークはグローバルな専門職となる。

(2) 「国家論」モデル——第2章から

　このモデルは一方で上記主流モデルに負うが、中心は「国家論」に基づく。ここでいう「国家論」とは国家とその誕生、国民国家（主権国家）から福祉国家、その限界、さらに福祉世界までの発展、およびそれらのソーシャルワークとの関係に目を配るモデルに与えられたにニックネームである。ミュルダールおよびやピンカーの理論が第2章で言及された[46]。ここでの「国家論」とはプラトン、ボーダン、スピノザ、ルソー、マルクスのそれのような大理論をいうものではない。

　国際ソーシャルワークは国民国家、それに伴う国境の誕生とともに生まれた。国境が初めて引かれたときに、国境を意識することなく実践されていたソーシャルワーク（西洋生まれの（専門職）ソーシャルワークに限らない）のうちのある部分は、それまでのままであって、にもかかわらずこれら国境の外に存在することとならざるを得ない。そのときは、「国際ソーシャルワーク」といった言葉がまだ存在しないがしかし後の段階で国際ソーシャルワークといわれる諸活動とほぼ同じ活動があった。これが段階Iである（2.7（2）115-116頁参照）。

　段階IIは「国際ソーシャルワーク」の名がそれらの活動に与えられた時の段階である。それは上記主流モデルの「第1期」と同じである。唯一の違いはここでの活動は必ずしもソーシャルワーカーによってなされたものである必要はないということである。

　段階IIの「国際」ソーシャルワークは段階IIIで「国際ソーシャルワーク」に飛躍する。しかしその「国際ソーシャルワーク」は主流モデルにおけるのとは異なり一定のカテゴリーの活動およびそれらカテゴリーの組み合わせとはされず、むしろ一定の「ものの見方」（cf. 主流モデルの「価値」）とされる。そのような「ものの見方」を持たないそれら活動のカテゴリーは国際ソーシャルワークとはしない——それらはたしかに国際ソーシャルワークとされる代

---

[46]　彼ら（ミュルダールおよびやピンカー）の理論のその後の発展および世界のすべての人々の福祉を論ずる「福祉国家」以降のその他の理論については本書では言及していない。

085

表的「候補」であることは間違いないが。

「ものの見方」の内容は、「国民国家の外からのまたはこれを超えた目（見方）」あるいは「複眼」をいう。この「見方」の背後には、国際ソーシャルワークの第2の誕生にまつわる「隠れたひとつの物語」すなわちソーシャルワークの国家との関係がある（**図3-1**の右端の欄、**図3-5**、**図3-8**参照）。

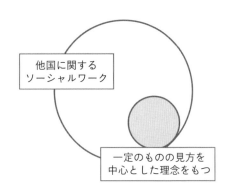

図3-3:「国家論」モデルの定義

ソーシャルワークはその発展する過程でその活動と機能を徐々に国に移転し、最終的には国がソーシャルワークを包摂する。福祉国家はその究極の形である。国民国家の限界に直面し、国際ソーシャルワークはこれらの壁を突き破り、「国内」ソーシャルワークを後に残し独立の存在物となる。国際ソーシャルワークは今や国民国家の主権の外にある（2.7（2）115-116頁参照）。

このモデルの下（もと）の国際ソーシャルワークの仮の最終定義は以下の通りである（cf. **図3-3**）：

　　地球上のすべての人々のウェルビーイングを向上させるために一定の「ものの見方」をもってなされる他国と関するソーシャルワーク。専門職ソーシャルワーカーによるものに限らない（いかなる特別の重要性も自国を含むいかなる特定の国または地域におかない）。

段階Ⅳは国際ソーシャルワークが自らの概念を再検討し国際化とグローバリゼーションの進行において自己矛盾に直面するときである。

国際ソーシャルワークは国民国家、国境が存続する限り存続しつづけるだろう。それらは近い未来あるいは中期的未来においてすら消滅することはないだろう。

国際ソーシャルワークは既存の主流ソーシャルワークそれ自体をグローバ

リゼーションし世界に拡げるためのプロモーター（遂行者）ではありえない。そのグローバリゼーションに対する「見張り役」である。主流の国際ソーシャルワークはその自らのソーシャルワークではじめそれを全世界に拡げんと努力をするのだが、このモデルの国際ソーシャルワークは未定型のソーシャルワークではじめあらゆるインディジナス（土着）のソーシャルワーク——仏教ソーシャルワーク、イスラムソーシャルワーク、非専門職NGO、国ごとのソーシャルワーク、国連よって定義されるような 土 着 のソーシャルワーク[47]、そして主流のソーシャルワーク——を包み込んだ統合的ソーシャルワークをつくろうと努力する。国際ソーシャルワークというからには言語的にいっても論理的にいっても地球上のすべての国と地域のすべての人々、すべてのソーシャルワークに適合されるものでなければならない。国際ソーシャルワークは「国内」ソーシャルワークの発展のみならず、ソーシャルワーク全体の次のステージへの発展に貢献する。

1.2　西洋生まれ専門職ソーシャルワークの国際ソーシャルワーク
　　　到達点に出された問題についての暫定的議論

　第１章の終わりに、主流国際ソーシャルワークの「最終製品（fainal product）」（定義）および「グローバリゼーションのもとでの国際ソーシャルワーク」についていくつかの質問が出された。上記1.1における２つのモデルについての

---

[47]　「国際連合および主流の西洋ソーシャルワークの定義では……『地域的に特定された先祖伝来の地に生活している』『 先 住 民 』(IFSW; IASSW/IFSWグローバル定義の解説注釈）、たとえばマオリ、イヌイット、日本の場合であればアイヌといった人々をいう。我々はアジアにおける仏教の人々をインディジナス・ピープルとして扱う……。ここでの我々の用法によるインディジナス・ピープルは必ずしも西洋による植民地化、政治的支配（hegemony）と結びつけられておらず、また必ずしもそれらの現在の国々における少数者と限定されていない（上記解説注釈参照）が、昔からその地域、社会、国にいることを要件としている。「どの程度昔から」住んでいなければいけないかは厳格には定義されていない。インディジナスソーシャルワークには、仏教ソーシャルワーク、イスラムソーシャルワーク、ヒンズーソーシャルワーク、いくつかの非宗教ソーシャルワーク、ブータンソーシャルワーク、ベトナムソーシャルワーク、タイソーシャルワーク等々が上記国連やIFSWの定義でいうインディジナス・ピープルによるソーシャルワークとともに含まれる」(Akimoto, et al., 2020: 66-67)。

説明的議論は、その質問のいくつかに短い暫定的な答えを与えているとともに他のいくつかの質問について次節2にて議論を進めるためにその内容を敷衍している。これらは新たな国際ソーシャルワークの建設のためのもう1つの準備である。それらに対する答えは新たにつくられる国際ソーシャルワークの定義のなかに組み込まれなければならない。

(1)　主流国際ソーシャルワークの「最終製品」（定義）についての
　　　3つの議論

(a)　〈機能的定義の中で挙げられた「活動」／「機能」は、国際ソーシャルワークの「活動」／「機能」であるということは適切であるか〉

　この問いに対する答えは西洋の外で非英語により出版された1995年論文の中で与えられている（第2章前半）。そこでは国際ソーシャルワークの名の下で行われたすべての「活動」をリストアップし、それらは「必ずしも」国際ソーシャルワークではないと結論づけていた。一定の「ものの見方」あるいは「規準」なくしては、国際ソーシャルワークではない。主流の西洋世界ではそれらは「価値」という言葉で置き換えられていた（第1章2.1 (3)）。

(b)　〈国際ソーシャルワークのもとに「価値定義」および「統合定義」の中で挙げたれた人権その他のような「価値」要素を含めることは適切か〉

　定義要件の中に「価値」を含めることは抽象的概念レベルでは受け入れられようが、その「価値」の満たすべき内容として、たとえば、人権だとか社会正義をもって満たすのは二重の意味で適切ではなく受け入れがたい。第1に、それらはソーシャルワーク全体の「価値」であり国際ソーシャルワークに特有の「価値」ではない。第2に、それらは西洋生まれの専門職ソーシャルワークの最も典型的な中核的「価値」である。人は常識的等式「ソーシャルワーク＝西洋生まれの専門職ソーシャルワーク」を受け入れるかもしれないし受け入れないかもしれない。ことはソーシャルワークそのものの理解／定義に関わるので我々が今議論している国際ソーシャルワークに関わるものではない。我々はこの点をここで議論するわけにはいかない。他の機会に譲らざるを得ない（2.1 (1) 参照）。

(c) 〈それらの「機能定義」および「統合定義」の中における国際ソーシャルワークの「活動」／「機能」は専門職ソーシャルワークによってなされなければならないか〉

この問題もまたソーシャルワークとは何かに関わり、国際ソーシャルワークは何かに関わるものではない。直前の（b）の最後の何行かを見られたい。国際ソーシャルワークはもし読者が上記等式を信じないのであれば、必ずしも専門職ソーシャルワーカーによって行われなければいけないというものではない。ソーシャルワークはもっと広く理解されるかもしれない。世界の多様なソーシャルワークを視野に入れて——もしあなたがソーシャルワークとソーシャルワーカーを区別するならば、そしてソーシャルワークをする人々とそれを1つの専門職、職業あるいは仕事として働くソーシャルワーカーとしてやる人々を区別するならば、である。国際ソーシャルワークは西洋生まれのソーシャルワークの世界からの専門職ソーシャルワーカーによってのみ行われうると仮定するならば、地球上の人々の大多数は国際ソーシャルワークのサービスから排除されることとなろう。そして、国際ソーシャルワークの対象としてのみサーブされるあるいは機会が与えられるときに限ることとなる。

上記「機能定義」および「統合定義」は必要条件として「専門職ソーシャルワーカーによる」を持ち、価値定義は「世界のあらゆるソーシャルワーク」を必要条件として持つがそれら条件は2つのタイプと定義のあいだで相互に互換性があり得る。

(2) 「グローバリゼーション下の国際ソーシャルワーク」についての3つの疑問

その答えのエッセンスのいくつかはすでに上記第1節の（1）および（2）の段階Ⅳに関する最後の部分に出されている。しかし、いくつかの重複はあるが、質問のいくつかはより明確化される。

(d) 〈もし「国内」実践がグローバルなコンテキストの中におかれるならば、そのグローバライズされた（「国内」）ソーシャルワークはなお「国内」

ソーシャルワークなのか、あるいは国際ソーシャルワークなのか。国
際ソーシャルワークは存続しつづけるのか。もしそうであるならその
ようなグローバライズされた「国内」ソーシャルワークを一方に持つ
国際ソーシャルワークの役割と機能とは何か。そのような国際ソーシャ
ルワークとはどのようなものか〉

　社会のすべてのものがグローバライズされる。ソーシャルワークもまたグ
ローバライズされる。ソーシャルワークおよび「国内」ソーシャルワークは
グローバライズされたコンテキストの中におかれる。であれば、グローバル
なコンテキストの中の「国内」実践は、あるいはグローバライズされた「国
内」実践はなお「国内」ソーシャルワークなのか、それとも国際ソーシャル
ワークなのか。「国内」ソーシャルワークは国際ソーシャルワークを吸収しの
み込むのだろうか。そしてそれ（国際ソーシャルワーク）は消えてなくなる
のか。もし消えないのならば、その役割と機能は何であり、それは将来どの
ようなものになるのだろうか。国際ソーシャルワークとグローバル化された
「国内」ソーシャルワークおよびグローバル化されたソーシャルワークの関係
は如何？　我々が議論しているのは「グローバリゼーション下の国際ソーシャ
ルワークはどのようなものであるかであり「グローバリゼーションのもとの
国内ソーシャルワークはどのようなものであるか」ではない。

(e)　〈国際ソーシャルワークはソーシャルワークそのもののグローバリゼー
　　ションをどのように扱うか〉

　上記（a）～（c）で問われた「最終製品」（定義）は国際ソーシャルワークの
伝統的役割、機能、責任として世界中に拡げられるべきか。グローバライズ
されるソーシャルワークは西洋生まれの専門職ソーシャルワークのそれであ
る。それは中心から周辺への事柄と規準の移転という意味でソーシャルワー
クそのもののグローバリゼーションである。西洋生まれの専門職ソーシャル
ワークはグローバリゼーションに対してはそのネガティヴな影響・結果のゆ
えに一般には批判的である。しかし、西洋生まれの専門職ソーシャルワーク
はソーシャルワークそのもののこの意味での非西洋世界を含む世界中へのグ
ローバリゼーション——その価値、知識、スキル、教育、専門職——につい

ては無関心あるいは無意識である。国際ソーシャルワークはソーシャルワークそのもののグローバリゼーションをどのように扱うか。国際ソーシャルワークは西洋生まれの専門職ソーシャルワーク以外の他の形のソーシャルワークを拒否し西洋生まれの専門職ソーシャルワークを世界に広めるべきか。それは一方で国際ソーシャルワークの名を持ち、「国際」である、全世界のもの、全世界のためのものであると主張しながら、である。それは自己矛盾を内包しているのではないか。国際ソーシャルワークは西洋生まれの専門職ソーシャルワークそのもののグローバリゼーションをどのように理解すべきか。

(f) 〈国際ソーシャルワークのソーシャルワークそのものの
第3ステージへの貢献〉

　他方、国際ソーシャルワークは「国内」ソーシャルワークおよびソーシャルワーク全体の発展にどのような貢献をするのか。ソーシャルワークおよび「国内」ソーシャルワークは国際ソーシャルワークおよびその貢献なくして次のステージに発展することはできるか。ひとたびそれは生まれるや、国際ソーシャルワークの「ものも見方」や他の特徴、要素を「国内」ソーシャルワークに持ち込み、それをなんだかんだと規制する。「国内」ソーシャルワークは翻って国際ソーシャルワークに対し「グローバリゼーション」だと言い叫び非難する。しかし「国内」ソーシャルワークはその持ち込まれたもののなんらかを受け入れる限りにおいて自らを変え発展し、そしてその過程を通してソーシャルワークそのものは変わり発展する。国際ソーシャルワークの貢献なくして「国内」ソーシャルワークのみならずヨーロッパで始まり（第1ステージ）北米で成熟した（第2ステージ）ソーシャルワークは次のステージ（第3ステージ）、世界中のすべての人々に妥当するステージ、に発展することはできないだろう。

2.　「国際ソーシャルワーク」の新たな建設

　いまや、「国際ソーシャルワーク」の概念を建設するときである。我々は上記2つのモデル、「主流」モデルと「国家論」モデル双方のうえに、特に後者

に多くを負う。しかし、我々の建築はその「国家論」モデルそのものの建築ではない。我々は我々が上記第1章、第2章、第3章の1から学んだレッスンを満足させるであろう「国際ソーシャルワーク」を主に演繹的に構築を試みる。ソーシャルワークにあっては帰納的アプローチの重要性がしばしば強調されはするが。

2.1 基礎工事

（1）　「国際（international）」＋ソーシャルワーク
　　　──「ソーシャルワーク」をブラックボックスに入れる

　人々が国際ソーシャルワークとは何かについては多様な理解があるというときに、その多様性のほとんどは「国際ソーシャルワーク」という語の後半部分すなわち「ソーシャルワーク」の理解の多様性から来る。今日の世界のソーシャルワーク・コミュニティのほとんどすべての人は西洋生まれの専門職ソーシャルワークの信者である。彼（女）らは「ソーシャルワーク＝専門職ソーシャルワーク」の等式を当然のごとく受け入れる。たとえばヒーリー（Healy）の定義、コックスとパワール（Cox & Pawar, 2006/2013）の定義はいずれも「国際ソーシャルワーク」を専門職ソーシャルワーカーによる機能としてあるいは専門職ソーシャルワークを前進させることをその目的として理解する（第1章）。しかしながら、世界には国際ソーシャルワークの別の理解があり得るだろう。我々は上記等式を受け入れたとしても脱工業化社会における専門職ソーシャルワークと前工業化社会あるいは今まさに産業化の過程をはじめたばかりの社会におけるそれは同じではあり得ない。あるいはソーシャルワークは産業化の産物と定義されなければいけないか。ソーシャルワークは「先進国」のあいだ、「途上国」のあいだにあってさえもその各国の伝統、文化および政治、経済、社会制度によって内容は異なりうる。西洋生まれの専門職ソーシャルワークの典型的表現たる IASSW/IFSW のソーシャルワーク専門職のグローバル定義でさえ地域間の多様性に注意を払う。このテーマについてのさらなる議論には、たとえば、秋元（Akimoto）とそのチームによる2010年代初め以降の仏教ソーシャルワークについての一連の出版物を見られたい（e.g., Sakamoto, 2013-15; Sasaki, 2013; Akimoto, 2015, 2017; Akimoto, et al., 2020; Gohori, 2017-2022）。ここで我々は「ソーシャルワークとは何か」の問ではじめる訳にはいかない。問いはあまりに大きく答えはあまりに多様であり得る。この問を問うのはやめ、世界には１つ以上のソーシャルワークがあるとの仮定の上で我々の議論を進めよう——特に我々は今全世界に適応する「国際ソーシャルワーク」を議論しようというのであるのだから。この部分（「ソーシャルワーク」）の理解と解釈は、議論を簡単にするために本章の終わりに到るまでの暫しのあいだ各読者に任せることとする。彼（女）らのほとんどはそれを西洋生まれの専門職ソーシャルワークと理解するだろう。

　我々はここで問うべきは「国際ソーシャルワーク」の語の最初の部分、すなわち「国際」の理解である。

（2）　間（inter）+国の（national）
——中核としての「国家（nation）」とその「間」（between）

「国際（international）」の語は２つの部分、「間（inter）」と「国の（national）」（「国家（nation）」）からなる。

（i）　国家（nation）

　この章では国家は「同一の民族、言語の大きな人々のグループ」の意味ではなく「特にその国民および社会、経済構造と関係した国（country）」の意味で使われる。それは「政治的に独立した国（country）である国（nation）」（*Longman Dictionary of Contemporary English*, 6th Edition）として定義された国民国家（nation state）の意味で上記では使われ、「ほとんどの市民あるいは臣民が言語あるいは祖先のような民族を定義する要素によっても統一される主権国家」に限定されない[48]（*Oxford Dictionary of English*, Second Edition Revised）。

　「国（nation）」という言葉のもともとの意味とヨーロッパにおける近代国民国家誕生の歴史は第一の民族の意味での使用を支持する。そして今日にあっても、西洋社会、特にその誕生の地ヨーロッパの多くの人々は「ネーショ

---

[48]　主権国民国家の各タイプは別に分けて議論されるべきそれぞれの特徴を持つがそれは国際ソーシャルワークの中でのことである。

ン」、「ナショナル」、「インターナショナル」といった語を耳にするやこの意味における「ネーション」をイメージするかもしれない。第1章で与えられた「国際ソーシャルワーク」の代表的定義の1つはその理解を持っている——「国際ソーシャルワーク」は「国家および<u>文化の境界を超える</u>ソーシャルワーク活動および関心」(Sanders & Pederson, 1984: xiv;)[49]（下線は現著者による）をいう。上記の意味はしかしながらアフリカや他の地域における主権国家の歴史を通して政治的独立国家としての使用法に移っている。(**Box3-1**参照)

(ii)　間 (inter)；国際 (international)；国際ソーシャルワーク

　「国際 (international)」の英語の前半部は「インター」である。接頭辞「インター」は間を意味する。「インターナショナル」は「国家間において」あるいは国家間のインターフェイスにあって「存在し、派生し、あるいは行われる」(*Oxford Dictionary of English*, Second Edition Revised) を文字通りには意味する。

　「国際ソーシャルワーク」は広義では2か国以上に関わるソーシャルワークである（第1章1.2 (2)；1.3 (2)）。2か国以上とは2つの隣国から数か国、より以上の数の国々、さらに一地域のすべての国々（たとえば、南アジア、バルカン諸国、ラテンアメリカ、東南アジア諸国連合（ASEAN）、北米、西欧）そして究極的には世界中のすべての200か国までを意味する[50]。

(iii)　国境

　「ナショナル」（「ネーション」）が中核の言葉であり、「ネーション」なくしては「インターナショナル」も国際ソーシャルワークも言語的、概念的にあり得ない。「ネーション」は以下本章では時には「国境」と置き換えられる。「ネーション間」、そして概念的、物理的限界の意味合いを含めるために、ま

---

[49]　ヒューグラーら (Huegler, Lyons & Pawar, 2012: 11) は新しい「国民国家」という語を使う。

[50]　ヒーリー (Healy) はこの意味での国際ソーシャルワークは「グローバル・ソーシャルワーク」よりも広い範囲をカバーするという（淑徳大学アジア国際社会福祉研究所第3回国際学術フォーラム、東京、2018年1月20日）。

Box3-1：国際 (international)、国家、国民国家 (いくつかの辞書、辞典から)

A. 国際 (international)　①国 (countries) ②国家 (nations) 間

◆　①2つ以上の国を結んだあるいは巻き込んだ (*Oxford Advanced Learner's Dictionary*, 8th edition)

◆　②国家間に存在し、派生しあるいは行われる (*Oxford Dictionary of English*, Second Edition Revised)

◆　②2か国以上に関しあるいは2か国以上を巻き込んだ (*Longman Dictionary of Contemporary English*, 6th Edition)

B. nation　①民族 (folk)、人種 (ethnic group)；(国を脇に置いて)、②国 (country)、国家 (state)；(民族を意識した)、③国 (country)、国家 (state)、国民 (people)；(民族を意識せず)

◆　①共通の先祖、歴史、文化あるいは言語によって結びつけられた、特定の国または地域に住む大きな人々の集まり (Oxford Dictionary of English, Second Edition Revised)

◆　②特にその人々、社会経済構造との関係において考えられた国；同じ人種、言語の人々の大きな集団 (Longman Dictionary of Contemporary English, 6th Edition)

◆　②一つの政府の下の特定の地域に住む同じ言語、文化、歴史を持つ人々の集団として考えられた国

◆　③一国内のすべての人々 (Oxford Advanced Learner's Dictionary, 8 edition)

C. 国民国家　①民族を基礎としたもの、②と③主権を基本にしたものへの移行

◆　①独立の国を形成している同じ文化、言語等を持つ人々の集まり (Oxford Advanced Learner's Dictionary, 8th edition)

◆　②ほとんどの市民、臣民が言語あるいは共通の先祖といった国を定

義する要素によってもまとめられたによってもまとめられた主権国家 (Oxford Dictionary of English, Second Edition Revised)

◆ ③政治的にも独立した国である国家 (Longman Dictionary of Contemporary English, 6th Edition)

［以上A〜Cの日本語は英語辞書からのTAによる翻訳である］

◆ 民族共同体を基盤にして形成された近代国家。……このように近代民族国家は初め君主主権のもとに形成されたが、ブルジョア革命はこれを否定し、代わって国民主権の原理を確立した。ヨーロッパにおいては、17〜19世紀にこういった民族主義運動が高揚し次々に民族国家が形成された。この民族主義運動は第一次世界大戦前後からアジア、アフリカ地域をも巻き込み、第二次世界大戦後各地で一斉に反植民地主義の独立運動が起こった。しかし、これら諸国はヨーロッパ的な意味での近代国家というには未成熟の段階であるため……。当初民族国家の外皮をまとう形で出現した政治的単位も厳密な意味では単一民族を主体としたものではなく、多くは複合的な民族構成を特徴としてきた。その意味で、近代国際社会の成立以来その基本的な構成単位となってきた主権国家は、民族国家というよりは国民国家としての相貌をより鮮明に浮き上がらせてきた……。(『ブリタニカ国際大百科事典』(小項目電子辞書版)ブリタニカ・ジャパン、2014)

◆ ……定義にそのまま当てはまる国家は実在しない。第一に、いわゆる少数民族の問題を抱えていない国家は稀である。……国民国家の形成は近・現代の現象であるが、それでも、定義との近似度が異なるいくつかのタイプが区別できる……。第二次大戦後、植民地支配からの解放によって、自決権を獲得した第三世界の諸国家では、言語的にも文化的にも恣意的に領域が決められており、国民的統合性がきわめて弱い (『新社会学事典』有斐閣、1993)。

た「国家論」そのものの議論にあまり深く引き込まれないために、そして操作化された議論を容易にするためである。サンダースとピーダーソン（Sanders & Pederson, 1984）は上記（ii）の中で国際ソーシャルワークを「国境を越えたソーシャルワーク活動および関心」と直裁に定義した。

2.2　枠組み

(1)　2つの国際ソーシャルワーク

　国際ソーシャルワークは2か「国（nation）」（以下時にnation、state、countryと相互互換性を持って使われる。これら述語は学問的に言えばもちろん異なりそしていくつかの異議は出され得る）に関わるソーシャルワークである。昔（歴史のある時期）は、ソーシャルワークは「国」の内を見れば十分であった。しかしながら社会の国際化のゆえに主権国家あるいは国境を越えることが必要となった。国際化が国民国家にひいては「国内（national）」ソーシャルワークに限界を提示した。［ここでいう「国内（national）」ソーシャルワークは、各国レベルの、各国「の」または各国「内の」、「国別」のソーシャルワークを意味し、政府によって行われるソーシャルワークを意味するものではない。ステート（state）・ソーシャルワーク、ローカル（local）・ソーシャルワーク、ドメスティック（domestic）・ソーシャルワーク、国ごとのソーシャルワークそして自国のソーシャルワークといったような他の表現も可能ではあるが、本書では我々は「国内」ソーシャルワークの用語を使う。］

　国境を越えるには2つの異なった道（方法）があり、それは2つの型の「国際ソーシャルワーク」を生む。その違いは論者の立ち位置すなわち彼（女）がどこから考え議論しはじめるかから来る：1つの道は特定の「国」、最も典型的には自分自身の「国」の中から、それをより拡張するための基地として使って、もう1つの道は、個別主権国家の外からそれらから等距離を保ち独立の存在として、である。

　前者にあっては（「国内」）ソーシャルワークは自国「の」人々あるいは自国の「中に」いる人々にサービス、より良いサービスを提供するために、それら人々のウェルビーイングを向上するために、その活動を国境を越えて拡げる。他国と関係するこれらソーシャルワーク「活動」はここでは「国際ソー

シャルワーク (A)」と名づけられる。たとえば、ソーシャルワーカーの自国内にいる他国からの移民のために働くために、彼（女）は他国（の関係者）と働かねばならないだろう、あるいは新たな知識、スキルを得るために彼（女）は国際会議に参加し、調査研究結果を交換しなければならないだろう（**図3-4左側の欄参照**）（第1章）。

　後者にあっては、国家の限界に直面し、「国」および「国内」ソーシャルワークから切り離されたここで「国際ソーシャルワーク (B)」と名づけられる新たな存在物が、自国という特定の「国」の人々のためにではなく、2か国以上最大地球上の200のすべての国と地域の人々ために、彼らのウェルビーイングを向上させるために誕生する。たとえば2か国あるいはそれ以上の国の間の紛争を解決するために、疫病の予防、より良い労働条件、そしてILOや赤十字あるいはセイブ・ザ・チルドレンのために働き、心情的にいうならば自国を暫し横に置く（**図3-4右側の欄参照**）。

　いずれの型も国民国家とその限界を超えるが、しかし、前者は一国民国家の国民のウェルビーイングの向上をねらい、後者は自国の外にある2か国以上あるいは世界のすべての国の国民のウェルビーイングの向上をねらう。前者は自らのニーズに従い他国と「国内」ソーシャルワークに関心を持つ。後者は先ず自らを各国民国家から分離した存在として打ち立て、各国国民国家と「国内」ソーシャルワークに関わる。後者はものごとをそれらの全体から、1つの総体として見る。

　前者、「国際ソーシャルワーク (A)」、は自「国」および国民の、国民による、国民のためのものである。かくして、たとえいくら他国と緊密に働こうが、それは基本的には「国内」ソーシャルワークの一部である。我々は以下後者、すなわち「国際ソーシャルワーク (B)」に二重引用符を付し、『国際ソーシャルワーク』として扱う。

(2)　国家と国際ソーシャルワーク
　　　──ソーシャルワークの構成分子と相互の位置関係
　図3-5はソーシャルワークの構成分子（『国際ソーシャルワーク』、「国内」

図3-4: 国境を越える２つの道

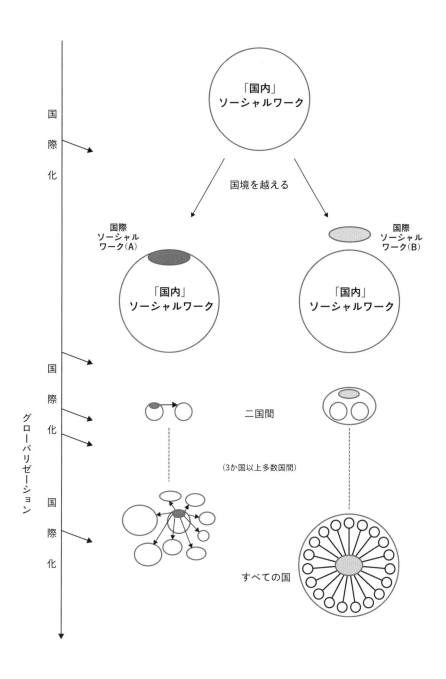

図3-5:『国際ソーシャルワーク』、「国内」ソーシャルワークおよび
ソーシャルワーク総体の位置関係

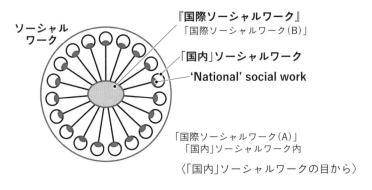

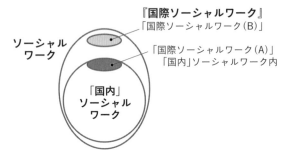

ソーシャルワーク、ソーシャルワーク全体）とそれらの位置関係を示す。ソーシャルワークは「国内」ソーシャルワーク（内に灰色の楕円を持つ小さな白い円）と「国内」ソーシャルワークから離れた独立した存在物たる『国際ソーシャルワーク』（淡い灰色の楕円）からなる。言いかえると、2つの部分、「国内」ソーシャルワークと『国際ソーシャルワーク』は合わさってソーシャルワークを構成する。右下の図はこれを「国内」ソーシャルワークの方から見たものである。

2.3 『国際ソーシャルワーク』の中核要素

我々は「国際ソーシャルワーク（B）」の意味における『国際ソーシャルワーク』を問い、その構築を進めてきた。

『国際ソーシャルワーク』の中核要素は以下の(i)〜(iv)である。『国際ソーシャルワーク』は特別ではない。それはちょうど「国内」ソーシャルワークがそうであるように全体としてのソーシャルワークの一部である。『国際ソーシャルワーク』の目的、原理、価値その他の要素は基本的には「国内」ソーシャルワークのそれらと同じである。「ソーシャルワーク」=「西洋生まれの専門職ソーシャルワーク」と仮定するならば——我々は本節の頭(2.(1))でソーシャルワークをブラックボックスに入れたが——目的は人々の生活における困難や問題を改善し解決し彼(女)らのウェルビーイングを向上することであり、両者の基本原理あるいは価値は社会正義と人権その他である(IASSW/IFSWのソーシャルワーク専門職のグローバル定義をみよ)。『国際ソーシャルワーク』の実際の実践の場は実践家自身の国の内外双方であろう。それもまた「国内」ソーシャルワークにおけると同じである。「国内」ソーシャルワークは彼(女)たちの母国内外双方で実践され得る。

「国内」ソーシャルワークにおける中核要素との同一性がまずは求められる。しかし、「国際」という新たな分野に足を踏み入れ、あるいは国境という新たな要素を組み入れるやいくつかの改変、追加が必要となる。これは「国際」というトピックに何もユニークなことではない。他の何らかの新たな分野[51]、新たな要因がひき入れられたときであっても同じである。『国際ソーシャルワーク』に関する主な改変と追加は次の通りである((a)〜(d))。なお隠されているかもしれない項目、我々が気づいていない項目が将来ある時に出てくることとなるだろう。

(a) キーワード

『国際ソーシャルワーク』のキーワードは「国家間」あるいは「国境」である[52]。近代主権国家は「国際ソーシャルワーク」についての我々の問いの核を

51　第2章では国際ソーシャルワークは1つの分野ではないと書かれたが、ここではその意味は異なる。

52　Sanders and Pederson (1984)「国、文化の境を越えるソーシャルワーク活動および関心」(1.2 (2))。

なす。『国際ソーシャルワーク』の対語[53]は国境を持った「国内」ソーシャルワークである。

(b) 課題（タスク）

『国際ソーシャルワーク』の課題は取り組む問題、用いる規準あるいは行う実践において国境を越えたあるいはこれに関係したソーシャルワークである[54]（1.3（3）（3-1）37-38頁参照）。

(c) 対象

『国際ソーシャルワーク』の対象は世界のあらゆる国と地域（2022年現在約200）のすべての人々（80億人；UN *World Population Prospects 2022*）であり、単に自国の人々だけではない。

(b) + (c) 目的

『国際ソーシャルワーク』の目的は人々の生活における困難と問題を緩和しまたは解決し、そして自国の人々だけではなく世界中の人々のウェルビーイングを向上させる。

(d)「ものの見方」

『国際ソーシャルワーク』の最大の特徴はその一定の「ものの見方」である。文字通りの意味における「ものの見方」は価値（ヴァリュー）（主流西洋生まれの専門職ソーシャルワークは第1章では目的、ねらい、原理、哲学、イデオロギー、パーセプション（perception）のような言葉を同時に使う）を内包しうる。「ものの見方」は操作化された形で「もの差し」（規準、基準）として解釈されうる。

　しかし、ここでいう「ものの見方」の内容は外からの目あるいは2種以上、複数の目をもってものごとを見る見方をいう。『国際ソーシャルワーク』は特定の国、最も典型的には自分自身の国をはずして、固執しないことによって、

53　"国際ソーシャルワーク"のエッセンスを抽出するために、対語を置く意味がある。

54　概念および理論にあっても（Akimoto, 1992）。

ものごとを見る。それは自国または自国民を真ん中におくことを通してものごとを見ない。

『国際ソーシャルワーク』はものごとを1つのもの差しではなく、2つ以上のもの差し——望むらくはすべての当事者の使用のための1つの共通のもの差しにまで発展されたらいい——を使うことによってものごとをみる。西洋生まれの専門職ソーシャルワークの思考をもって見る限り国連や関連組織の条約、人権、社会正義その他の価値はそれら共通物差しの例たりうる（cf. Friedlander, 1975）が、それらは我々がここで意味する共通のもの差しでは必ずしもない。ここでいう共通のもの差しは、価値要素を可能な限り排除し、これらを超える。

(i)　一定の「ものの見方」を持たないソーシャルワーク

一定の「ものの見方」、もの差しを持つかどうかのテストをパスしなければ、たとえこれらの「活動」が他の国々に関係していたとしても我々はいかなるソーシャルワーク活動も国際ソーシャルワークといいまたは定義することはできない。それらは「国内」ソーシャルワークであり、自国および自国民のウェルビーイングの向上をねらう。

第2章に「これらは必ずしも国際ソーシャルワークではない」としてリストアップされた項目は必ずしも「これらは（二重括弧で囲まれた）『国際ソーシャルワーク』ではない」というわけではない。もしそれらがその「ものの見方」のテストにパスすれば、それらは『国際ソーシャルワーク』である。ポイントはそれが上記「ものの見方」によってスクリーンされないならば、我々は何でも『国際ソーシャルワーク』とは呼ばないということである。

(ii)　国境を抹消する

言い替えれば、『国際ソーシャルワーク』の「ものの見方」の中核的意味はすべての国、国民あるいはすべての人々およびそのグループを彼（女）らの国籍の如何を問わず同じ距離で見るということである。

『国際ソーシャルワーク』は特別の価値をいかなる国、国民にも与えない。

我々は彼らが違っていても彼らを同じであるとみる[55]。それはいかなる特定の国、国民に優秀性、劣等性のいずれのラベルも付さない。いわゆるゲルマン民族、アングロサクソン、漢民族、大和民族等々、「民族」を「国民」に置き換えたとしても、である。

究極的にはもし人が国境を抹消しものごとを見るならば非常に異なる世界が目の前に出現してくるだろう。我々は国境あるいは国籍以前に階級、人種、性、宗教、言語、ファンクショナル・コミュニティその他の指標を用いて世界を見るだろう[56]。人々は「世界市民」[57]、「地球人」および「人間であること」と言った述語を用いること——それらは理論的、歴史的あるいは法的に現在または近い将来あり得ないけれども——を主張するかもしれない。現実には、国境はたとえいかに国際化およびグローバリゼーションが進み、人、物、金、情報その他が国境をあちこちで破ろうとも、しかと存在している（Akimoto, 2004）。現在「国際ソーシャルワーク」の主なるプレーヤーとされているもの、たとえば、国連、主権国家、国際NGO、宗教団体、多国籍企業、個別会社、個人およびその集団は国益および国籍から自由ではない（第2章4 (2)）。

(a) + (b) + (c) + (d) 理念[58]

「理念」は本章において以下、時に上記 (a)〜(d) を包摂する概念として用いられる。それは将来に対する史的見方および夢を含みうる[59]。ここでの理念（idea (idee)）の意味は日常的に用いられるアイディア（考え）

55　もしかれらが同じおよび単一であるならば、協力、協調、共同は議論すべき課題とはならない。違いではなく同一を求める旅、同一ではなく違いを求める旅、双方がスタートするだろう。

56　今日の戦争の時代、これらの要素は国籍の下に押さえ込まれる。

57　市民（シティズンシップ）の概念は彼らの権利に応える政府の存在を求める。世界政府は未だ存在していない。

58　「その事がどうあるべきかという根本的な考え……。経験を超越する概念……。」（『精選版 日本国語大辞典』小学館、2006）「決断や解釈の目的として存在論的な含意なしに用いられる」（『広辞苑』第六版、岩波書店、2008、2014）。

59　cf. 第2章3 (2)

というより哲学[60]におけるそれ——とるべき「行為の可能な道筋に関する思想または示唆」（*Oxford* Dictionary of English, 2nd Ed. Revised, Oxford University Press, 2005）に近い（日本語訳は現著者（秋元）による）。

2.4 『国際ソーシャルワーク』の誕生とその「国内」ソーシャルワークおよびソーシャルワーク全体との関係の歴史的発展

ここで我々は時間の要素を投入する。

(i) 第1の誕生

国民国家なくして、国際ソーシャルワークは言語学的にも、歴史的にもあり得ない。国際ソーシャルワークの誕生は「国民」、「主権」、「領土」によって定義される近代主権国家の誕生と存在に大きく負う。国境は国民国家の概念的物理的限界を内包する。論理的に言って「国際ソーシャルワーク」は国境の誕生とともに誕生した。これは国際ソーシャルワークの第1の誕生である。その瞬間までのソーシャルワークは国境とは無関係、意識の外のものであった。その瞬間までのソーシャルワーク活動のいくつかは（a）それらのままで新たに引かれた国境の外にそのまま留まり、あるいは（b）新たに引かれた国境内のクライアントにサービスを提供するためにその必要からの国境を越えたなんらかの接触、活動として続く（cf.「国際ソーシャルワーク（A）」）。

(ii) 第2の誕生——スピンオフとブーメラン

『国際ソーシャルワーク』すなわち「国際ソーシャルワーク（B）」は（「国内」）ソーシャルワーク[61]のもう1つの限界から、そこからのスピンオフとして生まれた。（**図3-6の**①）これは「国際ソーシャルワーク」の第2の誕生で

---

60 「≪哲学≫（プラトン）外部に存在する原型、個物はその不完全なコピー：■（カント）経験を超えた 純粋理性概念」（*Oxford* Dictionary of English, 2nd Ed. Revised, Oxford University Press, 2005）（日本語訳は現著者（秋元）による）。

61 厳格にいうならば、「'国内'ソーシャルワーク」は「国際ソーシャルワーク」の誕生の結果として生まれたといわれ得る。それまでは、それは「ソーシャルワーク」であった。

図3-6:『国際ソーシャルワーク』の誕生と侵入（スピンオフとブーメラン）

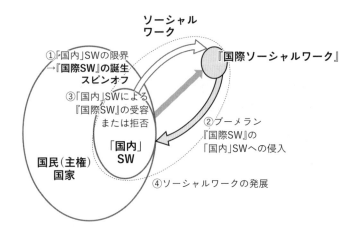

ある。しかし、それがひとたび生まれるや、その新たに生まれた国際ソーシャルワークはブーメランのごとく「国内」ソーシャルワークに逆襲し侵入してくる。それはスタートするや、(**図3-6**の中の②)「ものの見方」や他のいろいろの考えや実践を含むその中核要素（cf. 上記2（3））を「国内」ソーシャルワークに運びつづける。「国内」ソーシャルワークはそれらを『国際ソーシャルワーク』が送り込むメッセージと要求とともに受け入れ、抵抗し、あるいは拒絶する（**図3-6**の中の③）。しかし、それらのいかなる部分でも受け入れる限り、受け入れられたそれらは「国内」ソーシャルワークおよびそれを通じてソーシャルワークそのものの中の一部となり、「国内」ソーシャルワークの変化と発展にそして最終的にはソーシャルワークそのものの変化と次の段階への発展に貢献する（④）。西洋生まれの専門職ソーシャルワークの場合、次の段階とは第1段階（ヨーロッパで生まれ）、第2段階（北米で成長）のあとの全世界にサーブする第3段階を意味する。

(iii) 主権の外の存在

しかし、この巡回運動が我々に残した最大の宝物はいかなる国家および「国内」ソーシャルワークの主権の外に、しかしソーシャルワークの中に、位置

した『国際ソーシャルワーク』の誕生である。今やソーシャルワークは「国内」ソーシャルワークと『国際ソーシャルワーク』から成り立つのであるから、いかなるソーシャルワークも必然的に国民国家の主権の外にある部分を含むこととなる。

2.5 理念型[62]と実在
──『国際ソーシャルワーク』と『国際ソーシャルワーク』′（ダッシュ）

　ここまでは、議論は主に理念型レベルでなされた。我々はここまでは可能な限り「実在」の要素は落としてきた。

　ここで、我々はこの要素を投入する。現実の社会における『国際ソーシャルワーク』は現実社会における個々の国民国家および「国内」ソーシャルワークから自由であることはできない。現実社会における『国際ソーシャルワーク』は今構築中の『国際ソーシャルワーク』の理念型からゆがんでいる。我々は本章ではこのゆがんだ『国際ソーシャルワーク』を『国際ソーシャルワーク』′（以下『国際ソーシャルワーク』′（ダッシュ）と記す）という。

　第1に、『国際ソーシャルワーク』は国の主権の外にありながら構造的にはサイズおよび力の異なるすべての国家の「国内」ソーシャルワークを内に持った国家の集合の上にある。すべての国民国家は彼ら自身の国益を、個々の「国内」ソーシャルワークは自国民の利益を見（求め；追求し）ている。第2に、構造的だけではなく日々の動き（運営；活動）の過程においても、現実社会の中の『国際ソーシャルワーク』は常に力の異なるそれら国家および「国内」ソーシャルワークの下にあり、中立に機能しない。『国際ソーシャルワーク』′はその管理運営において力を持つ国の「国内」ソーシャルワークの方向にゆがんでいる（**図3-7**）。

　実際に存在する『国際ソーシャルワーク』′は上記2.3で提示された純粋理念的『国際ソーシャルワーク』のそれとは異なり、たとえそれがすべての国か

62　「マックス＝ウェーバーの社会科学の方法論上の概念の1つ。あまりに流動的・分散的である現実の文化的諸現象を測定・比較し、あるいは評価するため、多くの現象の中から選び出された本質的な要素で理想的に構成された典型。理想型」（『精選版 日本国語大辞典』小学館、2006）

図3-7:『国際ソーシャルワーク』′:現実社会の中の『国際ソーシャルワーク』

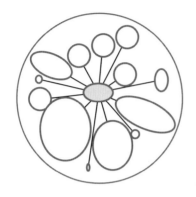
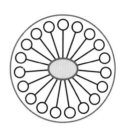

cf.『国際ソーシャルワーク』

ら等距離にあるふりをしたとしてもそれのゆがんだものである。しかしながら、『国際ソーシャルワーク』は上述の理念（上記2.3）を持ち続け確固として存在し、そして現実に存在するゆがんだ『国際ソーシャルワーク』′を理念としての『国際ソーシャルワーク』に向け導く。

対極にある「国内」ソーシャルワークは自らの利益のために『国際ソーシャルワーク』の方を自らに近づける努力をするが、同時にそれは『国際ソーシャルワーク』の理念を考慮せざるを得ないし実際に考慮している。『国際ソーシャルワーク』′はそれぞれ出発点とゴールの異なる『国際ソーシャルワーク』と「国内」ソーシャルワークの間の綱引きの中にある。

比喩的に言えば、国連を思えばよい。国連は個別主権国家の外に1つの独立した組織として存在する。しかし、国連は構造的にはそれぞれ異なるサイズと力を持った個別主権国家から構成されているとともに、その組織条件の下で日々の管理運営、活動を行っている。それら個々の主権国家は自らの国のために国益を求め戦っている一方、妥協を通して協力し、協働してもいる。たとえば、世界人権宣言や多くの規約、協定、取り決めはすべてのあるいは大多数の主権国家によって合意された最上位の共通のものさしと見做されるが、現実には特定の歴史的、政治的、社会的条件の中で大きな声と力を持っ

た加盟国によって採択され運用されている。にもかかわらず、国連の存在は一般的には公正であり、価値があり不可欠であると多数の国によって見做されている。

2.6 環境要因──国際化とグローバリゼーション

時間と実在の両要素が投入される。

(1) 社会とソーシャルワークの国際化

『国際ソーシャルワーク』第2の誕生からのブーメランまでの上記2.4節の物語の背後には、国際化の流れが流れていた。より正確に言えば、それは「国際ソーシャルワーク」第1の誕生、国民国家、国境の形成時から、今日まで流れていたのではあるが。

国際化とは「もともとは国家と国家との相対的な関係を示す言葉であったが、今日」では「さまざまな意味合いが含まれており確たる定義はない」。その言葉の一般的使用の2、3の例は（a)「国家を自給自足・閉鎖型から相互依存・共存型に国家の体制を変えていくこと」；（b)「他の国家と肩を並べていくために応分の負担をすること」；（c)「他の国からのヒト・モノ・文化・情報などの流入に対し広く門戸を開くこと」（『ブリタニカ国際大百科事典』ブリタニカ・ジャパン、2014) などである。

社会は政治的、経済的、社会的に国際化してきている。その一部であるソーシャルワークだけが例外であるわけにはいかない。社会の国際化はソーシャルワークを2つの道で国際化する。1つは『国際ソーシャルワーク』の誕生と成長を促進した。もう1つは「国内」ソーシャルワークを国際化のコンテキストの中に置き、それのあらゆる側面に『国際』の要素を染みこませた。

(2) 「国内」ソーシャルワークの国際化
(i) 「国内」ソーシャルワーク国際化の3つの動因

「国内」ソーシャルワークの国際化は3つの道を通った：①自らのクライアントの目前のニーズと自分自身および自国の利益を満たすために今以上の知識とより良いサービスのために外に向けて自らを拡げる；②他国によって敬

意をもって受け入れられる「良き」国際的国家となる[63]；③外からの力によって変わることを求められあるいは強制される。①に関して我々は「国際ソーシャルワーク（A）」の誕生についての叙述を思い出すかもしれない（上記2.2（1）および2.4）。①および②に関しては直前の2.6（1）の国際化の定義の（a）および（b）、および第2章（5.（2））で述べられた「現代の良き国際人」である資格——（a）良き市民（国民）、（b）良き国際市民、（c）良き世界市民で同時にあること——の（a）および（b）を見られたい。③の要求および強制は社会から直接及び社会の国際化を通して生まれた『国際ソーシャルワーク』を通してやってくる（**図3-8**）。これら①〜③の道は必ずしも時系列的なものではない。

『国際ソーシャルワーク』は、一般社会とともに、上記「国内」ソーシャルワークの国際化のこれら3つの道のそれぞれを促進し強化する（**図3-6**）。

(ii)　「国内」ソーシャルワーク総体が国際化される

ソーシャルワークが働く対象たる問題が国際化され、ソーシャルワークが用いる基準（もの差し）が国際化され、ソーシャルワークが行う実践が国際化される（2.2（2））[64]。ソーシャルワークのすべての分野、たとえば、児童福祉、障がい、高齢者、貧困、精神衛生は国際化される。児童福祉、障害についての基本的クラスですら、それぞれ国連の子どもの権利条約、障害を持つ人々の権利条約に、また他国の制度政策レベルおよび現実レベル双方の状況・事情に言及することなく完結することはできない[65]。「国内」ソーシャルワークは国際化の社会的コンテキストの中で考え実践されなければならない。さもなければ、ソーシャルワークの何事も理解され効果的に遂行することはできないだろう。

---

[63]　「われらは、いずれの国家も、自国のことのみに専念して他国を無視してはならないのであつて、政治的道徳の法則は、普遍的なものであり、この法則に従うことは、自国の主権を維持し、他国と対等関係に立とうとする各国の責務であると信ずる。」（日本国憲法前文）

[64]　概念にあっても同じ。

[65]　たとえば、「障害を持つアメリカ人法」（ADA；Americans with Disabilities Act）、スウェーデンにおける進んだ高齢者政策、実践、世界における大量貧困（マスポヴァティ）。

図3-8：社会一般と『国際ソーシャルワーク』による国際化

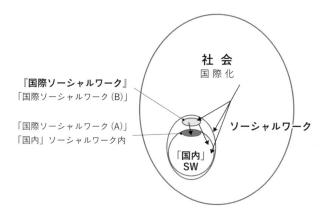

(iii) 国際化およびグローバリゼーションの内実：一方向

　「国内」ソーシャルワークは喜んで、嫌々、あるいは強制されて『国際ソーシャルワーク』のメッセージや要求を受け入れそして国際化される。「国際化」の語は、１つの現象を叙述するために使われたそもそもは中立的概念であった（上記 (1)）、しかし国際化の内実は一方向——ソーシャルワーク「先進国」すなわち北あるいは西からソーシャルワーク「途上国」すなわち南あるいは非西へ[66]——である傾向がある。後者は前者を願望とあこがれをもってコピーする、あるいは屈辱をもって従属する。帝国主義、植民地主義の意味は含まれているかもしれない（cf. アジア福祉創造センター（ACWelS）による国際化・現　地　化（インディジナイゼーション）に関する研究（Matsuo, 2014）はこれを支持する）。

　国際化におけるこの「一方向」性はグローバリゼーションにおける議論によって引き継がれている。1990年代あたりからグローバリゼーションの語は国際化の語とオーバーラップして、時にはそれを相互互換性のあるがごとく、あるいは主流国際ソーシャルワーク・コミュニティのなかでは無意識的に置き換えて使用されはじめた。双方の語の意味、概念はもちろん別物であると

66　第1章のブータン、ベトナム、タイにおける、同じく第1章の日本における「国際ソーシャルワーク」の語の用法を見よ。

いう事実があるにもかかわらず、である。

グローバリゼーションには多様な定義があるが、大野健一による定義は我々のここでの議論にフィットする：

　　グローバリゼーションとは、単に各国が貿易、投資、金融、情報、人的交流などを通じて接触と競争を深めていく状況ではない。それぞれの時代の世界経済には地理的にも産業的にも中心が存在するのであり、グローバリゼーションとはその中心に位置する国の価値やシステムが追随や強制をともないながらそれ以外の地域へ伝播していくという、明確な方向性と階層構造をもったプロセスを指すのである。中心国からみれば自分たちの文明が優れていることは「自明」であって、グローバリゼーションには、その恵みをいまだ享受していない遅れた地域にそれを広めるという優越感と使命感が混ざった意味合いがある。さらにいえば、中心国がすでに優位に立つ分野に自分が設定するルールで他国を参加させ、その優位性を拡大再生産するという側面があることも否定できない（大野, 2000：iii）。

　前頁本項（iii）の冒頭のパラグラフにおける国際化について書かれたそれは、もし「国際化」の語が「グローバリゼーション」の語と置き換えられても、そのまま繰り返されうる。唯一目につく国際化との違いは国際化のユーフォニズムを乗り越えたより明示的、意識的な中枢（送り手）と周辺（受け手）を持った一方向的関係についての強調である。一時一極世界理論さえ流行した（cf. Akimoto, 2007: 686-690）。

　ソーシャルワークの場合、中枢にあるものは「先進国」のソーシャルワーク、すなわち西洋生まれの専門職ソーシャルワークである。

(4)　国際化とグローバリゼーションのもとの『国際ソーシャルワーク』

　以上（1）と（2）の議論はほとんどが国際化とグローバリゼーションのもとの「国内」ソーシャルワークについてのものであった。ここでは我々は国際化／グローバリゼーションと「国内」ソーシャルワークとの関係ではなく、国際化／グローバリゼーションの『国際ソーシャルワーク』との関係を、論

じようというのである。

『国際ソーシャルワーク』は社会の国際化という環境条件によってその誕生と成長において促進されたが、翻って「国際ソーシャルワーク」は「国内」ソーシャルワークの国際化／グローバリゼーションを（さらに社会の国際化／グローバリゼーションをも）促進した。

『国際ソーシャルワーク』は「国内」ソーシャルワークの中に、①ものの見方とその下のいろいろな思想、実践のみならず、②国際化のもとの一方向であるところのものとグローバリゼーションのもとの中心にあるもの、すなわち西洋生まれの専門職ソーシャルワークのそれをも持ち込む。「価値」は最もしばしば言及される主題である傾向があるが知識やスキルもまたそうであり得る。

「国内」ソーシャルワークは持ち込まれたものに対しそしてこの持ち込みのエイジェンシーであった『国際ソーシャルワーク』（とその社会）に対し、かつていわれた「内政干渉！」を超えて「グローバリゼーション！」「西洋化！」「ソーシャルワーク帝国主義！」「専門職植民地主義！」を投げ返す。より正確に言うならば、『国際ソーシャルワーク』は一段上のパラグラフの「国際化」①のプロモーターであり、②の防禦者であり、『国際ソーシャルワーク』は①、②双方の「国際化」の主動者（牽引者；ムーバー）であるかもしれない。西洋生まれ専門職ソーシャルワーク・コミュニティのなかの国際ソーシャルワークのある人々は、国際ソーシャルワークの名の下に躊躇することもなく自らを「グローバル専門職」として拡散、売り込もうとする。

我々が探求しているものは『国際ソーシャルワーク』とは何かであり、そして特に西洋生まれの専門職ソーシャルワークの『国際ソーシャルワーク』は何かではない。我々が興味のあるのはすべてのソーシャルワーク、世界のすべての部分に共通的に適用できるあるいは親和性のある『国際ソーシャルワーク』は何かである。我々は、仏教ソーシャルワーク、イスラムソーシャルワーク、多様なNGOソーシャルワーク、その他のインディジナスなソーシャルワーク[67]を含む他のソーシャルワークの『国際ソーシャルワーク』を頭に置かない『国際ソーシャルワーク』を議論することはできない。我々はソー

---

67 注47を見よ。

シャルワークとは何かの問いを本節2.1の冒頭（92頁）でブラックボックスの中に入れた。『国際ソーシャルワーク』のねらいは世界中のすべての国と地域の80億のすべての人々にソーシャルワークを届けることである。

2.7　将来：未解決の問題

（1）　『国際ソーシャルワーク』はなくなるか、存続するか?

　「国内」ソーシャルワークは「国際化」されたコンテキストの中におかれ、そしてそのあるとあらゆる部分に「国際」の要素をもつことになった（2.6 (1)）。「国内」ソーシャルワークは完全に国際化されたと仮定された。であれば、国際ソーシャルワークは不要となり、存在することをやめるのか?　これは第1章の終わりに挙げられた質問の1つであり、本章1.2 (2) (d) (89-90頁)で短く議論された。我々が建設（構築）しつつある『国際ソーシャルワーク』に関する限り、答えは単純に「ノー」である。「国際ソーシャルワーク（A）」（2.2 (1)）の名は概念的には「国内」ソーシャルワークの他の部分からの区別を失い、なくなるかもしれないけれども、である[68]。主権国家が存在することをやめない限り『国際ソーシャルワーク』も存在することをやめないだろう。国境線は実線から点線に変化しその点と点の間の距離はひろくなって来てはいるが、『国際ソーシャルワーク』も『国際ソーシャルワーク』′も近い将来には消えないだろう。ある人々は「'国際'ソーシャルワークは存在することをやめるか」とのそもそもの問いは「'国内'ソーシャルワークは存在することをやめるか」であるべきであったと議論するかもしれない。しかし、この新しい問いに対する答えと理由付けは上記と変わらない。

　国連や国際ソーシャルワーク学校連盟（IASSW）の理事会を思ってほしい。国連は国連の理念を持ち追求しているのだが現実には国益のためにお互いに競い合い妥協を重ねる個々の主権国民国家から構成されている。IASSWの理事会メンバー——執行三役や全構成メンバーによって選出された理事と国代表としておくり込まれた理事メンバー——を思え。どちらのサイドからものごとを見るか、国連あるいはIASSWの側からか、個別メンバー（国）の側から

68　あるいはなくならないかもしれない。あるいは強化すらされるかもしれない。

か。現実にはトップリーダー（執行部、三役）ですらいろいろな程度の差を
もって自国のために自分が国代表であるかのごとく働く可能性ゼロではない。
しかし、それら（組織）の本来の理念がたとえいくら歪められようが、それ
らはそれ自身の存在意義を持つ。実際の「国際ソーシャルワーク」'はいかに
ゆがめられようがそれは「国際ソーシャルワーク」として存在する。

(2) このグローバリゼーションの批判を避けることができるなんらかの共通のもの差しはあるか。

　国際化／グローバリゼーションは我々に中枢にあるところのものあるいは
最強のものを、国境を越える共通のもの差しとしてあるいはグローバルな規
準としてすら見ることを強制する。我々の場合ではグローバリゼーションの
中身は西洋生まれの専門職ソーシャルワークあるいはその価値、知識、スキ
ルである。国際ソーシャルワークはその推進者として機能しうる。「国内」
ソーシャルワークは「グローバリゼーション！」の異議を挙げるが。

　グローバリゼーションの批判をかわすことができる世界共通のもの差しは
なんらかあるか。もしあるとすれば、我々はどのようにしてそれらを見いだ
すことができるか。

　インディジナイゼーションは答えにならない。インディジナイズされたも
のはなお西洋生まれの専門職ソーシャルワークである。いくつかの小さな質
的、量的変容は、本質的な全体像を受け入れさせる（送り手側から見て）あ
るいはそれを受け入れる（受け手の側から見て）ためになされなければなら
ないだろう（cf. 仏教ソーシャルワークにおけるABCモデルとその拡張；
Akimoto, 2017: 22-23 and 2020: 65-68）。

　我々は自己あるいは中枢からでなく、他者あるいは周縁からすなわち我々
の場合にあってはインディジナスなソーシャルワークから考えるべきか。あ
る共通のもの差しはもし我々がそのようなソーシャルワークを観察しそれら
のもの差しを見いだし取り出し、それらについて、帰納的にすべてを包括的
に統合（総合）するならば見いだしうるかもしれない。

　あるいは我々は国境が生まれる以前の社会に戻ろうか。一方で国境がしっ
かりと引かれたあとの社会で、それらを乗り越え、抹消しつつ用いられ得る

共通のものさしを探しながら。

　図3-9を見よ。歴史のあるときに、ソーシャルワークの語は使われていなかったが各地に「ソーシャルワーク」は存在した。「インディジナスな」ソーシャルワークである。国境は物理的にあるいは意識の中に存在していなかった（図中I）。国民国家および国境が生まれた。ソーシャルワークの実践の場は2つの部分に分かれた：国境の外と内とに。大部分は内側に位置した（図中II）。ソーシャルワークは国内化した。「国より前にソーシャルワーク」を見る見方がある限りでは図中のIIのような理解は維持され得たけれども。ソーシャルワークは徐々にその活動の一部を国家に手渡してあるいは押しつけて行った（図中のIII）。領土に地域的に縛られたソーシャルワークという意味ではなく、国（政府）によるソーシャルワークという意味での「ナショナル（あるいはステート）ソーシャルワーク」、が生まれ成長した。それらは徐々に制度化され究極的には国によって囲い込まれて、包摂され、閉じ込められた[69]。福祉国家および専門職化、国による免許／認証制度はシンボリックな究極である。ソーシャルワークは国家に従属しその道具とすらなる（図中III→IV）[70]。

　この過程において国際ソーシャルワークは国境という限界をもつ（「国内」）ソーシャルワークから、スピンオフし、独立の存在物として創造される。それは国民国家の主権の下にない。

　我々はインディジナスな社会（I）を含むすべてのレベルの社会に適応可能のいくつかの原初的基本的共通のものさしを見いだすかもしれない。たとえば、殺すなかれ、盗むなかれ[71]、善意、愛、思いやり、慈悲、見返りを期待しない[72]自主的な働き、人道主義、博愛主義、世話、ソーシャルケアはこれらも

69　包摂のスピードと程度は各国のソーシャルワークの中にあって異なる。ソーシャルワークのある部分はソーシャルワークとしての個々のアイデンティティが維持される限り「国内ソーシャルワーク」内に残りながらも、「国（政府）のソーシャルワーク」の外に残りうる。

70　より歴史的に正確な図にあっては、IVの右肩の付加図（cf. **図3-6**）はIIIにつけられてもよい。

71　cf. キリスト教の十戒、仏教の五戒。

72　この見方からは、金のためにあるいは仕事として働く専門職ソーシャルワーカーはソーシャルワークをやっている人々ではない、専門職ソーシャルワークはソーシャルワークではない。

図3-9：ソーシャルワークと国家　そして『国際ソーシャルワーク』

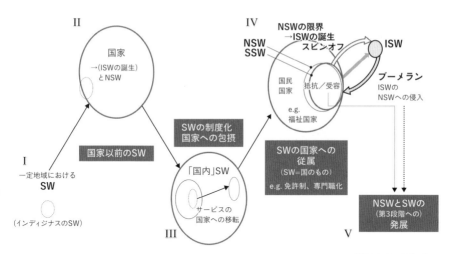

の差しの候補者かもしれない——それらはたしかにあまりにも原初的（素朴）ではあるが。「それらはソーシャルワークではない」は主流の西洋生まれの専門職ソーシャルワークの人々からの瞬時の反応であろう。ソーシャルワークは彼（女）たちのもの（cf. 産業化、19世紀末、慈善以降）だけでなければならない。しかし、「ソーシャルワーク」は西洋生まれの専門職ソーシャルワークにより独占のために特許が取られていない。そしてそれは全世界のすべての部分のすべての人々に仕えてはいないし仕えることもできない。

　我々はソーシャルワークとソーシャルワーク分野で仕える人々を区別して議論している。彼（女）の中にはソーシャルワークに仕事として従事するソーシャルワーカーもあり得るし、その中には専門職ソーシャルワーカーもあり得る（1.2（1）（c）89頁）。

　再度、ソーシャルワークとは何かは本書の主題ではないことを繰り返そう。我々はこの問題は本節の冒頭で脇に置いた（2019年12月20日〜21日に開催された仏教ソーシャルワークに関する第4回国際学術フォーラム報告書（Gohori, 2020, 2021）を参照）。我々は西洋生まれの専門職ソーシャルワークの「国際

ソーシャルワーク」を議論していない。我々の「国際ソーシャルワーク」は
あらゆるソーシャルワークに適応可能でなければならない。

　国境と国籍を抹消してみるこのものの見方はあたかも DNA であるかのごと
くソーシャルワークに根ざしているのかもしれない。我々は高度に共通のも
の差しを見いだすために全く異なる世界を見、考えるだろう。

3. 新たに建設された定義とまとめ

（1）　『国際ソーシャルワーク』の定義

　なお仮ではあるが、建設作業は終わり、『国際ソーシャルワーク』の次のよ
うな定義が与えられた[73]。

　『国際ソーシャルワーク』[1] は一定の理念[2] に裏付けられた国境[3] を越えた
あるいは国境に関わるソーシャルワーク[4] である。対象は世界中のすべて
の国および地域のすべての人々[5] であり、目的はその人々のウェルビーイ
ングを向上することである。もたれなければいけない「ものの見方」[6] は自
国を含め主権国家の外からの目、複眼[7]、あるいは 2 つ以上または共通の
「もの差し」をもって見ることである。『国際ソーシャルワーク』はいかな
る特定の国または地域、国民、国籍にいかなる重要性、優越性または劣等
性を与えない[8]。『国際ソーシャルワーク』の対語は「国内」ソーシャルワー
クである[9]。『国際ソーシャルワーク』はすべての 土 着 の[10] ソーシャル
　　　　　　　　　　　　　　　　　　　　　　　　インディジナス
ワークと共通的に併存可能でなければならない[11]。

（注）
1)　'国際ソーシャルワーク（B）'（2.2 (1)）
2)　哲学、原理、価値、目的、ねらい、ものの見方、もの差し、尺度、規準等を含む。
　　続く 3 センテンスがこれをパラフレーズしたものである。
3)　"国の"と同じ意味における"地域の"を含む。

73　定義に関する限り、読者をより良い理解に導くためには要素、構成分子をパラフレーズ
　　することも必要であろうが、同時にそれらを最小化することはより広い内容を包み込むこ
　　とが出来よう。

4)　前節2.1（1）のはじめに各読者が仮定し横に置いたソーシャルワーク。必ずしも西洋生まれの専門職ソーシャルワークに限定されない。

5)　自国（地域）民でない。本著第I部本文内では主に'Nation'が使われているが、ここでは理解を容易にするために'country'が使われている。

6)　物事の見方、目的・ねらい、価値、もの差し、尺度、規準、視野、アプローチその他。

7)　'compound eyes'; 'multifaceted eyes'.

8)　その理念の内外の他の要素はソーシャルワーク全体のそれらと変わらない。国際ソーシャルワークは「国内」ソーシャルワークとともにその一部であるのだから。

9)　「国内」（'national'）ソーシャルワークとはここでは各国内のソーシャルワークを意味し、政府によるソーシャルワークを意味しない。

10)　用法はUNESCO/IFSWの定義と異なる（cf. 脚注47、87頁）。

11)　西洋生まれの専門職ソーシャルワークだけではない。それは機関車が種々の異なる車両と連結可能であるように、あらゆる種類のソーシャルワークとの親和性を持たなければならない（cf. 接ぎ木における両立性）。

　　『国際ソーシャルワーク』のキーワードは「国境」であり、課題（タスク）は国境を越えたソーシャルワークである。対象は特定の国または国民、なかんずく自分自身のものではなく約200の国と地域の80億[74]の人々である。目的は全世界のウェルビーイングを向上することである。その理念の中核たる「ものの見方」は自国を含む主権国家の外からの目、あるいは複眼、あるいは複数のまたは共通のもの差しを用いることである。これ以外は、現時点にあっては『国際ソーシャルワーク』にあっては「国内」ソーシャルワークと何も（価値、原理、実践の場その他）かわらない——両者は同じソーシャルワークの部分であるのだから。将来は何か異なるものが見出されうるかもしれないが。『国際ソーシャルワーク』の対語は「国内」ソーシャルワーク、各国のソーシャルワークである。『国際ソーシャルワーク』はいかなる特定の国・地域にも何らの特定の重要性、優秀性、劣等性を与えない、『国際ソーシャルワーク』の代表的アクターは各国政府を超えた組織、ソーシャルワーク組織を含む国際NGOその他であるが、いかなる集団も個人も彼らが上記理念を持つ限りアクターであり得る。ここでいう理念とは対象、「ものの見方」、哲学、将来の方向性、さらに価値、原理、目的、ねらい、水準、規準、もの差しその他の要

---

[74]　2022年末現在。

素すべてを含む語として使われている。

『国際ソーシャルワーク』は世界中のすべてのソーシャルワークと親和性を共通的に持つものであり、それらと相互融和性がなくてはならない。ここでの「ソーシャルワーク」とは西洋生まれのソーシャルワークに限られないし、他のすべてのソーシャルワークでもありうる。たとえば西洋生まれのソーシャルワークがその目的および価値として大事にする専門職化と人権は、西洋生まれの専門職ソーシャルワークの国際ソーシャルワークとしては当てはまるが他の国際ソーシャルワーク、たとえば、仏教ソーシャルワーク、イスラムソーシャルワーク、NGOソーシャルワークその他のインディジナスなソーシャルワークの国際ソーシャルワークには当てはまるかもしれないしあてはまらないかもしれない。ここでの「インディジナス」の意味はUNESCO/IFSWの用いる定義とは異なる（cf. 脚注47、87頁）。

(2) 新建築のオープニング・ツアー
　　　──まとめ：新たな『国際ソーシャルワーク』のいくつかの特徴

最後に、『国際ソーシャルワーク』訪問者を新たな建築物のオープニング・ツアーにお連れし、そのいくつかの特徴をお示ししよう。

① 他の国に関するすべてのソーシャルワークが『国際ソーシャルワーク』というわけでは必ずしもない。二重の意味がある。

（①-1）一定の理念を持った一定の活動だけ

他国と関係する活動の内の一定の理念（次項②をみよ）を持った一定の活動のみが（次項②参照）『国際ソーシャルワーク』と呼ばれる。国際ソーシャルワークはあるとき「国際」ソーシャルワークから「国際ソーシャルワーク」にジャンプした。前者では「国際」は「ソーシャルワーク」を修飾する形容詞であり「他の国に関する」すべてを意味した。一方後者では「国際」は3単語からなる1つの独立した述語あるいは概念の1構成分子である。その概念を探求することが上記のこの結論に導いた。(cf. 主流ソーシャルワークにあってはある一定の価値を持った専門職ソーシャルワーカーによるソーシャルワーク「活動」（営為、行為、機能）の1カテゴリーあるいはカテゴリーの

組み合わせが国際ソーシャルワークと呼ばれたし、今も呼ばれている。)

（①-2）「国際ソーシャルワーク」には2つの種類があるが、1つは本質的には「国内」ソーシャルワークである

ソーシャルワークが国境を破る方法は2通りある：(A)「国内」ソーシャルワークは自国のクライアントにより良くあるいはより効率的に仕えるためにウィングを拡げ国境を越える。我々はそれを「国際ソーシャルワーク(A)」と呼ぶ。移民や国際養子縁組のケースを思え。(B)「国内」ソーシャルワークの外にある独立した存在物が打ち立てられ、世界のすべての「国内」ソーシャルワークあるいは世界のすべての人々を視野に入れる。我々はこれを「国際ソーシャルワーク(B)」と呼ぶ。ILO、WHOによる条約・協定、「活動」、ある国際NGO、個人による「活動」を思え。我々は「国際ソーシャルワーク(A)」をそれは自国の人々のために焦点を合わせるという意味で「国内」ソーシャルワークの一部と見做し、「国際ソーシャルワーク(B)」をそれは自国を含む国民国家の外からの目をもってそれを見る『国際ソーシャルワーク』と見做す。

② 理念：すべての国のすべてのひとのために、そして自国の外からの目を
　　もって見ること

上記①-1における理念はいろいろな要素を含む語であるが、『国際ソーシャルワーク』においては次の2つが中核的要素である：

1. 対象：世界のすべての国と地域のすべての人々
2. 「ものの見方」：自国を含む国民国家の外からの目、複眼、複数または
　　共通のもの差しをもって。

要は、それはすべての国民と国を平等に見ること、国境を越えること、すなわち上記①-2の結論と一致する。

背後の理論は[75]一種の国家論である——近代国民国家の誕生と限界の理解、

75　それは西洋哲学の議論に根ざしている。

福祉国家の福祉世界への距離、国境の浸食。『国際ソーシャルワーク』がその指向性を持つ「世界市民」「世界人」「地球人」「人であること」といった語は、超歴史的、非科学的概念であるという批判は避けがたいが、我々のこの考えを助ける。

③『国際ソーシャルワーク』の理念型と実在

実際の社会における『国際ソーシャルワーク』は理念型の『国際ソーシャルワーク』から歪んでいる。『国際ソーシャルワーク』は世界に実在する異なったサイズと力を持ったワンセットの「国内」ソーシャルワークの上に構築され、管理、運用されている。我々はこの『国際ソーシャルワーク』を'（ダッシュ）をつけて『国際ソーシャルワーク』'と呼ぶ。

実在社会における『国際ソーシャルワーク』'は理念型の『国際ソーシャルワーク』と自国の国内ケースのための裸の「国内」ソーシャルワークの両極の間のいずれかの位置にある。

『国際ソーシャルワーク』'は国際化の流れに沿って成長してきたが、それは翻ってソーシャルワークの国際化[76]、さらにソーシャルワークのグローバリゼーションに、すなわち中央の西洋生まれの専門職ソーシャルワークの周辺への普及拡散に貢献してきた。ある意味ではそれは『国際ソーシャルワーク』'の『国際ソーシャルワーク』そのものの歪曲への貢献である。主流西洋生まれの専門職ソーシャルワークの押しつけに対し「国内」ソーシャルワークからの反撃が「グローバリゼーション！」と「欧米化！」の声の下にやってくる。

異なるサイズと力を持つ個別国民国家から構成される国際連合のアナロジーを思うがいい。それは世界全体の平和と繁栄の理念をもつが現実はそれぞれの国の異なるサイズと力によって組織、管理運用は歪曲されている。

④ すべてのソーシャルワークの『国際ソーシャルワーク』、西洋生まれの
　　ソーシャルワークだけのではなく

国際ソーシャルワークは世界のすべての国のすべての人々の、すでにある

76　それは、もともとは中立であった。

いは潜在的に世界に存在しているかもしれないすべてのソーシャルワークの
ものである。それは西洋生まれのソーシャルワークだけのものではない。た
とえば、人権、専門職化は、我々が西洋生まれの専門職ソーシャルワークの
国際ソーシャルワークのレベルで国際ソーシャルワークを議論する限りでは
価値、目的として、理念の一部として受け入れられるが、それらは我々がひ
とたび世界全体をカバーする世界レベルでの『国際ソーシャルワーク』を議
論しはじめるや受け入れられるかどうかは不明である。

　『国際ソーシャルワーク』とその理念は、種々のタイプの車両と連結可能な
機関車のごとく、世界中の種々のソーシャルワークと結合可能でなければな
らない。『国際ソーシャルワーク』はすべてのソーシャルワークと親和性を持
たねばならない。西洋生まれのソーシャルワークの『国際ソーシャルワーク』、
イスラム教、仏教、NGOのソーシャルワークの『国際ソーシャルワーク』
……との表現は言語学的、概念的に自己矛盾的である[77]。

　⑤　未来
　(⑤-1)『国際ソーシャルワーク』はなくなるか
　もし国際化／グローバリゼーションが進んだら『国際ソーシャルワーク』
は消えてなくなるか。

　社会が国際化／グローバル化し、「国内」ソーシャルワークが国際化／グ
ローバル化されたコンテキストの中に置かれたら、'国際'、'グローバル'の
要素が「国内」ソーシャルワークの隅々まで入り込み、「国内」ソーシャル
ワーク自体が国際化／グローバル化される。

　「国内」ソーシャルワークという概念自体が、『国際ソーシャルワーク』の
理念を受け入れ自ら中に取り込むことによって、その独自性を失うという意
味で消滅するかもしれない。しかしこれは国際化／グローバリゼーションの
下の「国内」ソーシャルワークの話である。我々がここで議論しなければな

77　我々は「ソーシャルワーク＝西洋生まれの専門職ソーシャルワーク」の等式を信ずるもの
　　ではないということ以外には、「ソーシャルワークとは何か」の課題にここでは深入りする
　　ことは出来ない (cf. 1.2 (1) (b))。

らないのは国際化／グローバリゼーションの下の『国際ソーシャルワーク』
の運命である。『国際ソーシャルワーク』（「国際ソーシャルワーク（B）」98
頁）は国民国家が存続する限り存続する[78]。「国際ソーシャルワーク（A）」（97-
98頁）は「国内」ソーシャルワークの他の部分との区別が曖昧となり消え去
るという意味で消滅するかもしれないが。『国際ソーシャルワーク』の役割と
機能は、『国際ソーシャルワーク』の理念型のトーチを掲げ、『国際ソーシャ
ルワーク』と『国際ソーシャルワーク』′ の間の溝を埋めること、『国際ソー
シャルワーク』′ を理念型たる『国際ソーシャルワーク』に向けて導くことで
ありつづけるであろう。

（⑤-2）主権国家の外そしてソーシャルワーク発展への貢献
　『国際ソーシャルワーク』の意義は自らを国民国家の外にすなわち「国内」
ソーシャルワークの外に置き、そしてなおソーシャルワークの中にとどまっ
ていることである。ソーシャルワークは今や「国内」ソーシャルワークと『国
際ソーシャルワーク』で構成されている。自らの中に国民国家の主権の下に
入らない部分をもって、ソーシャルワークは物理的のみならず概念的、理念
的に国民国家を超えた存在となっている。少なくとも部分的には国民国家か
ら自らを解放している。国Aの『国際ソーシャルワーク』、国Bの『国際ソー
シャルワーク』……とは自己矛盾である。この形のソーシャルワークは新た
に出てきたように見えるがソーシャルワークの源までたどるならば一種の先
祖返りであるようにも見える。その（国民国家の外にあるという）要素はDNA
のごとくソーシャルワークに根付いているように見える。「ソーシャルワー
ク」は土着な地[79]で生まれた——国家や国境が存在しなかったかあるいは人々
の意識に上っていなかった当時では「ソーシャルワーク」といった語は使わ
れなかったけれども。ソーシャルワークはそのような条件の下に出現した。国
と国境が引かれ究極的にはソーシャルワークを包摂した（2.7（2）および**図**

---

[78]　地図上の国境を記す実線が破られ点線とされ、さらにその各点と点の間の距離が拡がっ
　　　ているとしてさえも。
[79]　cf. 脚注47

3-8）。

　『国際ソーシャルワーク』はそれと共にその下（もと）の考え、思想、実践を「国内」ソーシャルワークの中に持ち込む。「国内」ソーシャルワークは『国際ソーシャルワーク』から見れば豊かになり、さらにソーシャルワークそのものが世界中のすべての人々のものとなる次のステージ[80]に発展するだろう。

　この新たな建築物は第2章の「国家論」モデル（1.1（2））そのものではない。それは大部分西洋生まれのソーシャルワークの国際ソーシャルワークの理解と成果の上につくられた第1章（1.1（1））の「主流」モデル、と「主流」モデルと西洋生まれの国家理論の理解と成果にもとづいた第2章の「国家論」モデルのうえに建設（構築）されたものである。この意味で、この新たな建物もまた西洋生まれの製品（プロダクト）であり、西洋世界の理解と成果を超えたものではない。著者が非西洋、非英語圏からのものであること、非西洋世界にわずかばかりのより重い敬意を持つものであることを除けば。

80　西洋生まれの専門職ソーシャルワークに関する限り、第1ステージ（ヨーロッパでの誕生）、第2ステージ（北米での成熟）に継ぐ第3ステージ。

文献

秋元樹（1992）「国際化と労働者福祉—現実の国際化、視点の国際化、概念の国際化—」
佐藤進編『国際化時代の福祉課題と展望』一粒社（pp. 233-249）

秋元樹（2001）「国際社会福祉とは何か」『エンサイクロペディア社会福祉学』有斐閣
（pp. 1268-1271）

大野健一（2000）『途上国のグローバリゼーション—自立的発展は可能か』東洋経済新
報社）

Akimoto, T. (1995). Towards the establishment of an international social work/welfare
concept. Unpublished paper. Japan Women's University, Kanagawa, Japan.

Akimoto, T. (1997). A voice from Japan: Requestioning international social work/welfare:
Where are we now? Welfare world and national interest. *Japanese Journal of Social
Services, 1*, 23-34.

Akimoto, T. (2004). The essence of international social work and nine world maps: How to
induct students into the secrets of ISW. *Social Welfare* (Journal of Social Welfare
Department of Japan Women's University), 45, 1-15.

Akimoto, T. (2007). The unipolar world and inequality in social work: A response to James
Midgley, "Global inequality, power and the unipolar world: Implications for social
work", *International Social Work, 5*, 686-690. [Central Conference, the 33rd World
Congress of Schools of Social Work, International Association of Schools of Social Work
(IASSW), August 28-31, 2006, Santiago, Chile.]

Akimoto, T. (2007). Social justice and social welfare policies beyond national boundaries:
What should we question? (Proceedings), presented at the 50th anniversary celebration
of establishment of Korean Academy of Social Welfare International Conference,
"Human Rights and Social Justice: Rethinking Social Welfare's Mission." Seoul
University, Seoul, Korea. April 20, 2007. [Reprint: (2008)『社会福祉』48] [Partial
reprint: (2016) Social justice in an era of globalization: Must and can it be the focus of
social welfare policies?—Japan as a case study. pp. 48-60. Reich, M. (Ed.). (2016).
Routledge international handbook of social justice. Routledge.

Akimoto, T. (2017). The globalization of Western-rooted professional social work and the
exploration of Buddhist social work. In Gohori, J. et al. (Eds.). *From Western-rooted
professional social work to Buddhist social work* (pp. 1-44). Gakubunsha.

Akimoto, T., Fujimori, Y., Gohori, J., & Matsuo, K. (2020). To make social work something
truly of the world: Indigenization is not the answer. In Gohori, J. (Ed.). *The Journey of
Buddhist social work—Exploring the potential of Buddhism in Asian social work* (pp.
62-69). ARIISW-Shukutoku University.

Cox, D., & Pawar, M. (2006/2013). *International social work: Issues, strategies, and
programs*. Sage Publications.

Friedlander, W.A. (1975). *International social welfare*. Prentice-Hall.

Gohori, J. (Ed.). (2020/2021). *The journey of Buddhist social work: Exploring the potential of
Buddhism in Asian social work*; and *social work academics resisting the globalization of
Western-rooted social work—Decolonization, indigenization, spirituality, and Buddhist*

Social Work. ARIISW-Shukutoku University.

Healy, L.M. (1990). International content in social work education programs worldwide. Unpublished raw data.

Healy, L.M. (2001). *International social work*. Oxford University Press.

Healy, L.M., & Link, R.J. (Eds.). (2012). *Handbook of international social work: Human rights, development and the global profession*. Oxford University Press.

Huegler, N., Lyons, K., & Pawar, M. (2012). Setting the Scene. In Lyons, K. et al. *Handbook of international social work* (pp. 5–13). Sage Publications.

Jebb, E. (1929). International social service. In International Conference of Social Work [Proceedings] (Vo. I, pp. 637–655), First Conference, Paris, July 8–13, 1928.

Matsuo, K. (Ed.). (2014). *Internationalization and indigenization*. Asian Center for Welfare in Societies-Japan College of Social Work (ACWelS).

Warren, G. (1937). International social work. In Russell H. Kurtz. (Ed.). *Social work year book*. 4th issue. New York: Russell Sage Foundation.

第4章
国際ソーシャルワークの
エッセンスと9枚の世界地図[1*]
——どのように学生に国際ソーシャルワークの奥義を伝授するか

　国際ソーシャルワークのエッセンスは何か。我々はどうこのエッセンスを学生に伝授するか。本章[2*]は著者の10年にわたる教授経験[3*]の仮の総括である。

1.　国際ソーシャルワークとは何か

(1)　国際ソーシャルワークでないもの

　他国で何かを実践、研究することがイコール国際ソーシャルワークというわけではではない。もし何かを他国のソーシャルワーク実践者、研究者と一緒にやったとしても同じである。国際比較が国際ソーシャルワークというわけではない。自国のために何らかのレッスンを引き出そうが変わるところはない。比較分析などというものは最も基本的な研究方法の1つに過ぎない。3分の2の世界への援助についての実践、研究に従事したからといって国際ソーシャルワークというわけではない。これは、「南北関係」に言及したからといって変わるものではない。「異文化ソーシャルワーク」が国際ソーシャルワークとイコールでないことはもちろんである。あなたの労力と能力を国際

1*　本章は(2005)『社会福祉』(日本女子大学社会福祉学科/社会福祉学会紀要) No.45, 2004,掲載論文のリプリント(一部訂正・改変あり)である。同論文は2005年1月20日エチオピア・アジスアベバで開催された国際ソーシャルワーク学校連盟 (IASSW) 理事会セミナーにおける口頭レクチャに基づき書かれたものである。

2*　[元論文では]「論文」"paper"

3*　ほとんどは 1990年代。

ソーシャルワーク学校連盟 (IASSW; International Association of Schools of Social Work)、国際ソーシャルワーカー連盟 (IFSW; International Federation of Social Workers)、国際社会福祉協議会 (ICSW; International Council on Social Welfare) といった国際ソーシャルワーク組織に捧げることもまたイコール国際ソーシャルワークというわけではない。また、自国の外の組織と働くことはある意味で「外交」活動であり、このような活動は現代社会にあってはほぼすべての種類の組織にとって必須なものである。これらはすべて価値ある重要なものであるが必ずしも国際ソーシャルワークとはいわない (Akimoto, 1997: 26-27; 第2章1.2参照)。

(2) 国際ソーシャルワークであるもの

国際ソーシャルワークとは何か。(a) 国際ソーシャルワークは国境[4*]に関わったソーシャルワークである。それは「国際(インター+ナショナル)」ソーシャルワークである。それは国境にまつわるあるいは国境を超えて起こる問題ならびにそれら問題を解決するための国境を越えた努力を扱う。(b) 国際ソーシャルワークはこの地球上のすべての人々、200の国と地域の80億[5*]の人々のウェルビーイングを考え、その実現のために「活動」する。それは「国内」ソーシャルワークではない。それは福祉国家を越えたソーシャルワークである。(c) 国際ソーシャルワークはいかなる特定の国あるいは国民にいかなる価値上の特別の意味あるいは重要性を与えない。それは、自己中心主義、自民族 (国民) 中心主義ではなく「複眼」を求める (第3章2.3参照)。(d) 無知、無学 (歴史に関するものを含む) は、その実践、研究双方において、国際ソーシャルワークを危難にさらす。

国際ソーシャルワークの定義あるいは理解はもちろん時とともに変化する。第I期[6*]は第2次世界大戦の前の1930年代前後にはじまった。国際的なソー

4* 第3章では主に"national borders"の語が使われていた。本章では"National borders"と"national boundaries"は相互互換性あるものとして特に区別なく使われている (第II部第5章参照)。

5* 2022年現在。〔元論文では〕"64億人"。

6* 〔元論文では〕"Phase"。第1章にあわせ"Period"に代えられている。以下同じ。

シャルケースワーク（たとえば、移民や国際養子縁組に関する）、災害および戦争被害者ならびに被抑圧少数集団への国際的支援、国際会議の開催・出席、そして多国間組織（たとえば、国際連盟、国際労働機関（ILO; International Labour Organization）、赤十字）に働くことが国際ソーシャルワークと名付けられた（cf. Warren, 1937: 224 and 1939: 192）[7*]（第１章1.1）。これらは国境を破る４つの途であった。戦後以降は北による南への援助、支援が国際ソーシャルワークの主要な形となった。この第Ⅱ期は1970年代〜80年代まで続いた。他国についてのまたは他国においてのあるいは他国の人々と共に行う実践、研究もまた国際ソーシャルワークと見做された。それらも国境を越える他の途であった。国際交流、「外交」の促進に従事することもまたある人々によっては国際ソーシャルワークと名付けられた（第２章1, 2）。我々は今や次の段階に入っている（Akimoto, 1997: 33）。

2.　国際ソーシャルワークのエッセンスをどのように伝承するか

　我々は２つ上のパラグラフ（1（2））に述べた今日の国際ソーシャルワークのエッセンスをどのように1、2回のクラスで学生たちに伝授できるか。

　［以下のセクションが拠って立つデータはすべて日本の大学の授業からのものである。すべての読者は以下のセクションにあっては「日本」、「日本人」の語および日本に関する例示と説明的記述を読者の国、人、対応する例示と説明文で置き換えて読まれることが期待される。以下の小節（0）ではMAP a およびMAP b（太平洋中心の地図）を各読者の国、地域で最も普通に使われている世界地図で置き換えられるべきである。小節（1）〜（3）にあっては学生の見方と反応は国や地域あるいは学生のバックグランドによって異なるだろう。読者の学生について同じ実験を試み、本文を書き換えられたい。本章との比較（異同）は面白いだろうし新たな成果を生むだろう。］[8*]

7*　いくつかの挿入と変更あり。

8*　本書出版にあたっての新たな挿入。

(0) 2枚の世界の白地図

　国際ソーシャルワークの最初の授業は一枚の世界の白地図で始まる。その地図［MAP a］は学生に配布され、次の指示が与えられる。「この地図を見、あなたの感じるところ、思うところを書け（20分）」。

　その回答用紙が集められるや否や、もう一枚の世界の白地図［MAP b］が配布され同じ指示が与えられる。「この地図を見、あなたの感じるところ、思うところを書け（20分）」。

　違いは、国境を示す点線が書かれていることだけである。

　これら2枚の地図とその比較から、国際ソーシャルワークの内容とエッセンスのほとんどすべてが凝縮された形で読み取れよう。4点ある：

(1) キーワード：国境

　国際ソーシャルワークのキーワードすなわち中核的概念は国境である。2

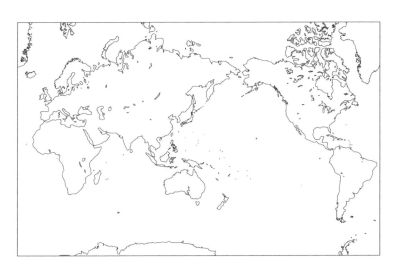

MAP a

資料出所：https://www.freemap.jp/itemDownload/world/world1/1.png (retrieved 8 Nov. 2022)（実際のクラスで使用された地図から置き換えられている）

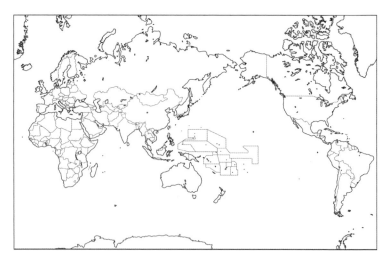

MAP b

資料出所: https://www.freemap.jp/itemDownload/world/world1/3.png （retrieved 8 Nov. 2022）（実際のクラスで使用された地図から置き換えられている）
＊点線は必ずしも現時点での現実をすべて反映しているとは限らない。（下記（1）最終パラグラフ）

　枚の地図の間の唯一の違いは点線である。これらの線の故に多くの問題が派生する。国際ソーシャルワークは国境間で、国境を越えて派生する問題とそれら問題を解決するためになされる国境を越えた努力を扱う。
　一般的には、第一の地図に対しては、日本の大学学部学生に関する限り、明るい、積極的なコメントがなされる傾向がある。たとえば、「広々としている」「平和」「一体感」「全体として」「国の間の紛争や戦争は馬鹿みたいに見える」「わたしの悩みなどちっぽけなものに見える」「この地球は人間だけのものではなくすべての動物と植物のものでもある」。多くの人が海と大陸に言及する――その割合、形、歴史的変化。第2の地図については、暗い、否定的コメントがなされる傾向がある。たとえば、「ごちゃごちゃしている」「戦争、紛争」「争い、反目」「競争と憎しみ」。もちろんいくつかの逆の考えやコメントもある。本章末に添付されているものは学生たちによって与えられた言葉、フレーズ、センテンスのリストである（【付録】143～152頁）。

しかしながら、国際ソーシャルワークは第一の地図のソーシャルワークというわけではない。多くの実践家、研究者は国際ソーシャルワークをそうであるように理解するようである。彼（女）たちは地球人、世界市民[9]、地球という惑星の宇宙船の乗組員といった言葉、概念、表現を褒め称える。しかしながら、そのような理解は、見、考え、行動するときに国境を無視あるいは抹消しており、「超歴史的」であり、非科学的、無責任であるとの批判を免れない。

国境はたしかに、ものとサービス、資本（あるいは多国籍企業）、人、情報その他いろいろな点で破られてはいるけれども我々は今なお国民国家のど真ん中にいる。手元のパスポートの第一ページ目を見よ。たとえば日本の場合は次のように書かれている：

　日本国民である本旅券の所持人を通路故障なく旅行させ、かつ、同人に必要な保護扶助を与えられるよう、関係の諸官に要請する。

日本国外務大臣（公印）

国家はあたかも「保証人」あるいは「保護者」のごとくに振る舞う――あなたがそうしてくれと頼んでいるわけでもなくとも。我々はパスポートなくして自国の外のどこへも行くことができない[10*]。

我々が向けられている長期目標として世界「市民」という概念を持つのは適切であるかもしれないが、我々はこれへ向かう道筋のどこかにいるに過ぎない。過去を見、未来を見ながら、我々は今どこにいるのかを知り、我々は何をすべきかについて考えなければいけない。我々は国際ソーシャルワークにあっては常にこの二枚の地図をポケットに、心に持っていなければいけない。「現代は（一国の）良き市民であり、良き国際人であり、良き世界'市民'であることが同時に求められる時代である」

9　「市民」という現在の概念は近代西洋理論における国との関係でつくられている。市民は国から自由である権利、国に要求する権利、国からサービスを受ける権利を持つ。「世界市民」のそれら権利は誰からのもので誰に対するものか？

10*　「シェンゲン条約の下の国々内」等を除く。

国境とは何か。それらはいつどのように生まれたか。それらは人間がつくったものであり人間の歴史の中にあって比較的最近のことであった。今日ですらいくつかの国境は新たに引かれまた引かれ直されている[11]。ある国境は明日あるいは将来のいつの日にか消されあるいは無きものとされるかもしれない。

(2) 対象：地球上のすべての人々

国際ソーシャルワークは世界中のすべての人々、200の国と地域の80億[12*]の人々のウェルビーイングを見る。1か国、1国民だけのウェルビーイングではない。それは3分の2の世界、3分の1の世界の双方とその関係を見る。国際ソーシャルワークはその意味で福祉国家を越えたソーシャルワークである。なんとなれば、福祉国家は社会福祉の器であるだけではなく社会福祉の壁であるのだから (R. Pinker, 1979; 第2章3)。国際ソーシャルワークは国民国家の限界の上にのみ建設（構築）されうる。

第2の地図は人々の生活を具体的なかたちで見せてくれる。点線で囲まれた空間内で、いろいろな人々がいろいろな自然条件の下でいろいろな政治的、経済的、社会的、文化的制度と状況の下で生活を送っている。

第2の地図はこれらの多様性と違いを強調する傾向がある。国際ソーシャルワークは違いを求める旅をはじめる。第1の地図は我々に区分されていない類似性と同一性を感じさせる。国際ソーシャルワークは同一性を求める旅をはじめる。国際ソーシャルワークは2つの反対方向へ向けた旅をはじめる。

より面白いのは、第2の地図を見たあとに第1の地図を再度見ると、我々を国境の呪縛から解き放たれ、国境によってではなく階級、社会階層、性、宗教、部族、インディジナスな人々vs.侵入者といった異なるクライテリアによってものごとを見る可能性をその分析、実践のために示唆し、与える。国ごとに世界を見ないということは物事を平らに見ることを意味しない。国境

11　2020代初めにつくられた地図である地図bは、読者が本書を読むときには最新の国境線を反映していない。いくつかの国境線は新たに生まれそしていくつかの別の国境線は消えているかも知れないが、それは国境の特徴と意味を理解するのにいいレッスンとなるかもしれない（本書出版に際し書き換えられている）。

12*　注5*をみよ。

を越えて行くということは国の間の比較をすることを意味するのではなく、む
しろ、国境によって影響されない見方を獲得することを意味する。

(3) ものの見方：自己中心、自民族（国民）中心ではなく 「複眼」で——国の外から

　国際ソーシャルワークはいかなる特定の国あるいは国民に、いかなる特別
の価値的地位、意味あるいは重要性を与えない。それは「複眼」を要請する。
すべての国際ソーシャルワーク実践家および研究者は、自国の目をもってで
はなく他国の目そして全体の目をもって、すなわち内側からだけでなく外側
からものごとを見ることが求められる。

　ほとんどすべての学生はその回答用紙の中で少なくとも一回は「日本」あ
るいは「日本人」の語を使った。彼（女）たちは自国の立ち位置からのみ考
える。個人の所属意識はある一定のレベルまでは自然であり健全である。し
かしながら他国あるいは他国民の角度から与えられたコメントはほとんどな
かった。

　現著者が2004年5月にクラスで与えた課題は次のものであった：

　　3人の日本人［フリーランスの写真家、もの書き、ボランティアの児童
　福祉活動家；彼（女）たちはアメリカのイラク戦争をサポートする日本政
　府の自衛隊派遣に反対し日本政府の国外退去要請を無視し人道支援のため
　にイラクに入っていた[13*]。］が［イラクの武力勢力によって］誘拐された。
　関係者それぞれの感情、考え、反応の関係図を作成（mapping）せよ。

　　3人の被誘拐者、その家族、友人、属する組織、日本政府、アメリカ政府、
　イラク政府、その他のいろいろな国の政府、NGO、いろいろな国の一般国民
　（世論）、それら国の中の多様な人々、イラクの人々の中のいろいろな集団……。
　　問い自体が基本的欠陥を持っていた。なぜそれは「我々は3人の日本人を
　誘拐した」と、すなわち能動態で出されていなかったか。

13*　新たな挿入。

他方、多くの学生はその2枚の地図は日本が中心に位置しているがゆえに日本の世界地図であることを指摘していた。
　今日、世界には典型な3種の世界地図がある——「日本[14*]の世界地図（MAP c）」、正統性を持つ「ヨーロッパの世界地図（MAP d）」、「アメリカの世界地図（MAP e）」。なんと「横柄な」ことであろう。日本の世界地図[15*]だけでなく他の国々の世界地図にあっても同様である。いずれも自国を中心に据える。特に、「アメリカの世界地図」は勇敢にも中心に自らを置くためにユーラシア大陸を半分に切り割し左右に配置している。

　自己中心主義に加え、自分自身の選民性、優秀性の理論、たとえば中華思想、シオニズム、ゲルマン民族、大和民族、アングロサクソンのエリート性、優秀性の強調はすべての国の共通の性格であるように見える。それらは国際

MAP c

資料出所：Wide World Map *[Waido Sekai Zenzu]*, Tobunsha, Tokyo.
＊縦・横の比率はページデザイン上原図から現著者によって変えられている（以下の本章各地図において同じ）。

[14*] 正しくは「東アジア、太平洋中心の世界地図」とされるべきであるが、本日本語版では日本読者のみを想定し、わかりやすくこの表現を用いている。

[15*] 注14を参照。

MAP d

資料出所：LE MONDE. Projection Van der Grinten mondifiée MICHELEN
＊原図は、周りに各国の国旗が配置されているが、現著者によって削除されている。

MAP e

資料出所：Classic Map of the World (HAMMOND Incorporated. Mamplewood. NJ)

MAP f
資料出所：WorldVeiw, Peters Projection Map (WorldView Publicaations: Oxford, UK)

ソーシャルワークの対極にあるものである。

　地図は危険なものである。それはあなたの考え方、見方をコントロールしうる。国の間だけでなく、南北関係にあっても、厳しいバイアスが染みこまれている。赤道は上記3枚の地図のいずれにあっても真ん中に置かれていない。北が半分を超えて大きな比率を占めている。ピーターズ・プロジェクション（Peters' Projection: MAP f）はこのバイアスへのひとつの挑戦である。にもかかわらずなお最上部分はアンバランスに広く描かれている[16]。国レベルおよび個人レベル双方で、差別的、優越的、尊大な見方は致命的である。

(4)　準備：無知、無学を乗り越えて

　無知、無学と常識は国際ソーシャルワークの実践、研究において致命的である。以下はいくつかの例である。

16　地球（球体）に対し2次元で表そうというのであるからやむえない。

(a) 2枚の世界の白地図を見て、多くの日本の学生は回答用紙の彼（女）のコメントを「日本は小さな島国である」ではじめる。日本で昔から広く拡がっている常識、観念である。日本は小さいか。イエス、しかし、世界のすべての国の中でどのくらい小さいか。あるデータブック（二宮書店、2001: 18-24）によると194の国と地域の中で60番目に大きい。大きいほうから数えて3分の1以内である。日本より大きな国はヨーロッパでは3か国しかない。フランス、スペイン、スウェーデンである。日本は人口では11番目[17]に大きく、排他的経済水域を含めた面積では出典にもよるが6番目か8番目に大きい。我々はこの誤認識をもって国際ソーシャルワークを論じることが出来るか。日本は島国である。イエス、しかしだからといってなんだというのだ。だからそれは島国根性をもつ。それは偏狭である。世界には数多くの島国がある——アイスランド、キプロス、マダガスカル、カタール、キューバ、ジャマイカ、ニュージーランド、スリランカ、ツバル、フィリピン、インドネシア……。それら国々は同じように「島口根性」を持つか。「偏狭」であるか。

(b) MAP g はバチカンで手に入れた1507年の地図である。日本はどこにあるか。「ないです」と販売デスクにいた法衣をまとった販売スタッフ（ブラザー？）は答えた[18]。それは何を意味するか。2つの深刻な含意がある。第1、この地図を作成し使用した人々の頭、こころのなかに日本は存在しなかった——そこには何百万人もの人間が実際に生き、生活していた。この地図の使用者の世界は現実とは異なっていた。第2は、人々は無視されたときどう感じるだろうか。おそらく心地よくないだろう。実直に見るならば、それは一種の概念的ジェノサイドだ。これはなんとひどいことか。使用者および地図制作者は何百万人の人々の存在を抹消した。

17* UNFPA State of World Population 2022［元原稿］「9番目」。
18* その答が正しいかどうかはわからない。東のはてのひとつの小さな島が明示されてはいないが日本であると意図されているかも知れない。

MAP g
資料出所：Waldseemiiller's World Map, 1507 (Wychwood Editions)

　次の学生への課題は「できるだけ多くの国名を書け（15分）」である。恥ずかしいことに、現著者のクラスの日本の大学生たちは、平均60か国程度、現実に存在する3分の1しか書けない（一番多く書いたものは137）。これは何を意味するか？　かくもわずかな知識で国際ソーシャルワークを実践し学習することができるのか？

　(c) MAP hは著者にとって人々、特にアジアの人々の前にお見せするのは難しい。台湾、朝鮮半島、いくつかの太平洋諸島は日本と同じように赤く、中国の北東部はオレンジ色に塗られている。これは1939年の地図であり、日本帝国主義、植民地主義、侵略の証拠である。ほとんどの学生はこの地図を見たことはなく、多くの学生は実感を持ってその歴史的事実を知らない。
　他方、彼（女）たちの多くは日本がかつて侵略をしたそれら国々の国民にたいし差別的感情を持たないように見える——少なくとも意識のレベルでは。彼（女）たちは躊躇することなくそれら国々の若者と友達になる。年上の世代はその政治的、イデオロギー的立ち位置、反動的、保守的、リベラル、ラ

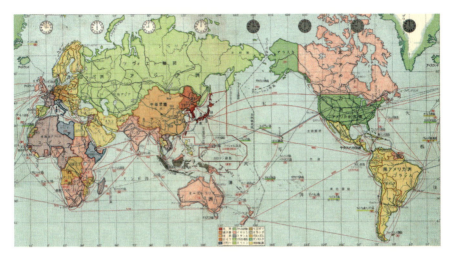

Map h
資料出所：守屋美智雄『新選大地圖 日本篇』帝國書院（1939年：pp. 2-3）

ディカル、に関わらず何らかの引っかかるconflicting感情を持つ。「我々は侵略時代に生まれていなかった」と若い学生は言う。だから自分たちにはその歴史には責任はないということを内に含んで。この言い訳は自分の国がかつて侵略された側の人々に受け入れられるか？[19] この無知、ナイーヴさをもって国際ソーシャルワークの実践あるいは研究をできるか？

他国を「侵略し、人を殺し、搾取をしたのは日本だけではない」とある人々は言う。しかし日本がしたというのは事実である。日本人にとってアジアで働くのは易しくない（Akimoto, 2003）。

(d) アジアの国々は我々の隣国である。この常識は正しいか？ テレジオグラフィという分野がある。かつて電話とファクシミリ[20]によるコミュニケー

---

[19] 「あなたは歴史的継承物として豊かな生活を享受している。我々は歴史を全体として継承しなければいけない」
[20] こんにちでは、90年代初めにはそう一般的でなかったインターネットコミュニケーションはより重要になりさえするし、地図は大きく違っているかもしれない。

ションの量（1990-91）によって描かれた地図があるジャーナルの論文の中に提示された[21*]（Staple, 1994: 29; MAP i 日本のコミュニケーション大陸（省略））。国Aによってカバーされた日本（地図）の中の面積の割合（e.g. アメリカの場合23%）は日本からすべての国へ送られたすべての情報のうちでその国Aに対し送られた情報量を示し、国Aの（地図）面積の中で日本の占める割合はその国Aがすべての国に送り出した情報の中で日本に送った情報の量を示す（アメリカの場合は4%）。日本の隣国は北米およびEUの国々であり、アジアの国ではないように見える。多くのアジアの国々は遠く離れて位置している[22*]。我々は国際ソーシャルワークの準備ができているか。

このここまでの短い物語を要約する必要はあるまい。どうか「日本」と「日本人」を読者自身の国と国民に置き換えて同様の物語を作り、考え、実践をされたい。

文献

Akimoto, T. (1995). A voice from Japan: Requestioning international social work/welfare: Where are we now? *Japanese Journal of Social Services, 1*, 23–34.

Akimoto, T. (2003). One-page policy statement distributed when the current author ran for Board Member-at-large in an IASSW election.

二宮書店 (2001)『データブック オブ・ザ・ワールド』Vol.13.

Pinker, R.（1979.）. *The Idea of welfare*. London: Heinemann.

Staple. C.G. (1994). Terejiogurafi kara mita sekai ［The world seen from Telegiography］. *The TeleGiograpy*. (pp. 25–32). cf. *TeleGiograpy,* (yearbook). International Institute of Communications and TeleGeography, Inc.

Warren, G. (1937/1939). International social work. In R. Kurtz. (Ed.). *Social work yearbook*. Vol. 4 and 5. New York: Russell Sage Foundation. pp. 224–227 and 192–196 respectively.

21* 地図は省略されている。先行する2つの文章はわずかばかり変えられている。

22* 割合はこの数十年で大きく変わっている。

【付録】
2枚の世界の白地図（コメント一覧）

「この地図を見、あなたの感じるところ、思うところを書け（20分）」

　2枚の世界の白地図（MAP a と MAP b）が学生に配布され上の指示が与えられた（131-132頁参照）。以下のコメントは日本の1大学における国際社会福祉クラス第1回目授業で学生[23*]によって返されたものである。テーマ別（たとえば、「小さな島国」）に整理されている。

両地図共通（MAP a と MAP b）

〈小さな島国〉

1.　日本は小さな島国である；日本は本当に小さい；日本はなんて小さいんだろう！

2.　島国なんてあんまりない；他の国とつながりがなくて不安。

3.　日本はこんなちっぽけな国なのに世界の経済大国だというのは大変なこと。

〈日本の世界地図〉

4.　これは日本中心の世界地図だ；多分日本人がつくったのだろう；自分の国を真ん中に置くのは自然だけど、わたしはある種の自国中心主義、「日本の優越性」［の認識/強調］を感じる；だけど、自分たちが日本人なのにフランスやアメリカを真ん中に置くのは不自然でもある。自分の国を愛するって大事である。

5.　他の国の世界地図はどんなになっているんだろう？

23* 2004年度日本女子大学38名の学生（学部3、4年生）。学生は国際社会福祉をまだ学んでいない。これらコメントは過去10年［2010年代半ばまで］同大学の他のクラスおよび東京の他の複数の大学の学生によって与えられたコメントと大きくかわるところはない。本章2.（0）および（1）（特にその第1〜2段落）ならびにそれらの前の同2.第1段落参照。

Map a

〈広い、広々としている、平和〉

1. 広い；広々としている；妨げのない；爽やかに感じる。

2. 平和、穏やか；自分たちってなんてちっぽけなこと、つまらないことで争っているんだろう！；国の間の紛争や戦争は馬鹿みたいに見える。

〈一体感、全体性〉

3. 世界は１つに見える；すべてのひとに親しさを感じる；どこへでも、今すぐいけると思う；どの国とも距離を感じない；各国は区切られていてそれぞれ独自の文化や政策を持っているが、どの国も同じに見える；あるところでは今戦争をやっている、別のところは平和である。あるところでは貧しく他のところでは豊かである。そうですよね。

4. 国境がなければ、ヨーロッパと中東の間は区切りはなく連続しつながっている。

〈大陸〉

5. 国ではなくて大陸が目に入ってくる。

6. 大陸の形が面白い；すべての大陸はそれぞれぴたりと合わさり１つの大陸になる；昔々、すべての大陸は互いに結びついていたといわれています；「人類皆兄弟（姉妹）」の言葉が思い浮かびます。

7. 地球は陸と海から出来ている；海は陸より遙かに大きい；太平洋はなんて大きいのだろう；アラビア半島、地中海はいつもこんな形をしていたっけ。

8. 今の陸のある部分は地球温暖化で将来消えてしまうかも知れない、そして海の面積が大きくなる；世界は１つに結びついているのだからもっと環境問題は議論するべきだ。

〈60億[24*]の人々、そして人間だけでない〉

9. 大洋の真ん中の小さな島にも人は住んでいるんですよね。もしそうなら、どうやって生活しているんでしょう。それぞれのところでいろん

[24*] 初出論文が書かれた2000年代初期。現在（2023）では「80億」に置き換えられるべき。

な人々がそれぞれ異なった生活をしている。そういう人々が同じ地球の上にそれぞれ違う規範や規準を持って同時に生きているってなんと素晴らしいことでしょう。

10. 世界人口は60億[25*]を超えている。

11. この地球は人間だけのものではない、そこに住む動物やその他の生物のものでもある。

12. 世界は確かに大きい、でも宇宙はもっと遙かに大きい。

〈私の存在と悩み〉

13. 私は悩みあくせくしながらここ、宇宙に住んでいるが、ちいさなひとかけらの塵のようなもの。全体から考えるとある意味では漫画みたい；「私」はこの地図の中に精密機器でしか打てないようなちっぽけな点みたいなもの。一人の人間がそのようなちっぽけな命をめぐってあくせくしているのは哀れなたわいもないこと；わたしの悩みなどちっぽけなものに見える。

〈全体の一部〉

14. すべての国はこの1つの惑星の上にあり互いに陸と海で結びついている；世界はたがいにつながり合っている。

15. 日本は大きな世界の小さい一部分。

16. この地図は私たちの前に世界の本質的フレームワークを示してくれている；なぜかつて1つであったものが今バラバラになってしまっているのか。

〈貧困〉

17. どれだけの人々が現在充分な生活水準の幸せな生活を送っているのだろうか？　私たちは同じ地球にいながら金持ちと貧しい人の間の格差は大きい、なぜだろう？

18. 日本はもので溢れているが、同じアジアには貧しい国がある；毎日多くの人々が餓死している。

19. この地図上には、私たちから遠く離れたところ、わたしたちのすぐ近

25*　同前。

いところに、最低限の生活の保障も持たない人々、日々の食事すらままならぬ人々が数多くいる；日本にもホームレスのひと、つぎの食事が約束されていない人々がいます。

〈戦争、紛争〉

20. たった今も戦争や紛争がどこかで行われています；イラクは戦争の最中にあり[26*]、私の知らない多くのところで危険な状態はつづいています；そして多くの人々が犠牲になっています。

〈国境、国家〉

21. 国境がなければ戦争はないかも知れない；国境を1センチ越えるや国籍が変わる、法、制度すべてが変わる。

22. 私たちは「国」という単位を持つ必要はないんじゃないでしょうか。「国」の故に、ナショナリズムの芽や「俺たちの」国と「やつらの」国の間の距離が生まれる、すべての国は地球の同じ大陸の上にあるのに。これが戦争や差別や貧困その他を生んできた。社会福祉についていうなら、社会は地球上のすべての大陸から成り立っているのに私たちは自分自身の国の社会福祉を考える。

23. 私たちはよその国から来た人を「外人」と呼ぶ。これは差別的言葉である、あるいは250年の鎖国から引き継いでいるもの。まるで私たちがその人達を拒否しているみたいです。

24. もし本当に「国際人」を育てたいなら日本について知ることが必要。

25. 「世界は1つ」、日本人、アメリカ人、アフリカの人々……人種なんて問題ではない。そう言いたいです。でもそれはごまかし。表面の取り繕い。今日までの歴史を通して作り上げられてきている各地、各国の文化や宗教は問題の源になり、多くの犠牲者を生み、人々の間の相互の理解をむずかしいものにしている；最近のイラクに関した事件やニュースを見たり聞いたりいていると、私は平和主義者ですが、その私と問題を戦争と力で「解決」しようとする人々は共通の言葉は持たず相互の理解に到達することはできないと説得させられます。私たち

26* 本章の初出論文は2000年代初めに書かれている。

の唯一の共通性は私たちはすべてこの地図の上に住んでいる人間であるという単純な事実だけである。共有するものは他にほかには何にもない。他のあらゆることはまったく違っている。

〈見方/認識〉

26. 日本人は自分がアジアの一部であるにもかかわらずアジアの一部であることを誇りにしていないようだ。彼らはアジア人が何の共通のものを持たないヨーロッパのキャラクターに憧れる。たとえば、皮膚や髪の色、気質。「ヨーロッパ」という言葉自体の響きにすら魅力される。ほかのアジアの人々はどうだろうか。彼らもヨーロッパを崇めるのだろうか。ヨーロッパ人はアジア人をどう思っているのだろうか。小さな国日本は彼らの目にはどう見えるのだろうか。

〈謙遜/慎み〉

27. 私の知る世界は全体のごく一部；私は小さな日本のある部分を知るだけ；私の知らない多くの場所、国がある；この貧しい知識で私は国際社会福祉なんて学べるのだろうか。

28. まったく異なる環境や習慣のもとに生活している人々がいる。彼らについて知ることは大事である。

29. 世界は大きく、各国は私がまったく知らないいろいろの問題を持っている。私はそれらに関心を持てたらと思う；いろいろの国、場所を見ることは必要である。

30. イラク問題についてのニュースをみてもほとんど関心を持たない。それらはこの縮尺の地図の上では10センチも離れていないとこで起きているのに；この世界の何パーセントの人が衣食住、何の不自由なく生活しているのだろうか；たった今でさえ多くの人々がどこかで戦争や暴力的事件に巻き込まれている。でもどこで起っているのかすら私は知らないし知ろうともしない。私は自分の周りのことにだけ関心を持っている。私は自分が非常に小さな人間であると思う。

〈願い〉

31. わたしは日本という小さな国の小さな町に住んでいて、まだみていないものが一杯ある。もっともっと見たり知ったりしたい；できるだけ

多くの人に会いたい。

32. この小さな日本を出て大きな世界に出、いろんな経験をしたい。

〈その他〉

33. ヨーロッパは私が思っていたのよりはるかに小さい。そのように小さなヨーロッパの国々が全世界を分割する力を持ったということは私には信じられないこと。

34. 国と国の間の近さは距離によらない。

35. グローバリゼーションについてのすべての話はこれらのような小さな地図を見るとつまらぬことのように思える。

36. ［日本とアメリカ］両国は互いにかくも遠く離れているのに、いつまで日本はアメリカに支配されコントロールされていくんだろう。心安らかではない。

MAP b

〈狭い、狭苦しい、閉塞感〉

1. ごちゃごちゃしている；世界ってなんて狭いんだろう！　国境が加えられただけで世界は小さくなったみたい；狭っ苦しくって息が詰まりそう；混んでいる；閉じ込められた感じ。

2. 最初の地図の開放感はどっかに行ってしまった。

3. 国境のある地図は不自然に見える。国境がない地図の方がよく見える。

4. この地図を見るとなにか悲しい、特に1枚目の地図を見たあとだと。

5. 点線はいやな感じ；恐竜の骨のつぎはぎを見ているみたい。

〈ばらばら〉

6. 世界は小さな断片に分けられていて、その1つひとつが壁で囲われている；海までが領海として分けられている。世界はますますバラバラにされている。

7. 人がより小さな分断されたスペースに住むならば、私たちが考える世界もまたますます小さなものになる。

8. 1枚目の地図では世界は1つに見えたが、これではきちんと分断されている；世界は1つにではなくいろいろな国の寄せ集めに見える。

〈国境〉

9. この地図には国境がある；私たちは人工的に引かれた国境のあるこの地図に慣れている；国境を一歩越えればすべてが違います；おかしな事だがあなたは自分がよそ者であると感じる。

10. 国と国の間に距離を感じる。

11. 国境とは何だ？；それはどうやって決められたの？；それを決める基準として何が使われたのか？；その線を引くことにどういう意味があったのか？；国の形は日本のような島国を除けば人の手で描かれている。

12. なぜ形はこのように複雑になっているのだろう；なぜ線は直線でないのか？　直線だったらもっと扱いやすいだろうに。

13. まっすぐの国境は人間によって人工的に引かれたのは明らか。

14. アフリカの国境線は怖い。競い合うヨーロッパの国々の侵略の歴史を告げている；わたしはとても悲しい；アフリカの国境線を見るとなんともやるせない；私は学校でアフリカの国境の多くは種族や宗教に関係なくヨーロッパやアメリカの国々によって決められたと習った；それぞれの国がどの国の植民地であったかを考えるたびにその残虐性が思い浮かぶ；国は決して他の国を支配すべきでない。

15. 一本の国境のすぐ両側で人々はどう違うんだろう。

16. 一方には、現在の国境線に納得のいかない多くの人がいて、他方にはそれを気にしてない多くの人がいる。

17. 国境の意味は、島国である日本と多くの国がくっつき合っているヨーロッパやアメリカはでは違うんだろう；人々は直接隣り合っているよその国をどのように感じるのだろう：人は言語も食べ物も建物も違う国境の反対側の人をどう感じるのだろう。

〈国〉

18. 国境は大陸としての見方をなくす；大陸ごとの世界より国ごとに捉えられる世界が示される；いい悪いではなく国の間の関係が前面に出て来る。

19. 国境があることで、人間は人と人の間の距離を拡げる；人々はもはや自由に行き来できなくなる；人はいつも自分と他人を区別し他人を自

分から遠くに置く、そうしてお互いに歩み寄ろうとしない；国を強く
主張することで点線を越えないようになる；おそれからすべての他者
を拒否し国境の中にあるものだけを受け入れるようになる。

20. 国境がなければ「同じ世界に住んでいる人」を考える。国境があると
自分の国の人と他の国の人を区別する。たとえば日本人と外国人と。

〈戦争、紛争、戦い、競争、憎しみ〉

21. 不思議だ。点線で分けられると国が自分自身の権利と領土を主張し始
める；多くの国が互いに争い、反目、戦いを繰り返す。お互いに隣国
であるときはあまりに悲しい；国境は私たちに領地をめぐっての多く
の戦争を思い出させる。国境についての多くの悲劇的な話を聞いた。

22. 過去の戦争や今の領土争いを見ると人間というのは常に拡大したい生
き物のように見えます。私にとっては重要なのはより多くの領土を獲
得することではなくより多くの人がより幸せになることと思われます。
国のサイズは豊かさを決める要因ではありません。

23. 人類は何世紀にもわたって国境をめぐって戦争を繰り返してきました。
日本も自国の領土を拡げるために第2次世界大戦前、大戦中を通して
よその国に侵略しました。しかし、わたしはなぜ人々は自国の国境、領
土、国益にかくも固執するのかがわかりません。人々は多分永遠にそ
れらを求めて戦い続けることでしょう。

24. 人々は自分が作った国境によって悩み苦しめられているんです。違い
ますか？；多くの人々が国境で苦しめられているのです。

25. 私にとってはどの国が強くてどの国が弱いかなどということは重要な
ことと思われません；世界は平らに見えます：この地図では金持ちと
貧しい人の違いは感じられません。

26. 宗教の名で、人々はお互いに殺し合ってきました。宗教の信仰は人を
殺すことを正当化出来るのでしょうか？

〈国の形と大きさ〉

27. 大きな国、小さな国、米粒のような国；点のような国もロシアのよう
な巨大な国も同じ1つの国；陸地の大きさとその国の豊かさは比例し
ない。

28. 色を塗りたくなる。

29. アフリカには多くの国がある；南半球の方が多くの国がある：南半球には多くの「発展途上国」がある。

30. 人種差別がしかと根付いているが黒人、白人、黄色人の数と地域の大きさは大体同じ。お互いに差別するのは意味ないしフェアでない。

〈可視化〉

31. それぞれの国はそれぞれのペースとやり方と価値を持って今を過ごしている。

32. 人々の現実の生活、たとえば、特別の産物、民族衣装、動物が見えるようになる；各国の政治、法律、文化、宗教、言語を想像することが出来る；人々は線で囲まれたそれぞれの地域で朝食に何を食べている？；地域によって性格が違うのが私には面白い。

33. 文化、人種その他が違っていることによって世界は面白いのだけど、現実はその違いが悲しいことに争いを引き起こしている。

〈願望〉

34. 私はいくかの国に行ったことがあるけど、多くには行っていない；わたしはこの国に行ってみたい、あの島に行ってみたいと考えはじめている；私は多くの場所に旅してみたい。

〈国境を消す〉

35. 国境の線は邪魔だ；私は国境はいらないと思う。その価値は国際化、グローバル化、情報社会の今の時代にはなくなりつつある。

36. 国境を越えたいろいろの新しい現象が起こってきている。たとえば、自然破壊；国境は今日では限界に達している。我々はグローバルの規模で問題の解決に努めなければならない。

37. こういった線はいつの日か世界から消えたらいいと思う。

38. もし国境がなかったらどんなだろう？　知りたい；怖い、最悪のことが起こるのではないかと。

39. 点線はそう簡単に消せない。それらは古い昔から存在している。

40. 私たちにとっての問題は「国」という概念をどうやったら乗り越えられるかです。

〈その他〉

41. 国境以外にここには示されていない多くの目に見えない境が世界にはある。人間は昔々から「境」を作りたがる生物である。

42. 多くの共通の問題、たとえば、それぞれの点線の中に超金持ちと非常に貧しい人のギャップや戦争や人種紛争のようなものが存在する。

43. 英語は世界の共通語であるということは偉大なことだ。しかし、すべての人が英語がしゃべれることはいいことなのかどうかは疑問だ。

エピローグ

〈本出版で目されたこと〉

　本書の議論は概念レベルのものである。本書はもともと世界の国際ソーシャルワークのベテランの指導的理論家、研究者、教育者、実践家に向けて編まれたものである。しかしながら、この新しい『国際ソーシャルワーク』は、ソーシャルワーク＝西洋生まれの（専門職）ソーシャルワークの理解の上に立つ彼（女）たちのほとんどおよびそのお弟子さんたちの関心は引かずあるいは受け入れは不可能であろう。それはそれでいい。現著者は彼（女）たちおよび彼（女）たちの国際ソーシャルワークに心から敬意と謝意を表する者である。

　本書で意図されたことは彼（女）たちの国際ソーシャルワークの再定義あるいは再構築ではない。新たな国際ソーシャルワークの建設（構築）である。その新たに建設（構築）された『国際ソーシャルワーク』は世界85億のすべての人の国際ソーシャルワークである。それはそれら人々を平等に見、そしてその人々のウェルビーイング、生活上の困難・問題、あるいは西洋生まれの専門職ソーシャルワークでいうところの「ソーシャルワークニーズ」を見る。西洋生まれの専門職ソーシャルワークおよびその国際ソーシャルワークはそれら人々、それらの問題等の一部にのみ――量的、質的に――に仕えてきており、また将来も仕えることができるものである。

〈新『国際ソーシャルワーク』理解のてがかり〉

　執筆、校閲、リビュー、印刷の過程における議論、講演、同僚による試し読みを通して、新『国際ソーシャルワーク』はこの分野に初めて足を踏み入れる人々にとっても興味を引くものであり、2、3の手がかりさえ与えられるならば理解は難しくなく、受け入れは容易なものであるということを見出した。「補章」も参照されたい。

① 　西洋生まれの専門職ソーシャルワークとの位置関係：新しい『国際ソーシャルワーク』は上述のように西洋生まれの専門職ソーシャルワークの外に位置している――それを同時にその内に包み込みつつも。新たな『国

際ソーシャルワーク』は「ソーシャルワーク」とは産業革命を通して、ある
いは19世紀末に、あるいは「慈善」の否定のあとに生まれたとする「西
洋生まれのソーシャルワーク」とイコールであるという等式の上には立っ
ていない。なんとなれば、そうしない限り、圧倒的多数の人々はソーシャ
ルワークの外に放置されつづけるだけであろうからである。国際ソーシャ
ルワークは西洋生まれの（専門職）ソーシャルワークだけではなく、あ
らゆる種類のソーシャルワークと親和性を持ちかつ共存しなければなら
ない。それらソーシャルワークのほとんどはもちろん「ソーシャルワー
ク」という語を、特に英語でいうそれを自ら用いることはなかったし今
も用いてはいないことは承知の上である（下図【参考】ISWの理解参照）。

② 主権国家との関係における立ち位置：新しい『国際ソーシャルワーク』
は主権国家の外に自らの立ち位置を見出す。それを同時に常に視野に入
れ念頭に置きつつもである。ソーシャルワークは意識および現実にあっ
て国境以前に存在し、徐々にその機能の一部を国家に移転し、究極的に
はそれに包摂されたと仮定される。その一部はそこから『国際ソーシャ
ルワーク』として飛び出し、それら国家の主権の外のものとなり、そし
てなおソーシャルワークの中に留まる。『国際ソーシャルワーク』はもの
ごとを個別国家の立ち位置から、その利益のために見るのではなく、そ
の外から、すべての人々のために見る。ソーシャルワーク自体がそのよ
うな『国際ソーシャルワーク』を自らの中に内包することによって、国
境以前のものの見方を取り戻す（第3章2.7 (2)）。

③ ソーシャルワークとソーシャルワーカーの峻別：新『国際ソーシャルワー
ク』が研究の対象とし議論したものはソーシャルワークについてである。
ソーシャルワーカーとその活動/機能についてではない。また職業/仕事
としてはたらく（専門職）ソーシャルワークとソーシャルワークを行う
人々との区別も意識的になされ、強調されている。

　加えて、その理解には次のような基礎的予備知識（ソーシャルワーク
（学？）の外の初歩的理論と単純な統計的事実等）も必要とはされよう。
たとえば、① 国民（主権）国家と国境の誕生、成長、変遷、② ナショナ
リズム、インターナショナリズム、コスモポリタニズム、③ 言語問題と

その政策、④ 地球上の人々の地理的属性別分布と多様性、⑤ 全世界の（専門職）ソーシャルワーカーの地理的分布等である。その一部は本書第II部として加えられている。

〈検討さるべきいくつかのディレンマ──次世代への期待〉
　本書の議論は未完である。いくつもの議論が次の世代に期待されている。

1. 　一方で『国際ソーシャルワーク』は主権国家の足枷から解放されたものとして定義されているが、他方それを行う人々は未だ国籍から解き放たれていない。このディレンマをどう扱うか。自ら無国籍人となるのは通常許されないあるいは易しくない。

2. 　一方で「福祉国家」の先に「福祉世界」への志向性が提示されたが、その考えおよびこれに代わる考え（世界観）についてのその後この半世紀間の理論的発展については本書では取り組まれていない。

3. 　この地球上のすべての人々の『国際ソーシャルワーク』の建設（構築）は世界の各地に根ざした（cf. 第3章1.1（2）及び同（3）、脚注47）すべてのソーシャルワークのうえにのみ可能であろうが、それらソーシャルワークは未だソーシャルワークとして意識化され、議論され、構築されていない。今日唯一目に見える形で体系化され表に出されているソーシャルワークは西洋生まれの（専門職）ソーシャルワークしかない。

4. 　西洋生まれの（専門職）ソーシャルワークの国際ソーシャルワークがいう「価値」（e.g., 人権、社会正義、民主主義等）は新しい『国際ソーシャルワーク』にあっては「ものの見方」で置き換えられている。出来得る限り価値ファクターをなくしあるいは最小限とすることを目指し、国際ソーシャルワークが科学的学問として、また、機能不全に陥っている国際連合や戦争で泥まみれになっている国際社会の中で生き抜いて行かんがためである。しかしながらその「ものの見方」の内容としてたとえば、「（主権国家の）外からの目を持つ」等を放り込むやそれもまたひとつの価値であるとの反論が聞かれるかもしれない。

5. 　新しい『国際ソーシャルワーク』の建設（構築）を試みたが、ここで書かれたものは著者が夢見たものとは大きく違う。本書は西洋生まれの専

門職ソーシャルワークの中の国際ソーシャルワークの文献リビュー（しかも英語使用者によるもの）ではじめ、次いで非西洋、非英語圏からのひとつの声に耳を傾け、一種の「国家論」を当てはめ、新たな提案を行ったものである。しかし、その「国家論」もまた西洋に根を置いた理論であった。この意味で、この新しい『国際ソーシャルワーク』もまた西洋に根を置いた産物であり、西洋世界の理解と業績を超えるものではない。著者が非西洋、非英語圏からの者であり、非西洋世界にわずかばかりより重い敬意を払っていたという程度のものである。孫悟空はどんなに遠くまで飛んでも結局は仏陀の手のひらから抜け出すことはできなかった。いつの日か、誰かが、この惑星のすべての人々あるいはすべての社会、国と地域のうえに基礎をおいた、そしてそれらの人々、社会、国と地域に妥当する本当の国際ソーシャルワークを建設（構築）するであろうことを夢見る。

　最後に、当面の最も重要な実践的課題は、読者が現在西洋生まれの専門職ソーシャルワークの下で従事している実践（政策等を含む）は、もし国際ソーシャルワークのこの新しい理解を採ったならば、どう変わるか、あるいは変わらないかであろう。その実証と記録は次の世代に期待される。もしこの新らしい『国際ソーシャルワーク』が主流のソーシャルワークコミュニティの中に拡がらなければならないと仮定するならば、当面の一つの戦略的ルートは、「国際ソーシャルワーク（A）」をどう「国際ソーシャルワーク（B）」に結びつけ、導くかであろう（第3章 2.2 (1)）。

　国際ソーシャルワーク──そしてかくしてソーシャルワーク──の概念は本書の理解なくして現在の戦争にまみれた世界で有効たりうるのだろうか。

【参考】ISWの理解

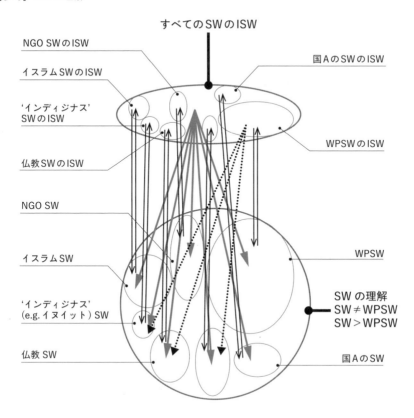

1. 西洋生まれの専門職ソーシャルワークの国際ソーシャルワークは全体の一部にのみ仕えることができる。(他のソーシャルワークの国際ソーシャルワークについても同様)　　→

2. 一定の文化、社会の上に出来たソーシャルワークの国際ソーシャルワークはその文化、社会に対しては有効に働くが、それがよって立たなかった異なる文化、社会には有効には働かない。　　⇢

3. 新しい『国際ソーシャルワーク』はすべてのソーシャルワークと整合性を持ち、すべての文化社会において適合性を持つ。　　→

補章
——キャサリン・ケンドル記念講義

　本書の論点、とくに第Ⅰ部の議論を補うために、また核心を示すために、この補章を設けた。これは、2024年4月6日にパナマで開催されたソーシャルワーク・教育・社会開発世界合同会議（SWSD2024）にて行われた、秋元によるキャサリン・ケンドル記念講義の和訳である。リン・ヒーリーによる受賞者紹介、秋元の講義録、その背景と意義についてそれぞれ掲載する。（編者）

受賞者紹介
リン・ヒーリー
（コネチカット大学名誉教授、キャサリン・ケンドル・インスティチュート理事）

　本日、2024年キャサリン・ケンドル賞（以下、KK賞）の受賞者である日本の秋元樹博士を紹介するという任を与かり大変光栄に存じております。KK賞は国際ソーシャルワーク学校連盟（IASSW）によって授与される最高位の名誉ある賞です。学問的業績とその発表、地域組織および国際組織への広範囲に及ぶ献身とサービス、多くの国々のソーシャルワーク教育の拡大と強化への支援を通して、秋元博士はソーシャルワークおよびソーシャルワーク教育の分野の発展に国レベル、地域レベル、世界レベルにおいて目を見張る貢献をされてこられました。先生は2つの専門分野、つまり労働問題と国際ソーシャルワークにおいて、重要なお仕事をなさいました。

　秋元先生は一時期、国際労働機関（ILO）に勤務されました。そこで雇用問題、アジアの都市スラムの縮小の調査研究などをなされました。そしてその他の数多くの労働問題の調査研究をされました。国際ソーシャルワークについての論文、講演・会議での口頭報告、そして、ごく最近出版された著書を通して、その理論・知識に大きな貢献をされました。

　秋元先生は日本女子大学を2010年に引退されました。しかし、なかなか成功しないことの一つは、引退するということです。働き続けていらっしゃる

I58

のですから。秋元先生はその後、日本社会事業大学の研究所のセンター長[1]と（特任）教授として勤務されました。ここではインディジナイス・ソーシャルワーク、仏教ソーシャルワーク、アジア太平洋地域におけるソーシャルワークの再定義について多くのプロジェクトを組み、実施されました。

2016年、淑徳大学に招聘され、アジア国際社会福祉研究所（ARIISW）の初代所長となられました。そこでは、アジア諸国のソーシャルワーク研究者と確固たる研究ネットワークを作り上げ、そして活発な出版プログラムを導いていらっしゃいました。アジアのすべての仏教徒多数国からの教員・研究者、仏僧、非政府組織（NGO）の実践家らと調査研究ネットワークを形成し、仏教ソーシャルワーク探求の旅を主導されました。この旅は多くのことを生みましたが、モンゴル、スリランカ、ベトナム、タイ、ミャンマー、ラオス、カンボジア、台湾、ブータン——落ちていないことを望みますが——の仏教ソーシャルワークのシリーズ本を刊行されました。

また国際ソーシャルワークを含むいろいろなテーマについて無数の国際フォーラムを主催してきました。そこでは脱植民地化、インディジナイゼーション、スピリチュアリティといった私たちの組織と専門職（プロフェッション）にとって重要な課題を探求してきてくださっています。

世界的には、秋元博士はIASSWにおいて副会長（アジア太平洋代表）を含め、数多くの任務を担ってこられました。アジア太平洋ソーシャルワーク教育連盟（APASWE）会長を二期務められました。

秋元博士の講義をお聞きする時間を減らしてはいけません。私の紹介は短くとどめましょう。しかし、以上は私たちの受賞者が、ソーシャルワークとソーシャルワーク教育の分野で成してこられた数多くの貢献の、ほんの概略のまとめにすぎません。あらゆる点で、秋元博士はKK賞が目指すお手本のような方です。ケンドル女史は、彼女の名前を冠したこの賞を秋元先生が受賞されたことを、間違いなく心から喜んでいることでしょう。

1　日本社会事業大学社会事業研究所アジア福祉創造センターを指す。（編者注）

写真1．KK賞授与式
L.ヒーリー名誉教授（左）、A.カンパニーニIASSW会長（当時：中央）

写真2．KK賞記念講義

キャサリン・ケンドル記念講義録[2]
100周年を超える国際ソーシャルワーク（ISW）
第3ステージのソーシャルワーク（SW）のISW
西洋生まれの専門職SW、仏教SW、すべての人々のSW

秋元　樹

1.　その上にISWがよって立つ第3ステージのSWの理解
——それはどのようなものか？

〈西洋生まれの専門職SW（Western-rooted Professional Social Work; WPSW）の拡張〉

　ソーシャルワークはヨーロッパで生まれ（ステージⅠ）、大西洋を渡り北米で育ち成熟し（ステージⅡ）、我々は今それを、西洋世界を超えて、世界中に拡げようとしている。時には自らを世界専門職（グローバルプロフェッション）と名づけて。

　我々のソーシャルワーク（WPSW）をすべての他の地域に、世界中に拡げるということは可能か？　不可能であろう。二重の意味で。

　第一に、ほとんどの国には専門職ソーシャルワーカーなどというものはいないか、ほとんどいない、あるいは充分な数だけいない。であるならば、人々は言うであろう、「それらの人々をつくれ、訓練し、教育せよ。膨大な数を、今直ちに」と。数年、数十年、60〜70年のうちにそうすることは不可能であろう。別の人々は言うであろう、「それらの人々を輸出せよ。多くの専門職ソーシャルワーカーを持つ我々の国から、ソーシャルワーカーがまったく、あるいはほとんどいないそれら地域に」と。不可能である。適切ではない。新たな植民地主義ではないか？

　第二に、他の地域は異なる文化、伝統を、政治的、経済的、社会的条件を持つ。ソーシャルワークはそれぞれの地域のそれら条件のうえにあるものである。たとえば、産業化、職業分化、教育の水準は異なる。ある国々では高

2　2024年4月6日にパナマで開催されたソーシャルワーク・教育・社会開発世界合同会議（SWSD2024）にて行われたキャサリン・ケンドル記念講義の和訳である。英文については、アジア国際社会福祉研究所のホームページにて閲覧することができる（https://www.shukutoku.ac.jp/en/about/facilities/asiancenter.html）。和訳は秋元によってなされたのち、編者によって一部修正・編集がなされた。

ISW in SW at the third stage

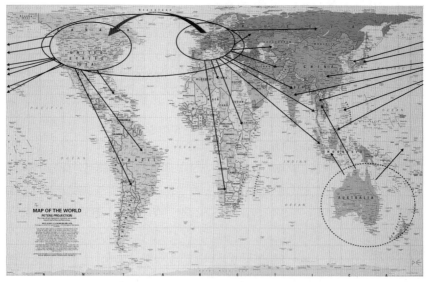

注：地図は WorldVeiw, Peters Projection Map (WorldView Publicaations: Oxford, UK)

度に産業化しているが、他の国々では農業の割合が今なお圧倒的である。ポスト・インダストリアル社会もあれば、プリ・インダストリアル社会もある。小学校を終える児童が半数に満たない国、大学に行く若者は数パーセントで、修士に進むものは0.0何パーセントという国もある。世界中どこに行っても「WPSWは我々には合わない」「それは西洋のものだ」「それは奴らのものだ」「先進国のものだ」といった声を聞く。

　それらの国々、地域の人々は、WPSWのある国々、地域の人々と同じまたは類似の、あるいは異なるが同程度またはそれ以上に重い困難、問題または生活・人生の苦しみ、生活課題、WPSWでいう「ソーシャルワーク・ニーズ」を持っている。

〈機能代替[3]〉

どうしたらいいか？　心配は要らない。すべての地域、社会は我々のソーシャルワーク、ソーシャルワーカーと同じ、あるいは類似の機能を持つ何らかの存在物、要素をその社会の中に持っている。そうでなければその社会は存続しえないだろう。10年から15年ほど前、我々がIASSW（国際ソーシャルワーク学校連盟）/IFSW（国際ソーシャルワーカー連盟）の国際定義改訂について論議したときに、日本社会事業大学アジア福祉創造センター（当時・センター長：秋元樹）が「（専門職）SWとその機能代替」と題する5か国国際合同調査（2012〜13）を実施した。カンボジア、フィジー、インドネシア、マレーシア、スリランカが加わった。各チームはそれぞれ何らかの「機能代替」を取り上げた、たとえば、スピリチュア・ヒーラー、NGO活動、政府のサービスその他。スリランカ・チームは仏教を取り上げた。

〈仏教ソーシャルワーク〉

スリランカ・チーム（リーダー：アヌラーダ・ウィクラマシンハ）は仏教界、政府のトップのインタビューを含め現地調査に真剣に取り組んだ。仏僧のための大学レベルのソーシャルワーク教育機関の設立を計画した。スリランカの農村のほとんどには西洋生まれの専門職ソーシャルワーカーはいないか、ほとんどいないが、仏教寺院があり、僧侶がいる。彼らは村の生活の中心であり村民を朝早くから夜遅くまで、24時間365日、面倒を見ている。「彼らにWPSWの教育、訓練を施そう」と。

第1回目の話し合いで、WPSWとはどのようなものであるかを伝え始めるやいなや、出席者ら（僧侶、信者、NGOメンバー）は言った、「我々は同じこと、類似のことを2600年前からやってきている」と。WPSWはせいぜい150年ぐらいしか経っていない。

彼らはもちろん「ソーシャルワーク」との言葉は使わなかった。彼らは英

3　ここではFunctional alternativeの訳語として当てられている。一般読者の理解を容易にするためである。社会学用語とすれば「機能的選択項」が正しい訳語であり、「機能的代替物」の日本語は「機能的等価」（Functional equivalent）を見るよう指示される（『新社会学辞典』有斐閣、1993年、258頁b）。

語も使わなかった。しかし、仮にそれらの活動を「ソーシャルワーク」と名づけ、アジアの仏教徒が過半数を占める国々（スリランカ、ベトナム、タイ、ミャンマー、ネパール[4]）の１グループの僧侶、大学教授、NGOリーダーらが10年ほど前、仏教ソーシャルワークを探る旅をはじめた[5]。後にすべての仏教徒多数国と地域（ラオス、ブータン、モンゴル、中国、韓国、台湾、日本）に参加国を拡大した。

　彼らはいろいろな共同調査を実施し、専門家会議、フォーラム、会議を繰り返した。アジア仏教ソーシャルワーク研究ネットワークがつくられた。彼らはいろいろな成果物を世に出した。それらには、たとえばABCモデル、作業枠組みと定義、13巻からなる仏教ソーシャルワーク探求シリーズ、多くの調査報告書、会議記録が含まれる。ABCモデルと作業定義は以下のようなものである。

〈ABCモデル〉

　仏教ソーシャルワークの語の用法には３通りある。モデルAは純粋の、しかし仏教寺院または僧侶によって行われるWPSWである。プレーヤーが異なるが、ソーシャルワーク自体は変わらない。WPSWである。たとえば、アメリカの１コミュニティにキリスト教教会があり、牧師と信者達がソーシャルワークに活発に従事している。同じコミュニティにある近くの仏教寺院の僧侶がそれをみて、それはいいことだからと考え、同じ活動をする。

　モデルBは、変容されたあるいはインディジナイズされたWPSWであり、これは最近では最もポピュラーな用法である。受け入れるあるいは受け入れられるためには純粋のWPSWは変容あるいはインディジナイズされなければな

4　ネパールは仏教徒が過半数を占める国ではないが、仏陀誕生の地ということから含められた。

5　実際は、APASWE（当時・会長：秋元樹）、ベトナム国家大学社会人文科学大学（ハノイ）（リーダー：グエン・ホイ・ロアン）、日本社会事業大学アジア福祉創造センター（当時・センター長：秋元樹）、淑徳大学（リーダー：田宮仁）による合同調査「ソーシャルワークにおける仏教の役割」（2012-15）が先行する。その後の仏教ソーシャルワークの探求の旅の全過程は、ごく近年にいたるまでARIISW（当時・所長：秋元樹）によってリードされた。

仏教ソーシャルワークのABCモデル

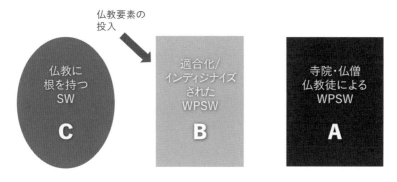

らない。しかし、その変容されたあるいはインディジナイズされたWPSWは、依然としてWPSWである。

モデルCは仏教に根を持ったソーシャルワークである。それはWPSWで始めない。仏教で始める。仏教の実践（「ソーシャルワーク」）はWPSWの機能代替ではない。WPSWが仏教実践（「ソーシャルワーク」）の機能代替である——機能代替の逆転である。

〈仏教ソーシャルワークの作業定義〉

　仏教ソーシャルワークは他の人[1]が人生・生活上の困難、問題[2]を解決あるいは緩和[3]するのを仏性に基づき[4]助ける[5]人間の行為[6]である。仏教ソーシャルワークはその原因を常に物質的・社会的側面と人間的・内面的側面の双方に見、そしてその双方に働きかける[7]。基本的原理には、ケア、他者への配慮・思いやり、愛を秘めた優しさ[8]、互いの支え合い／共助、相互依存と自立[9]を含む。中核的価値は五戒である[10]。究極のゴールはすべての生きとし生けるもの[11]のウェルビーイング[12]と平和[13]を達成することである。

　（注：原文は英語のみであり、正式な日本語訳はない。ここでは読者の理解を促すため、参考訳を提示するものであり、仮訳の引用等はお控えいただきたい。）

これはモデルCの作業定義である。はじめに11項目[6]からなる仏教ソーシャルワークの作業枠組みがつくられ、後に定義の文章体に転じられた。肩の小さな数字1-13は脚注が付されていることを示す。議論の間に出された種々の異なる解釈、意見、考えと提案、同様に、質問と異議が記録されている。それらはここでは省略する。

「五戒」とは仏教の最も根本的なモラルコードをなすものである。それは、殺す、盗む、性的不行跡を行う、嘘をつく、アルコールおよびあらゆる麻薬類を摂取することを決してしないと心に決めることである[7]。

多くの仏教の人々はこの定義をよしとしない。あまりに西洋のそれに沿っている。しかし、2001年のIASSW/IFSWによるソーシャルワーク定義のそれにならっている文型、文体は、WPSWとのコミュニケーションを可能、容易にするために意図的に採られたものである。そのような配慮をすることなく、より純粋な仏教的文型、文体を採る定義も、将来できるだけはやくつくられるべきである。

仏教ソーシャルワークはまだ生まれたばかりである。たとえば、我々は(i) 仏教徒が多数を占めない国々における仏教ソーシャルワークについて、我々が仏教徒多数国について行ったのと類似の調査研究の過程を続けること、(ii)（a）仏教哲学、経典、理論および（b）実証的調査研究、実践により作業定義を推敲すること、(iii) 国ごとのあるいは現実社会の調査、実践、教育のために社会的コンテキストの中におくこと、が必要である。それを成熟したものとするには多くのステップを経なければならない。仏教に根ざしたソーシャルワークの完成までには人生の一度、二度の生まれ変わりが必要だろう。

〈WPSWの位置づけ直し〉

しかしながら、ここで重要なことは、仏教ソーシャルワークを皆さんに紹介することではない。そうではなく、WPSWの外に一つのソーシャルワーク

6　Akimoto, T., & Hattori, M. (Eds.). (2018). Working Definition and Current Curricula of Buddhist Social Work (pp. 3-6). USSH-NUV and ARIISW.

7　Ajahn Jayasaro. (2013). *WITHOUT and WITHIN Questions and Answers on the Teachings of Theravāda Buddhism*. Bangkok: Buddhadasa Indapanno Archives. p.200.)

が打ち立てられたという単純な事実を告げることである。

　それはWPSWの唯一絶対の位置から、他のソーシャルワークと同等の一つの相対的位置への置き換え、言いかえれば「ソーシャルワーク＝WPSW」という等式の棄却である。WPSW以外にいくつかのソーシャルワークがある。

　幸か不幸か、ソーシャルワークの国際定義というものは現在ない。キャサリン・ケンドルは、かつて彼女が従事した33か国からなる国連の調査（1950）[8]において次のように結論した。「集められたデータからはすべての国々によって受け入れられる、よって一つの『国際』定義として提示しうるようなソーシャルワークの定義などというものを示すことはできない」と。彼女の弟子たちはその先生を裏切りあるいは乗り越え、「ソーシャルワークの国際定義」なるものをあわや作ろうとした（たとえば、2001年 IASW/IFSW 定義）が、それは現在は存在しない。現在あるのは2024年 IASW/IFSW「ソーシャルワーク専門職のグローバル定義であってソーシャルワークの国際定義ではない。

〈第3ステージのソーシャルワーク〉

　次の図は、我々が理解する第3ステージのソーシャルワークである。

　ソーシャルワークの第3ステージは、WPSWが他の地域に拡張するものではない、WPSWのグローバリゼーションではない。WPSWの独占ではない。ソーシャルワークは種々のソーシャルワークからなる。多くのソーシャルワークがある。

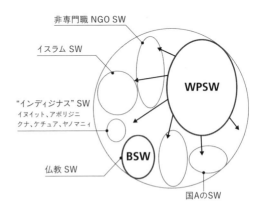

第3ステージのSW

8　UN DSA 1950:13.

2. そのような第3ステージのソーシャルワーク理解の上に立つISW
──それはどのようなものか？

〈第3ステージのISW〉

　上記のような第3ステージのソーシャルワーク理解を受け入れるならば、そのうえに立つならば第3ステージのISWとはどのようなものになるのだろうか？

1. 第3ステージのISWは、WPSWのISWではない。今日まで皆が、我々が議論してきたものはWPSWのISWである。

2. 第3ステージとは、「SW＝WPSW」が棄却されたステージである。すなわち、いくつかのあるいは多くの他の種類のソーシャルワークがある。すなわち、「SW＞WPSW」である。

3. たとえば、仏教ソーシャルワークは自らのISWを持つ。それぞれのソーシャルワークはWPSWがそうするように、それぞれのISWを持つ。
   我々はWPSWのISWを他のソーシャルワークに当てはめようとしてきた（図中の点線の矢印）。うまくいくか？　WPSWのISWはWPSWにとっては有効であるが、他のソーシャルワークに対しては、各ソーシャルワークがその上によって立つ社会の文化、伝統および政治的、経済的、社会的条件が異なるがゆえに、うまくいかない。

4. それは他のソーシャルワークのISWについても同じである。各ISWはそれぞれのSWにはうまくいく、マッチするが、他のソーシャルワークには有効ではない。

5. このステージのISWは、我々は「国際」ソーシャルワークを論じている以上、全世界のあらゆる種類のソーシャルワークと親和性を持つものでなければならない。それは全世界を視野に入れていなければいけない。もちろんWPSWをも視野に入れている。

6. それはちょうど機関車のようなものであり、いろいろな車両（たとえば、客車、貨物車、寝台車、展望車、一等車、エコノミー車）、いずれの車両とも連結可能である。

このISWはWPSWのそれではない。しかし、今日、現実にはWPSWのようにしっかりとした体系として育ったソーシャルワークは他にはない。ただし、萌芽的なものが最低一つはある、仏教ソーシャルワークである。これが示された。それはソーシャルワークという語は使っていないが。我々は概念的、理論的レベルの議論を導いているのである。

第3ステージのSWのISW

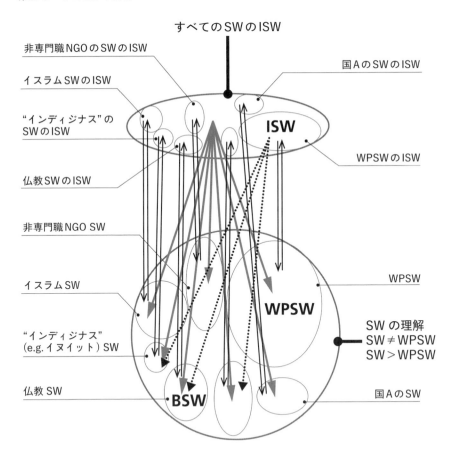

〈第3ステージのISWの中核要素〉

　それではより具体的にいうとそれはどのようなものだろうか？　第3ステージのISWの5つの中核的要素は次の通りである：

1. 対象：全世界85億人。ISWは彼（女）ら全員を視野に入れる。WPSWおよび専門職ソーシャルワーカーの存在の有無を問わない。

2. 目的：生活・人生の困難・問題、苦しみ、生活課題、WPSWでいう「ソーシャルワーク・ニーズ」を改善、解決し、彼（女）らのウェルビーイングを向上する。

3. 関心の焦点：（国際）ソーシャルワーク。（専門職）ソーシャルワーカーではない。ISWの中心的関心は人、彼（女）らの持つ問題およびそれらの解決法であり、ソーシャルワーカーの機能、向上——それらはもちろん関心の内ではあるが——それらではない。

4. 鍵概念：国境、文字通りにいえば国（国民国家）と国（国民国家）の間。我々は「国際」（ソーシャルワーク）を論じているのである。ISWは国境を越えたあるいは国境に関したソーシャルワークである。

　しかしながら、他国に関した活動がすべてISWというわけではない。たとえば、誰かが次のような活動をしたら、それらはISWと名づけられるか？

  a. 植民地支配・運営をより易しくするために他国で働く。

  b. 自国の政治的侵攻、経済的拡張の先兵として布教、政府開発援助（ODA）の活動に従事する。

  c. 他国に滞在しあるいは居住して研究、実践を行う。

  d. 自分のクライアント（たとえば、移民）の問題を解決するために、あるいは自国の制度政策（たとえば、児童福祉）を向上するために、他国から学びあるいはデータ・情報を収集する。

  e. 気候変動、疫病の蔓延といった世界規模の社会問題の救済活動。

  f. 多文化共生、異文化カウンセリングを論ずる。

  g. 国際比較をする（たとえば、比較研究、比較分析）。

  h. グローバル・プロフェッションの名をもってWPSWのグローバリゼーションの努力をする。

5. 不可欠の構成要素：ものの見方。外からの目、「複眼」、複数のあるい
は共通のもの差し、あるいは自国を含め国民国家の外からの目をもっ
て見ること。言い換えれば、すべてのソーシャルワークはそれがどこ
で行われようが、この「ものの見方」を持つ限り ISW である。ISW は
ソーシャルワークの活動／機能の分野というより、「ものの見方」とし
て定義される。

〈結論（定義）〉

ISW[1]は国境を越えたあるいは国境[2]に関わるソーシャルワーク[3]であり、一定
の理念[4]に裏打ちされている。対象は世界中のすべての国と地域[5]をなし、目的
は彼らのウェルビーイングを向上することである。「ものの見方」[6]とは自国を
含めた国民国家の外からの目、「複眼」[7]、複数または共通のもの差しをもって
見ることである。ISW はいかなる特定の国・地域、国民、国籍[8]にいかなる特
別の重要性、優秀性・劣等性を与えない。ISW の対語は「国内（国別）」ソー
シャルワークである[9]。ISW はあらゆるインディジナス[10]のソーシャルワーク[11]
と共通的に親和性を持つものである。　　　　　　　　　　［脚注1-11省略］

この定義では価値要素（たとえば、人権、社会正義、民主主義、専門職の
向上）は可能な限り落とされている。全世界の全人口の大きな部分あるいは
過半数を占める一定の人々を予め排除しないために、また「科学的」学問で
あるために、である。

〈背後の理論〉

上の結論に至る背後にある中心的理論は次のようなものである。国際化が
進み、ソーシャルワークは国境の中に留まっているわけにはいかなくなる。国
境を乗り越える方法には2通りある。一つは国民国家の内にいて活動のウィ
ングを外に拡げる、もう一つは独立の存在として国民国家の外に出る。2つ
の ISW が可能である。ISW（A）と ISW（B）である。

あなたは双方を ISW と呼ぶかも知れないが、議論を簡単にするために、我々
は後者「ISW（B）」のみを ISW と名づける。「ISW（A）」は「国内（国別）」

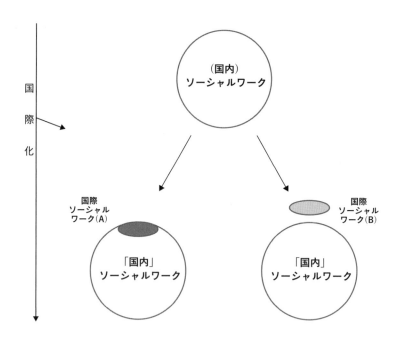

ソーシャルワークの一部と見なされる。なんとなれば、それは内側からの目を持って自らのためにあるいは自国内のソーシャルワーク（ケースワークの解決、制度政策の前進）のためにレッスンを得る活動であるからである。

　ISWは①「国内（国別）」ソーシャルワークからスピンオフし、その外の独立の存在物になる。②それが上記ISWの理念を持って「国内」ソーシャルワークにブーメランしてくる。③「国内（国別）」ソーシャルワークはそのような侵入を拒否しあるいは受容する。「国内（国別）」ソーシャルワークがブーメランしてくるものを受け入れる限り、それはISWの考え方、理解、要素をその内に内部化する。「国内」ソーシャルワークは変わる。ソーシャルワークは発展する。

　最も重要なことは国民（主権）国家から飛び出したISWはソーシャルワークの中に留まるということである。ソーシャルワークはISWと「国内」ソーシャルワークから構成される。ソーシャルワークは今や常にその内に主権国家の外にある構成分子を持つということである。「ソーシャルワーク＞主権国家」。

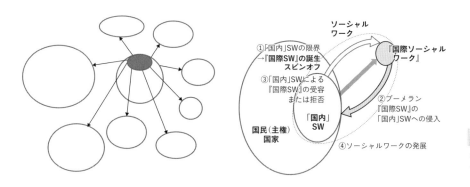

そのような特性はその当初から――我々がソーシャルワークを産業革命で始めないならば――DNAのごとくソーシャルワークのなかに内在していたのかもしれない。

　このような理解なくして、ソーシャルワークは次のステージに発展することはできるだろうか。
　このような理解なくして、ISWは今のような戦争のはびこる世界で存在し続けることはできるのだろうか。

100周年を超えるISW
全世界の85億の人々の今現にある困難・問題・苦しみのために

　キャサリン・ケンドルはどのように反応するだろうか？　彼女はこの考えを気に入るだろうか？　さっと切り捨て、本日のキャサリン・ケンドル記念賞の授与をキャンセルするだろうか？　彼女と次に会ったときに話し合えたらと望む。

「補章」の背景と解説[1]

東田全央

　世界各国からソーシャルワーク関係者が集った会場にて、拍手喝采、スタンディング・オベーションによる賛辞が送られ、しばらく鳴りやまない――その場に居合わせた。中米のパナマで開催されたソーシャルワーク・教育・社会開発世界合同会議（SWSD2024）にて、2024年4月6日、秋元樹（アジア国際社会福祉研究所名誉所長等）[2]が、ソーシャルワークにおいて国際的に最も栄誉ある賞の一つ[3]、キャサリン・ケンドル賞を受賞し、記念講義を終えたときの一幕である。授賞式および記念講義は感動すら覚えるものであったが、本稿では補章の背景を解説するとともに、その意義についても考えたい。

1.　キャサリン・ケンドル賞

1-1.　キャサリン・ケンドル女史

　キャサリン A. ケンドル記念賞（以下、KK賞）として名が冠されている故・キャサリン A. ケンドル博士（Katherine A. Kendall, 1910 – 2010）は、ソーシャルワーク教育の国際化やその専門組織に対する長年に渡る発展等に多大な貢献をしたパイオニア的存在である（NASW Foundation, 2004）。

　国際ソーシャルワーク学校連盟（IASSW）において、1954年から1971年ま

1　本部分は拙稿（東田全央（2024）「ソーシャルワークの国際賞受賞の意義とは何か―秋元樹先生のキャサリン・ケンドル賞受賞が問いかけるもの―」『ソーシャルワーク研究』2(4), 66-69.）の一部を、本書の文脈に合わせて改変の上、再掲したものである。転載・再利用の許諾をいただいたソーシャルワーク研究編集委員会および中央法規出版に厚く御礼申し上げる。

2　本書の編者であることから、以下、引用を除き、敬称略とさせていただく。

3　IASSWの栄誉・表彰委員会は、KK賞に加え、「アイリーン・ヤングハズバンド記念講義」を設けている。ソーシャルワークの専門職化に努め、1961年から1968年までIASSW会長を務め再建に貢献したアイリーン・ヤングハズバンド（Eileen Younghusband, 1921 – 2016）の名を冠した同講義が1984年に設置された。隔年で、推薦・選出されたソーシャルワーク教育者により、IASSW世界会議にて行われてきた（IASSW, n.d.）。

でボランタリーな幹事を、1971年から1978年まで事務局長を務めた。IASSW
在任期間中、国連やユニセフとも緊密に協力するとともに、数多くのセミナー
や専門家作業部会等にてイニシアティブを取り、ソーシャルワーク教育を世
界各国に根づかせ、その国際化等に貢献をした（Healy, 2008; IASSW, 2024）。
ケンドル博士は第一線を退いた後もIASSWの理事を務め、生涯にわたり様々
な貢献をなした（NASW Foundation, 2004）。ソーシャルワーク教育等につい
ての報告や論稿も多岐に渡る（Kendall, 1978）。

1-2. キャサリン・ケンドル（KK）賞

KK賞はケンドル博士の功績を讃えながら、国際レベルでのソーシャルワー
ク教育の発展への重要な貢献を賛辞するために1991年に創設された。1992年
に開催された第27回国際ソーシャルワーク学校の世界会議にて、インド出身
のアルマイティ・デサイ教授（Prof. Armaiti Desai）に初めて授与がなされた
（NASW Foundation, 2004）。それ以来、秋元は17人目、アジア圏では2人目の
受賞者となった。

IASSWによると、「候補者は世界のどの地域からでも可能であり、IASSW会
員である必要はない。最も重要なことは、候補者の経歴が基準に合致してい
ることである。」（IASSW, 2024）。自薦や過去受賞者（アイリーン・ヤングハ
ズバンド賞またはKK賞）は対象とならないほか、以下の基準をできるだけ
多く満たすことが求められる。

◆ すべての社会における平等と社会正義を促進するための教育活動に関与
した。

◆ 世界規模でソーシャルワーク教育者にとって興味深く価値のある研究を
行い、専門文献を公表した。

◆ 世界のソーシャルワーク教育を前進させるカリキュラムを開発した。

◆ ソーシャルワーク実践教育のモデルとして各国で利用できるような、ソー
シャルサービスの質の向上につながる革新的教育アプローチに関与ある
いは支援した。

◆ ソーシャルワーク教育を国内および地域で推進し、社会福祉および社会
開発の実践戦略を成功させた。

◆ 十分な資質を備えたソーシャルワーク人材養成に不可欠なソーシャルワーク専門教育について、世界的な解釈・説明に関与した。

2. 受賞

2-1. 略歴

秋元樹の略歴と貢献について、ここではSWSD（2024）での紹介文等を参照して記す。1965年東京都立大学法経学部法学科にて法学士、1975年ミシガン州ウェイン州立大学スクール・オヴ・ソーシャルワークにて修士号（MSW）、1990年ニューヨーク市立大学ハンターカレッジにて社会福祉学博士号（DSW）を取得した。国内では、城西大学、日本女子大学、日本社会事業大学、淑徳大学等の高等教育機関の他、旧・日本社会福祉教育学校連盟国際委員長等を歴任した。

労働問題と国際ソーシャルワークという2つの学問分野で探究し貢献してきた。第1に、米国デトロイトのスラム街等における貧困や労働問題に関心を持ったことから始まり、多様なバックグラウンドを持つ労働者が直面する困難さに焦点を当てて研究を行ってきた（秋元, 2019）。また、1992年から1994年まで国際労働機関（ILO）に雇用促進・貧困緩和の専門家として従事した。

第2に、2004〜2019年まで、IASSWの（日本）国代表理事および世界選出理事、また言語委員会委員長をはじめとした各種委員会委員長および委員を歴任した。2009年から2013年まで、アジア太平洋ソーシャルワーク教育連盟（APASWE）会長・IASSW副会長として二期を務め、その運営や活動の推進においてイニシアティブを取った。

そして、2016年、淑徳大学アジア国際社会福祉研究所（ARIISW）の初代所長として着任し、様々な学術プログラムや国際共同研究等を立ち上げた。たとえば、国際ソーシャルワーク教育に求められるカリキュラム、西洋生まれ専門職ソーシャルワークのグローバル化に抗うソーシャルワーク（Akimoto et al., 2020）などの研究テーマが含まれる。その中でも特筆すべきは、アジア圏において仏教徒が多数を占める国々の大学教員、僧侶、非政府組織の実践者らとともに「仏教ソーシャルワーク」（Buddhist social work）を探求し（e.g.

Akimoto, 2017)、その知見が世界のソーシャルワークにおいて徐々に議論を巻き起こしつつあることである。

2021年3月までARIISWにおいて所長として務めたのち、現在に至るまで名誉所長として参与している。

2-2. KK賞受賞式

IASSWの栄誉・表彰委員会および2024年1月24日理事会において秋元樹へのKK賞授与が決定された。受賞理由は、研究や人材養成等の実績に加え、仏教ソーシャルワーク研究の萌芽から展開の過程の中でソーシャルワークの発展に重要な貢献をもたらしたこと、またIASSW理事（副会長）、APASWE会長等を歴任するなかで組織上の重要な役割を果たしたこと、アジア諸国のソーシャルワーク教員・研究者の人材養成への貢献、などが挙げられた。

パナマで開催されたSWSD2024にて、4月6日に、KK賞授与式が行われた。はじめに、リン・ヒーリー名誉教授（米国コネティカット大学）によって受賞紹介が行われた（本書158-159頁）。ヒーリー名誉教授はスピーチの最後に、「ケンドル女史は、彼女の名前を冠したこの賞を秋元先生が受賞されたことを、間違いなく心から喜んでいることでしょう。」と述べた。そして、アナマリア・カンパニーニIASSW会長（当時）より盾が授与された（写真1：160頁）。それに引き続き、補章にあるとおり、KK賞記念講義（161-173頁）が行われた（写真2：160頁）。

2-3 KK賞受賞の意義とは

同賞受賞については、大変喜ばしい一方で、単にお祝いをして区切りをつける、という類のものではない。キャサリン・ケンドル女史をはじめとする先達らの歴史的貢献をも顧みる機会になるが、KK賞受賞の意義は未来に向けて開かれたものである。これはご自身も発言されていることであるが、この受賞を契機に、世界におけるソーシャルワークおよび国際ソーシャルワークの多角的な理解やその推進が図られることが期待されるのである。

国際ソーシャルワークについては、理論研究の集大成として、世界に向けて新たな一歩が示された。上記の新しい定義は、これまでの国際ソーシャル

ワークの定義とはかなり趣が異なり、ユニークであると考える。このような概念的視座を持って、どのように国際ソーシャルワーク実践・教育・研究が推進されるのか、そのあり方に関して様々な議論がなされる必要がある。

　加えて、昨今の戦争・紛争を含む様々な困難さをかかえ、国内や国益への注目や優先度が高まっているように見える現代世界における意義も考えることもできる。世界のソーシャルワーク教育研究では、それらの情勢があったとしても、国際的・多角的な視点や国際ソーシャルワークの議論とそれに基づく行動が活性化していくことが望まれる。秋元による国際ソーシャルワークの理論的展開は、必ずしも現代世界の実態を念頭に置いたものではないが、その重要な視点や問いの投げかけがもたらす含意は計り知れない。我々、ソーシャルワークにかかわる人々が、今回のキャサリン・ケンドル賞受賞をきっかけとして、何を学び、何を考え、何をなしていくのか、問われている。

文献

秋元樹（2019）『労働ソーシャルワーク』旬報社.

Akimoto, T. (2017). The globalization of western-rooted professional social work and exploration of Buddhist social work. In J. Gohori (Ed.), *From western-rooted professional social work to Buddhist social work*: Exploring Buddhist social work (pp. 1–41). Gakubunsha.

Akimoto, T. et al. (2020). Objection to western-rooted professional social work: To make social work something truly of the world. In Gohori, J. (Ed.). *The journey of Buddhist social work: Exploring the potential of Buddhism in Asian social work* (pp. 62–68). ARIISW.

Healy, L.M. (2008). Katherine A. Kendall (USA), honorary president since 1978. *Social Work & Society, 6*(1), 220-233.

IASSW. (2024). The Katherine A. Kendall Memorial Award. https://www.iassw-aiets. org/?s=kendall

IASSW. (n.d.). Honors and Award Committee. https://www.iassw-aiets.org/honors-and-award-committee/

Kendall, K.A. (1978). *Reflections on social work education, 1950-1978*. IASSW.

NASW Foundation. (2004). *Katherine A. Kendall (1910-2010): Social work pioneer, educator and first Educational Secretary of the Council of Social Work Education*. Social Welfare History Project.

SWSD. (2024). TATSURU AKIMOTO. https://swsd2024.org.pa/wp-content/ uploads/2024/04/Tatsuru-Akimoto.pdf

補章

第 II 部

―構築のための土台―

東田全央
佐藤裕視
内尾太一
佐々木綾子
佐藤（大門）毅
郷堀ヨゼフ

第5章
国境と国家
——誕生・発展・変容

東田全央・佐藤裕視

　地球儀や地図を見れば、国家間は「線」によって隔てられており、疑う余地のない固定的な事実^{ファクト}のようにみえるかもしれない。他方、ニュース、ドキュメンタリー、映画[1]で描かれることがあるように、人びとは境界を越えるときに途方もない困難さ、つまり国境の生々しい現実に直面することもある。あるいは、本書のテーマにも通ずる、国境を越えた交流や協働も世界中でなされている。

　国境は文字通り2つ以上の国家を分ける境界であり、悠久の歴史の中で、人びと自身によって政治社会的に構築されてきた。しかし、この単純明白であるかのように見える境界は、複雑な側面を持っており、だからこそ問うてみる意味がある。国境に関して、学際的な研究が行われてきていることからも、多様な側面や論点があることは明らかである。

　本章では、各種の百科事典 (encyclopaedia) や国境研究の入門書 (e.g. Deener & Hagen, 2012/2015 川久保訳; Deener & Hagen, 2024) 等の基礎的な知見を参照しながら、はじめに、国境の定義と意味を踏まえたうえで、国境にかかわるいくつかの側面を概観する。そして、国境の歴史を簡潔にたどりながら、国境に関わる事象や問題について述べる。それらを踏まえて、国境をめぐる様々な議論が提示する視点を示す。ただし、本章では、史実あるいは歴史的言説の詳細を吟味し議論するというよりは、国境から考える視点や問いを示すものであり、詳述されない部分があることをあらかじめお断りしておく。

1　たとえば、ゴラン高原を舞台にした映画「シリアの花嫁」では人が境界を越えることに伴う困難さが描かれている。

1. 国境とは何か

　辞書的に言えば、国境（border）とは文字通り「国家の領土を限定する境界」（北村, 1977: 54）、あるいは「国家、または地域が、その空間的範囲を定義するために設けた境界線」（Mayhew, 2009a: 56）[2]のことを言う。もう少し限定的かつ詳細に言えば、国境は「現代の国民国家の台頭と国家間の地政学的秩序の確立に関連する境界線の一形態」（Sparke, 2009: 52）[3]として定義される。

　それらが示唆するように、国境を記述する場合、その前提となるいくつかの関連する主要概念も理解しておく必要がある。それらの概念には国家（state）、境界あるいは国境線（boundaries）、フロンティア（frontier）、主権（sovereignty）が含まれる（Newman, 2016）。国家あるいは主権国家とは、「明確に定まり国際的に認められた領土単位で、独立して存在し、自らの法体系に対する責任をもつ」[4]ものと定義される（Mayhew, 1997/2003 田辺監訳: 103）。近代国家は、同一国家に属する集団である「国民（nation）」、国境によって区分された「領土（territory）」、独立して統治する権力としての「主権（sovereignty）」という3つの要素から構成される、という理解は一般的である。

　主権は、たとえば、「特定の領域、およびそれに付随する住民や資源に対する至高の正当性と実効性の行使」と定義される（Deener & Hagen, 2012/2015 川久保訳: 9）。境界線（boundaries）にはいくつかの側面とそれぞれの定義[5]があるが、国境に直接関連するものは「ある領域の縁を囲む線：境界線」のことを指す。そして、「境界線は2つの（少なくとも理論的には）異なる領土の間の厳格な分離線であり、国境は2つの別々の政治的実体の間の相互作用と

2　重要な用語について、原文を注に併記しておく。'A boundary line established by a state, or a region, to define its spatial extent.' (Mayhew, 2009a: 56)

3　'A form of BOUNDARY associated with the rise of the modern NATION-STATE and the establishment of an inter-state GEOPOLITICAL order.' (Sparke, 2009: 52)

4　'A territorial unit with clearly defined and internationally accepted boundaries, an independent existence, and responsibility for its own legal system.' (Mayhew, 2009b)

5　他には、「ある社会システムや集団を他のものと区別し、そこに参加できる人を特定し規制する点または制限」の意味がある (Mayhew, 2009a)。

緩やかな分割の領域」⁶である。境界線の周囲の範囲を示す概念としてはボーダーランド（borderland）がある。それらの概念や用語以外として、あいまいな周辺地帯あるいは漸移地域を指す「フロンティア（frontier）」がある。

2.　国境の諸側面

　国境は、疑う余地のないほど、国家間を分ける物理的な境界に思われるかもしれないが、実際には多様な側面から研究がなされている。本節では、基礎的な理解として国境の一般的な形態、機能、類型について簡単に概観したうえで、現代の学際的な研究の一端に触れる。

　国境あるいは境界の形態は、一般的に、自然的なものと人為的なものとで整理されることがある。自然的な国境には山、川、湖沼、谷などの自然環境を利用したものがある。人為的な国境には、壁やフェンスに代表されるような人工物を利用したものや、経緯線による直線的な境界――たとえば、北緯22度線に沿ったエジプトとスーダンの間の国境が有名――がある。

　国境をはじめとする境界の主な機能は、場所や空間を含む領域（territory）を生み出し、占有し、管轄し、その他の領域と区分することにある。言い換えると、それは「ある地理的な空間の社会的、政治的、経済的、もしくは文化的な意味を、別の空間のそれらと分離する」機能を有す（Deener & Hagen, 2012/2015 川久保訳: 5）。そして、国境は、人やモノの往来の程度、つまり「透過性（permeability）」をもつフィルターとして機能するが、その双方向における程度は非対称的であり政治社会的状況等によって大きく異なる（Deener & Hagen, 2012/2015 川久保訳: 90–91; Longo, 2017/2020 庄司監訳）。

　国境にかかる国家間の相互作用は概念的には 4 つに類型化されることがある（Martinez, 1994）。第 1 に、政治的および軍事的な緊張に象徴されるような閉鎖的で「疎外されたボーダーランド」（Alienated borderlands）がある。第

6　'A line around the edge of an area: a perimeter. ...a boundary is a strict line of separation between two (at least theoretically) distinct territories, where a border is an area of interaction and gradual division between two separate political entities.' (Mayhew, 2009a: 57)

2 に、政治的または軍事的な理由で長期の協力は望めないが限定的な合意等は可能な「共存するボーダーライン」（Coexistent borderlands）がある。第 3 に、国益を損なわない範囲での開放的な交渉や貿易がなされる「相互依存のボーダーランド」（Interdependent borderlands）がある。第 4 に、国境を越える交流等への障壁が取り除かれ、文化を越えた共有可能なアイデンティティが形成されるような「統合されたボーダーランド」（Integrated borderlands）がある。

　以上に加え、国境に関する諸側面について、多様な学術的議論がなされている。代表的には国境研究（ボーダー・スタディーズ）やボーダーランド・スタディーズなどの学際的取り組みが打ち出されている（Deener & Hagen, 2012/2015 川久保訳; Deener & Hagen, 2024; Strassoldo & Bort, 2000）。実際、国際関係論、国際政治学、地理学、社会学、言語学、人類学などを学術的背景にもつ研究者や組織が様々な角度から国境についての研究を進めてきた。たとえば、すべては言葉によって社会的に構成されるという社会構築主義の観点から、客観的事実として国境を記述する言説が批判的に分析（あるいは脱構築）されることさえある（Lybecker et al., 2018）。本章では、それらの一つずつを紹介しないが、国境を静態的で客観的な事実としてだけではなく、動態的な過程の中で多様な視点を持ってとらえることが求められることを強調する。つまり、ある時点で固定的で物理的な境界のみならず、その政治社会的な機能、さらには境界引き（Deener & Hagen, 2012/2015 川久保訳; Deener & Hagen, 2024）の過程を含めて理解することが重要である。それらを理解する前提として、次に、国境に関する歴史を概観する。

3.　国境の歴史
──誕生、発展、変化

　国境の歴史には諸説あるが、単純化すれば、ヨーロッパで始まった境界化が、植民地化を通じて多くの国々に広まっていったというストーリーがある。しかし、研究者（e.g. 岩下, 2015）が示唆するように、西洋をはじめとする特定の文脈に根ざした歴史と言説だけではない、人びとと社会が織りなす諸過

程にも目を向ける必要がある。いずれにしても、本節では国境にかかる系譜のいくつかをみてみる。

　世界において様々な境界は漸進的に形成されてきた。歴史的には、都市国家、帝国、国民国家のそれぞれの形態におけるフロンティアと境界のスペクトラムが描かれること（Longo, 2017/2020 庄司監訳）があるように、それは一直線の過程ではなく、実際には複雑な過程がみられる。歴史を遡れば、そもそも、少なくとも有史以来、人間、あるいはそれによって構成される社会は、いたるところで物事に境界を引き、カテゴリー化してきたのかもしれない——そして、土地や領土に対する線引きこそが国境にかかわるものである（Strassoldo & Bort, 2000）。他方で、たとえば人間の居住地域（エクメーネ）が限られていた先史時代には、境界は固定的な線で区別する必要性がなく、状態として（命名されていなかったにしても）フロンティアが広がっていたという指摘もある（高木, 2013）。

　近代化以前のヨーロッパでは、少なくとも11世紀には近代国家システムの起源[7]があるとされる。その実態は、封建制度に根ざしており、近代国家とは様相が異なったという。中世後期（つまり14〜15世紀頃）までには、「中央集権化された政府が明確な領域に対して政治的・経済的支配を次第に確立するにつれて、近代の国家システムの形成」が始まったことが指摘されている（Deener & Hagen, 2012/2015 川久保訳: 53）。それでも、それぞれの国家においても、重複する境界やフロンティアとしての周辺など、あいまいにされてきた部分も依然としてあった（Deener & Hagen, 2012/2015 川久保訳; Deener & Hagen, 2024）。

　近代的な国境の形成に関する主だった言説においては、1648年に神聖ローマ帝国の西部にて締結されたウェストファリア条約が象徴的である。それは1618年からヨーロッパにおいてカトリックとプロテスタントの宗教対立を含む三十年戦争を受けた講和条約である。その条約を締結した主権国家は、境界内キリスト教諸派の選択する権利、同盟を締結する権利が約束されたこと

---

[7]　他方、古代の都市国家においてさえ、長期間において支配的な政治組織として繁栄してきたことが指摘されている（Deener & Hagen, 2012/2015 川久保訳: 37–38）。

によって、ヨーロッパ地域における長年の秩序を形作ったといわれる（Deener & Hagen, 2012/2015 川久保訳；Deener & Hagen, 2024）。しかし、近年の国際関係論や国際社会学の研究によれば、「ウェストファリア条約によって近代国際秩序が誕生した」という言説そのものが英米の国際関係論や国際法が紡ぎ出した「ストーリー」であり、「神話化」されてきたことが指摘されている[8]。

　また、その主権自体も固定的なものではなく、条約を受けた当初の「国家間戦争や侵犯に対して、国家を互いに区分化する緩衝材として」の機能から、「国家を人に移動から保護しつつ選別する」機能へと徐々に変化したことも指摘されている（Longo, 2017/2020 庄司監訳：6）。さらに、それらの定められた境界は永続的ではなく、その後にも国境を越えて安定化が模索されることになったことも指摘されている（Strassoldo & Bort, 2000）。

　第一次世界大戦後には、ウェストファリア条約とは異なる歴史的文脈がありつつも、第28代アメリカ合衆国大統領ウッドロー・ウィルソンが主権に関する言及[9]を含む十四か条の平和原則を提案した（Davis, 2016）。その原則のなかで、国境は「ナショナリティ」（あるいは「民族」：第7章も参照）の区分に対応すべきという言及や、民族自決に関連する言明が含まれたとされる。そして、一概には言えないものの、民族アイデンティティの強調と戦争・移動に伴う領土改編等は、民族的多数派による国家形成と関連がありうるといわれる（Deener & Hagen, 2012/2015 川久保訳：60-61）。

　それと並行して、ヨーロッパ諸国は、他の地域における国境形成を伴う植民地化を進めた。文字通り、「領域国家モデルに適合するように新しい領土を地図に描き、再編成した」（Deener & Hagen, 2012/2015 川久保訳：64）のである。その最初の植民地化の試みは、歴史的には1494年トルデシャリス条約にさかのぼり、その後、欧州列強諸国によって植民地化が推し進められた。ア

8　とくに、1814年に出版された米国の学者ヘンリー・ウィートンによる『ウェストファリア条約からウィーン会議までのヨーロッパにおける国際法の進歩の歴史』（*Histoire des Progres du Droit de Gens en Europe depuis la Paix de Westphalie jusqu'au Congres de Vienne*）において同条約が近代国際法の始まりとして論じられたことが神話化を助長したとされている（川村, 2016: 173）。

9　十四か条の平和原則における第5条、第7条、第12条等。

フリカにおいて植民地化は、最初は15世紀のインド航路開拓及びキリスト教のミッショナリー（伝道師）による布教活動によって始まり、次に16世紀の勅許会社による奴隷貿易および経済的搾取基盤が形成され、18世紀後半から19世紀の内陸開拓のための探検家による遠征を経て、ヨーロッパ諸国政府による大規模な統治へと至った（Deener & Hagen, 2012/2015 川久保訳; Deener & Hagen, 2024; 宮本・松田編, 2018）。そして、1885年にベルリン会議にてアフリカの分割が公的なものとなった。

1945年に終了した第二次世界大戦やその後のアジア・アフリカ諸国の独立運動などにより世界的な変革がなされた一方で、新生国家や国際社会が国境の引き直し自体には抵抗した結果、植民地の境界線が、ほとんど変更なく（国境線として）引き継がれた（Deener & Hagen, 2012/2015 川久保訳; Deener & Hagen, 2024）。時を経て、1989年11月のベルリンの壁崩壊後には、ヨーロッパではフロンティアに関する政治的および学術的な議論が再注目されることになった。冷戦後には、ソ連解体による連邦構成共和国の独立に伴った事象を例にとると、新たな連邦内の行政区分がそのまま国境となったり、その他の境界の機能も変化したりした（Strassoldo & Bort, 2000）。

そして、グローバリゼーションが進む中で情報や技術革新、それらにかかわるシステムなどのあらゆるものが国境を越え、さらには宇宙空間の支配をめぐって人類が関与する事象さえある（Deener & Hagen, 2012/2015 川久保訳; Longo, 2017/2020 庄司監訳; Deener & Hagen, 2024）。リージョナルなレベルにおいては、欧州連合（European Union）の統合の進展などにみられるような超国家主義（supranationalism）の組織化プロセスの進展に伴いに、国境のボーダレス化も語られるようになった（高木, 2013; Deener & Hagen, 2012/2015 川久保訳; Deener & Hagen, 2024; Moravcsik, 1998）。それらのことは、国境の位置づけを大きく変えてきた一方で、国境が消え去ったわけでもなく、また無くなることを意味するわけでもないだろう（Longo, 2017/2020 庄司監訳）。むしろ、「『ボーダレス』な空間の誕生は、その空間の外に（中略）排除される外国人のような新たな『ボーダー（境界）』を同時に創出する」（岩下, 2015:

174）というように、その他の境界との区別を浮き彫りにする側面[10]もある。

　このように、国境は歴史的に主権国家の間の様々な経過の中で——ある強大な権力を持つ主権国家による覇権的な行動に起因するなどして——新しく引かれたり、消されたり、引き直されたりしてきた。しかし、それらは国境がすべて消え去る世界に戻る可能性を意味するというよりは、国境線が描かれてきたことにより、境界線を生み出してきたその過程自体は不可逆的であるのかもしれない。現代の状況から考えると、「なんらかの政治的な区画形式がない世界」は空論に近いが、国境の形態や形成のあり方を問うことはできるのではないだろうか（Longo, 2017/2020 庄司監訳: 11）。現代においては、たとえば、現実世界における国境管理などへの関心が高まっている（高木, 2013; Deener & Hagen, 2012/2015 川久保訳; Deener & Hagen, 2024）。とくに、欧米における不法移民・難民対策にともない、単一国家による国境管理から、ビッグデータを含むデジタル化とテクノロジーを用いた国家間での境界共同管理さえ行われてきている現状がある（Longo, 2017/2020 庄司監訳）。そのような変わりゆく世界の中で国境にかかる事象や問題を問うていく必要がある。

4.　国境をめぐる諸問題

　国境をめぐる関係とそれに起因する諸問題は多岐に渡り、多様な側面がある（Strassoldo & Bort, 2000）。ここでは国家レベル間のマクロな問題と、諸個人が直面する国際社会問題や国境との関係を取り上げる。第 1 に、国家間のレベルでは、国境を接する 2 か国以上の間で、国境の位置を巡る争いが起こることがある。それらは「国境問題」とも言われ、戦争や武力侵攻が含まれる。その背景としては、未確定な境界を含む周辺地域において、当事者国に経済的または軍事的な利益が明らかな時に、争いが顕在化する。また、民族・文化の地域を無視して形成された境界や、併合された境界をめぐって争いが

10　具体例として、EU 内部でボーダレス化が進み国境の透過性が増す一方で、「EU と非 EU 国家との間の国境の強化を伴ってきた」という事象がある（Deener & Hagen, 2012/2015 川久保訳: 150–151）。

生じる場合もある（高木, 2011）。

第2に、国境問題に直面する人びとや、国境や国家の枠に収まらない人びとに着目することも重要である。つまり、人びとの立場からとらえる視点が重要である。たとえば、その人びとのトランスナショナルな帰属意識や経験、営みとの接点が探索されるだろう。典型的には、人びと自身が国境をまたぐことにかかわる、移民・難民、国際養子縁組などに関連する経験によって例示される。さらに、周縁化されてきた（民族）自決権[11]についての問い直しも検討されるであろう（Deener & Hagen, 2012/2015 川久保訳: 97）。あるいは、東南アジア山岳地帯に広がる「非国家的」な地帯（ゾミア）における研究によって例示されたように、国家とは距離を置き続けてきたとされる人びともいる（Scott, 2009/2013 佐藤監訳）。その人びとの存在が示すものは、ある国家から見たフロンティアの視点ではない、人びとの視座と経験の重要性である。

また、より広義の国境を越える具体的な諸問題として、貧困、人身取引、児童保護・福祉、戦争・内戦とそれらによる強制移住、公衆衛生上の諸課題、女性やジェンダーにかかわるテーマ、自然災害・人為災害および気候変動などが関連しうる（Healy & Tomas, 2021）。

5.　結語

本章では、国境の定義と関連概念、国境の類型や機能、国境に関する歴史、それらに関連する問題などについて簡略的に概観してきた。それらの知見が示すように、国境を見ること、さらには国境を越えて見ることは、国家や国家間の関係のみならず、人間存在そのものを再考することにもつながりうる。国境には「内と外、われわれと彼ら、アイデンティティと差異といった二元的論理に収束していく」（Longo, 2017/2020 庄司監訳: 1）側面があることを認

11　さらには、「移民が出身国と定住国双方の間に多様な社会的関係を維持、もしくは強化しようとする場」では、「伝統的な国民国家システムを越えた集合的行為を促進」しうるといった議論もある（Deener & Hagen, 2012/2015 川久保訳: 119）。

識しつつも、国境や国家を再検討する批判的な視点や複眼的な視点[12]をもって世界を捉えなおすこともできるであろう。国境にかかわる議論は、「ボーダースタディーズ」の必要性にも示されているように（岩下, 2015）[13]、西洋で蓄積されてきた知見のみにとらわれない新しい議論の地平が開かれている。

謝辞

本研究はJSPS科研費JP 23K25597の助成を受けたものです。

第5章

---

[12] マシュー・ロンゴ（2017/2020 庄司監訳）は、国境に関して、社会学的で解釈的な視点と、規範的な視座を例示している。他方、国際ソーシャルワークに関して秋元（第I部）がいう複眼的視点とは必ずしも同一の意味ではないことには留意されたい。

[13] たとえば、「境界研究の現状に必要なことは、第一に、アジアやアフリカなど世界中の様々な事例をもっと集めること、第二に、欧米の議論を例えばユーラシアの現実に合わないなどと切り捨てず、欧米の理論を共有しながら、それを作り直していくインタラクションを高めていくこと」（岩下, 2015: 176）を述べている。

文献

岩下明裕 (2015)「解説　世界を変えるボーダースタディーズ」アレクサンダー・C. ディーナー、ジョシュア・ヘーガン.『境界から世界を見る―ボーダースタディーズ入門』岩波書店 (pp. 173–182)

北村嘉行 (1977)「人口分布と文化地域」小川一郎・井出策夫編『地理学要説 – 地理学における地域研究』文化書房博文社 (pp. 17–57)

高木彰彦 (2011)「世界の境界線」『地図情報』30(4), 12–19.

高木彰彦 (2013)「境界」人文地理学会編.『人文地理学事典』丸善出版 (pp. 108–109)

宮本正興・松田素二編 (2018)『新書アフリカ史　改訂版』講談社現代新書

川村仁子 (2016)「近代ヨーロッパ秩序の萌芽―ウェストファリア神話以前における国際関係思想の展開」山下範久・安高啓朗・芝崎厚士編『ウェストファリア史観を脱構築する―歴史記述としての国際関係論』ナカニシヤ出版 (pp. 172–185)

Davis, M.P. (2016). The historical and theoretical evolution of collective security (including in the Baltic Sea region) from the 1648 Westphalia Peace to Woodrow Wilson's 1920 League of Nations. *Security and Defence Quarterly, 10*(1), 75–98.

Diener, A.C., & Hagen, J. (2012). *Borders: A very short introduction, 2nd edition*. Oxford University Press. (ディーナー, A.C.・ヘーガン, J. 川久保文紀（訳）(2015)『境界から世界を見る―ボーダースタディーズ入門』岩波書店)

Diener, A.C., & Hagen, J. (2024). *Borders: A very short introduction, 2nd edition*. Oxford University Press.

Healy, L.M., & Thomas, R.L. (2021). *International social work: Professional action in an interdependent world, 3rd edition*. Oxford University Press.

Longo, M. (2017). *The politics of borders: Sovereignty, security, and the citizen after 9/11*. Cambridge University Press. (ロンゴ, M. 庄司克宏（監訳）(2020)『国境の思想―ビッグデータ時代の主権・セキュリティ・市民』岩波書店)

Lybecker, D.L., McBeth, M.K., Brewer, A.M., & De Sy, C. (2018). The social construction of a border: The US–Canada border. *Journal of Borderlands Studies, 33*(4), 529–547.

Martinez, O.J. (1994). The dynamics of border interaction: New approaches to border analysis. In Schofield, G.H. (Ed.). *Global boundaries* (pp. 1–15). Routledge.

Mayhew, M. (1997). State. In Mayhew, S. (Ed.). *A dictionary of geography, 2nd edition*. Oxford University Press. (田辺裕（監訳）(2003)『オックスフォード地理学事典』朝倉書店)

Mayhew, M. (2009a). Boundary. In Mayhew, S. (Ed.). A *dictionary of geography, 5th edition*. Oxford University Press.

Mayhew, M. (2009b). State. In Mayhew, S. (Ed.). *A dictionary of geography, 4th edition*. Oxford University Press.

Moravcsik, A. (1998). *The choice for Europe: Social purpose and state power from Messina to Maastricht*. New York: Cornell University Press.

Newman, D. (2016). Borders, boundaries, and borderlands. In Richardson, D., Castree, N., Goodchild, M.F., Kobayashi, A., Liu, W. & Marston, R.A. (Eds.). *International encyclopedia of geography: People, the earth, environment and technology* (pp. 1–13).

Wiley-Blackwell.

Scott, J.C. (2009). *The art of not being governed: An anarchist history of upland southeast Asia*. Yale University Press.（スコット, J.C. 佐藤仁（監訳）(2013)『ゾミア—脱国家の世界史』みすず書房）

Sparke, M. (2009). Border. In Gregory, D., Johnston, R., Pratt, G., Watts, M., Whatmore, S. *The dictionary of human geography, 5ᵗʰ edition* (pp. 52–53). West Sussex: Blackwell Publishing.

Strassoldo, R., & Bort, E. (2000). National border relations. In Borgatta, E.F., & Montgomery, R.J.V. (Eds.). *Encyclopedia of sociology*. New York: Macmillan.

第6章
ナショナリズム、国際主義、コスモポリタニズム
──概念の比較検討

内尾太一

　人間の政治組織は発展の過程で、その構成員同士が互いを直接知らなくても、多くの共通点を持つことで団結感を育んできた。前近代的な段階では、大家族を基にした数十人のバンド社会から、共通の祖先を認識することで結びつくより大きな部族社会へと進化した。また、階級が形成され、特定の親族集団による支配が見られるチーフダムが出現した。そして国家は、社会的に階層化された中央集権的な政治組織であり、中央政府が法的に武力の使用を独占する。人々の権利と義務は、親族関係よりも法律によって定義される。国家組織は領土単位に基づいて隣接して存在するが、個人は特定の領土に生まれたこと、またはその地域出身の親を持つことによって国家に属することになる。国家は様々な政治単位、階級、民族を取り込むことが可能であるため、他のどの政治組織よりも人口が多く、多様性があり、強力である。

　その中でも国民国家は、物理的な領土、独自の国民文化、歴史的経験を主張する政治組織である。この章の出発点は、近代国民国家の枠組みを形成するきっかけとなった1648年のウェストファリア条約[14]である。この条約により、ヨーロッパでは国土・国民・政府から成る主権国家が併存する体制が整えられていった。この体制は徐々に他の地域にも広がり、近代国際社会の誕生につながった。この章で紹介するナショナリズム、インターナショナリズム（国際主義）、コスモポリタニズムに関する議論は、個々の人々の心の中の問題、

14　ウェストファリア条約の背景には1618年から1648年にわたる三十年戦争があり、ヨーロッパの主要国が宗教的、政治的な理由で争い、大きな破壊と混乱を引き起こした。

多様な国家社会の性質の問題、そして人類の未来の問題でもある。

1. 各用語の意味

1.1 ナショナリズム

　ナショナリズムは、特定の民族や国民のアイデンティティを重視し、国民国家の構成員としての一体感や独自性を強調する思想や運動である。この思想は、国民国家の法的秩序、社会福祉、教育制度などの制度的恩恵の中で育まれ、それぞれの国の文化や思想に深く影響を受ける形で発展してきた。人々は、均質な集団としての自己認識を持ち、これを民族や国民と呼ぶ。ここでの「民族」や「国民」は、共通の血統、言語、文化、歴史を基盤とするアイデンティティを共有している。

　ナショナリズムは、自己の民族や国民集団を肯定し、しばしば権力と結びついてその文化的・政治的自立や発展を追求する。これは、民族自決や内政不干渉の原則、主権国家の独立運動として現れることがある。また、内部の統合を促進し、外部との差別化を図る役割も果たしている。

　ナショナリズムの肯定的な側面としては、共通のアイデンティティの形成を通じて国民の連帯感を強化し、社会的結束と協力を促進することが挙げられる。一方、否定的な側面としては、他の国民や民族への偏見や敵対心を助長し、国際関係における緊張や紛争の一因となることもある。

　ナショナリズムは学術的にも多角的に論じられており、いくつかの論点が存在する。主要な論点の一つは、ナショナリズムの起源に関するものである。端的に言えば、ナショナリズムは前近代から連続しているものなのか、それとも近代的な現象なのかという問いである。

　アントニー・スミス（2010/2018 庄司訳）は民族の歴史的連続性に重点を置き、民族主義が長い歴史と伝統に根ざしていると主張している。彼によれば、民族は歴史的な共有体験に基づいて形成され、それが国民国家の基盤となっている。一方で、アーネスト・ゲルナー（1983/2000 加藤監訳）はナショナリズムを主に産業化と近代化の産物として捉え、国民国家の形成は経済的・

社会的変化に対応するプロセスであり、共通の文化と教育を通じて民族意識が形成されると考えている。スミスのエスノ象徴主義という立場は、その源流を国民国家以前に遡って探る永続主義と親和性が高く、これに対してゲルナーの立場はナショナリズムを近代の構築物として捉える社会構成主義と言える。

さらに、ナショナリズム研究における重要な著作として、ベネディクト・アンダーソン（1983/2007 白石他訳）の『想像の共同体』がある。アンダーソンは、国民とは共通の言語、歴史、文化を共有することにより想像上のつながりを感じる「想像の共同体」であると提唱した。実際、前近代的な部族社会とは異なり、他の国民の大多数を直接知ることはないが、共通のメディアを介して「私たち」という集合的アイデンティティが成立している。アンダーソンによれば、印刷技術の普及がこの想像力を拡張させる上で決定的な役割を果たした。標準化された書き言葉での新聞や書籍を通じて、遠く離れた出来事を国家の出来事として共有することで、より広い共同体の一員としてのアイデンティティを形成するようになった。

また、エリック・ホブズボウムとテレンス・レンジャー（1983/1992 前川他訳）の『創られた伝統』では、多くの場合、私たちが古くからあると考えている伝統が実は比較的最近に「発明」されたものであることが論じられている。文化内で繰り返されるナラティブや儀礼は、特定の価値観や行動規範を確立するために、歴史に深く根ざしたものとして国家プロジェクトによって設計された。これらは国民のナショナル・アイデンティティの形成に寄与するだけでなく、王室や皇室の権威を象徴的に高める役割も果たしてきた。

アンダーソンやホブズボウムらの著作は構築主義の視点をゲルナーと共有しているが、スミスが支持するような民族の実在性を認める立場もまた強力で直感的なものである。実際、私たちの先祖から続く歴史は国民国家の成立以前から継続しており、多くの人々にとって民族の実在は疑い難き現実である。このように、ナショナリズムについては、構築された現象と実在するエンティティという、異なる学術的スタンスが両立しているのである。

1.2　インターナショナリズム

　接頭辞の「インター」は、同じカテゴリにある異なるものの「間」を意味し、組み合わされる言葉（語根）が、相互の関係の上に成り立つ様を指し示している。例えば、日常的にもよく耳にするインターナショナルという形容詞は、国民国家間で成立する試合や会議に用いられる。そして、インターナショナリズムは、それぞれの国家でナショナリズムを構成する文化、経済、社会、政治などの領域が、互いに影響を及ぼし合うところに生じる共同体的な概念である。

　インターナショナリズムは、国や民族を超えた共通価値を重視する。この理念では、バイラテラル（二国間）およびマルチラテラル（多国間）の関係を通じて、国際的な協力や多文化間の相互理解を促進する。バイラテラルの協力は、特定の二国間の関係強化を目的とし、マルチラテラルの協力は複数の国が参加する国際的な枠組みを通じて、より広範囲な課題に取り組むことを意味する。異なる文化や国籍を持つ人々間の連携と対話を重視し、世界平和や持続可能な発展を目指そうとする。

　ナショナリズムが国家の利益や主権を強調するのに対し、インターナショナリズムは国際協力と相互依存の重要性を認識する。また、そこでは国民国家以外のアクターも重要な役割を果たしている。第二次世界大戦後の世界においては、国際連合およびその関連機関が多国間の協調を推し進めてきた。1948年の世界人権宣言[15]をはじめ、共通価値の創造に寄与してきたことは疑いない。

　ただし、国連では大国の利害が意思決定の場に持ち込まれやすいことは以前から指摘されている。中でも、安全保障理事会の常任理事国（P5：アメリカ、ロシア、中国、イギリス、フランス）の影響力は絶大で、度重なる拒否権の発動はインターナショナリズムの実践をナショナリズムが阻んできた形となった。

15　世界人権宣言の仮訳文が、外務省のホームページで公開されている。
　　https://www.mofa.go.jp/mofaj/gaiko/udhr/1b_001.html

このように、国際社会を自国の安全と権威を維持するための国民国家の権力闘争の場として捉える見方もあれば、協調することがライバル同士でいる以上の恩恵をもたらすことに期待をかける見方もある。インターナショナリズムは後者である。そして、インターナショナリズムの具体的な体現として人間の安全保障の考え方がある。

人間の安全保障は、国家の安全保障が自国の国土や国民のみを対象にするのに対し、その枠を超えて個人の安全と福祉を中心に据える。その考え方は、国連開発計画（UNDP）（1994）の人間開発報告書によって導出された。紛争などの「恐怖からの自由」と、貧困などの「欠乏からの自由」を人間の安全保障の構成要素とし、それを実現するためには軍備の増強ではなく開発を通した平和の実現であるとした。

その後、アマルティア・センと緒方貞子が共同議長を務めた人間の安全保障委員会（CHS）（2003）が提出した最終報告書では、さらなる概念の精緻化が試みられ、人々のエンパワーメントと保護の必要性が強調されている。同報告書は、個人の生命と基本的な権利を守ることに焦点を当て、軍事的な脅威だけでなく、経済的、健康的、環境的な脅威を想定し、かつそれが複合的に人々の状況を悪化させることを想定した。ゆえに、人間の安全を守るためには多様なアクターによる包括的な対策が必要であり、国民国家が自国民の安全を単独で担うという図式は不十分である。このように人間の安全保障は、国家の枠を超えた個人を守るための国際的な努力を象徴している[16]。

1.3　コスモポリタニズム

国民国家の台頭により国民としてのアイデンティティが形成される一方で、国家間での相互理解や連帯の必要性が強調されてきた。さらに、地球規模の課題への取り組みにおいて、そうした国民国家の枠組みを超えて、改めて人類という単位で共同体のあり方を考えなければならない。そうした思想はコ

---

[16]　JICA緒方貞子平和開発研究所は、2022年に「今日の人間の安全保障」と題した報告書を刊行した。同報告書では、新型コロナウィルス感染症拡大を含む時代の変化に合わせた概念のアップデートが試みられている。https://www.jica.go.jp/jica_ri/publication/booksandreports/20220331_02.html

スモポリタニズム、と名付けられている。

コスモポリタニズムの概念は、古代ギリシャ語の「コスモポリテス」に由来している。ここでの「コスモス」は「世界」を、「ポリテス」は「市民」を意味している。従って、コスモポリタニズムは文字通り「世界市民主義」と訳される。コスモポリタニズムは、個々の国家や文化を超えて、全人類を一つの共同体とみなす哲学的、倫理的概念である。この考え方では、人々は特定の国籍や文化的背景を超えた普遍的な人類共通の価値や義務を持つとされる。

こうした思想を深め、現代まで影響を与えているのがイマヌエル・カントである。カントは人間を、理性を持つ自律的な存在と捉え、人間の道徳的・倫理的な判断を下す能力を強調した。その能力を普遍的に備えていることが、人類共通の尊厳の根源だと考えた。コスモポリタニズムは、地球という惑星に暮らす人類としての結束を重視する。カント（1795/2006 中山訳）による「歓待の権利」は、このコスモポリタニズムの理念を反映している。カントは、すべての人が地表を共有している以上、外国人が他国に入国する際、敵として扱われない権利、を持つと主張した。これは国境や国籍を超えた普遍的な人権の一形態とみなすことができる。

コスモポリタニズムは、カントが訴える人間共通の尊厳や国家の境界を越えた普遍的な法の枠組みといった壮大なスケールの想像力を要求する一方で、私たちの日常生活における人間同士の差異も主題とする。現代においてクワメ・アンソニー・アッピア（2006/2022 三谷訳）はコスモポリタニズムが、普遍主義と多元主義から成り立っていると主張する。「人類皆兄弟」のような言葉は、聞こえはいいが理想主義的で、多くの場合、「自国ファースト[17]」が各国民に支持されるのが現実と言える。アッピアは、人間の普遍性と多様性の両方の尊重、すなわち他国の人々を気にかけて暮らすことと、それぞれの地域の伝統と文化を大切にしながら暮らすことは両立すると主張する。

ここで紹介した近代と現代の2人のコスモポリタンの思想は、相互補完的

17　近年での代表的なものに、米国トランプ政権で掲げられた「アメリカ・ファースト」がある。

な論理を構築している。カントは地球という共有の空間における人間の友好的な関係構築に焦点を当て、さらにアッピアはその空間に住む個人とその文化的なアイデンティティにも目を向けている。これは、国家による分割という人工的な構造と、そこで生きる人間の尊厳と多様性という本質的な特徴のバランスをとるための論理と言える。

2. 各用語の歴史

2.1 ナショナリズムの歴史

　ナショナリズムは、17世紀から18世紀にかけての近代国家形成の過程と密接に関連している。この時期、ヨーロッパでは封建制の崩壊と共に、より集中化された国家が形成され始めた。技術的には印刷技術の発展が重要だった。グーテンベルクの印刷機の発明（15世紀中頃）以降、書籍や新聞の印刷が容易になった。活字メディアの普及により、言語が標準化され、国内ニュースが広く共有されるようになった。これにより、人々の間で共通のアイデンティティが形成されやすくなり、ナショナリズムの感情が育まれた。

　18世紀後半に起こったアメリカ独立戦争やフランス革命は、ナショナリズムの大衆への広がりに重要な役割を果たした。これらの出来事は、国民主権の概念を強化し、民族自決の理念を前面に押し出した。

　19世紀から20世紀にかけて、帝国主義と植民地主義が歴史に暗い影を落とすようになった。それらはナショナリズムと深い歴史的結びつきがあり、特にヨーロッパの強国や東アジアの日本によって推進された。列強は、ナショナリズムを刺激して自国民のアイデンティティを強化する一方で、その力を海外で拡張し、他国や他民族を支配することを目指した。支配側にとって、ナショナリズムは国家の優越性と民族的使命感を促進するものとして解釈され

た。具体的には、文明化の使命[18]、「白人の負担[19]」、「大東亜共栄圏[20]」といった
スローガンが掲げられていた。

　一方で、ナショナリズムは支配の論理だけでなく、抵抗の論理でもあった。
植民地においては、帝国主義の圧制に対するナショナリズムが反抗の形とし
て現れた。植民地国家の人々は、自身のアイデンティティと文化を守り、政
治的自立を勝ち取るためにナショナリズムを抱いた。また、ポスト植民地主
義の時代においても、多くの国々がナショナリズムを通じて新たな国家アイ
デンティティを形成した。このプロセスは、文化的再生、言語政策の改革、歴
史の再解釈を含むものだった。

　このように、ナショナリズムは政治的イデオロギーとして歴史を大きく左
右してきた。平和な時代の日常においても、私たちはナショナリズムを経験
している。例えば、オリンピックやワールドカップといったスポーツの国際
試合は、国民的な誇りと競争を平和的な舞台で表現する機会を提供する。開
会式や閉会式では各国の文化や伝統を紹介する演出があり、観戦客は自国の
国旗を掲げ、国歌を歌って自分のチームを応援する。この一連の過程は、ナ
ショナリズムを安全な方法で高揚させる一例となっている。

2.2　インターナショナリズムの歴史

　インターナショナリズムの発展の歴史は、国境を越えた協力と連帯の理念
に基づいている。この概念は、特に19世紀から20世紀にかけて重要な発展を
遂げた。

　19世紀は、国境を越えた協力と連帯の理念が大きく発展した時代であった。
この時代には、産業革命による社会経済的変化が大きな影響を与えた。資本
家と労働者の間の貧富の格差の拡大や、それに対する労働者の権利向上を目
指す運動はともに一国民国家に留まるものではなかった。ヨーロッパ各地か

18　文明化の使命とは、15世紀から20世紀にかけて、アフリカやラテンアメリカなどの先住
　　民を西洋化することを目的とした軍事介入や植民地化の根拠であった。

19　「白人の負担（The White Man's Burden）」とは、イギリスの小説家であり詩人でもあっ
　　たラドヤード・キプリングが、米比戦争中の1899年に書いた詩のタイトルである。

20　「大東亜共栄圏」とは当時の大日本帝国が樹立しようとした汎アジア連合構想である。

ら次第により国際的な性格を帯びていった。また、19世紀後半には、植民地主義の拡大と国家間の競争が激化した。ナショナリズムの高まりの一方で、市民の間で戦争の惨禍を防ぐための国際的な平和運動が盛んになった。さらに、女性の権利運動が活発になるのもこの時代であった。それらは、近代国家においても継続していた伝統的な家父長制からの解放や、経済的自立、参政権の獲得などを目指し、男女平等の考えを大きく推進させた。

　20世紀に起こった2つの世界大戦は、各国で多くの犠牲者を出し、戦後処理の過程でインターナショナリズムの考えを具体化させていった。第一次世界大戦（1914年〜1918年）を終結させたヴェルサイユ条約の調印後、1920年に設立された国際連盟は、戦争の惨禍の反省から具現化した国際組織である。その主な目的は、集団安全保障、軍縮、国際紛争の平和的解決を通じて戦争を防止することであり、労働条件、先住民の扱い、人身売買、違法薬物の取引、武器取引、健康、戦争捕虜、少数民族の保護など、様々な社会的問題にも取り組んだ（League of Nations Convention）。その本部はスイスのジュネーヴに設置され、1920年代にはいくつかの成功を収めたものの、アメリカ合衆国は連盟に加盟せず、日本など他の主要国も脱退したことで影響力が薄れていった。最終的に、第二次世界大戦（1939年〜1945年）の勃発により連盟はその目的を果たせず、1946年に解散した。しかし、国際法の発展や国際連合に続く土台を築いたという意味で20世紀前半に存在した国際組織の意義は大きいと言える。

　そして第二次世界大戦後、国際連合が設立された。より包括的で効果的な国際協力のための新たな枠組みを提供し、国際平和と安全を維持することを目的であった。現在、国連加盟国は193カ国で、それらの国々は国連憲章を受諾し、「平和愛好国」として、①主権平等原則、②人民の同権および自決の原則、③国内管轄事項に関する不干渉原則を守ることとなっている。

　国連の重要な成果の一つは、1948年に採択された世界人権宣言である。この宣言は、すべての人間が享受すべき基本的人権と自由を定めたもので、多くの国際人権法の基礎となっている。世界人権宣言は、国際法における人権の普遍性と不可侵性の重要な文書として、今日でも世界中で引用されている。

　冷戦時代には、東西のイデオロギー対立により世界は分断され、緊張が高

まったが、この期間中にもインターナショナリズムを体現した多くの国際機関が設立された。子どもたちの生存と発展をサポートする国際連合児童基金（UNICEF）、教育、科学、文化の分野での国際協力を促進する国際連合教育科学文化機関（UNESCO）、難民の保護と長期的な解決を図る国際連合難民高等弁務官事務所（UNHCR）、食糧援助を通じて飢餓と食糧不安を克服する世界食糧計画（WFP）、そして開発目標の達成をサポートする国際連合開発計画（UNDP）など、世界の危機的状況に迅速に対応し、人道的援助、社会開発、文化保存など、幅広い分野で国際協力を実践している。

またこの間、市民社会においても、核戦争の脅威や地政学的緊張に対する反応として、国際的な平和運動が高まった。これらの運動は、核軍縮や国際的な対話を促進するための圧力を政府にかける役割を果たしている。そうした中で、非政府組織（Non-Governmental Organization）の活動にもますます期待がかかってきている。

冷戦終結後、人間の争いの中心は国家間の戦争から地域紛争へとシフトした。いかに国境の警備を固めてもその中で暮らす人々が守られているとは限らない。ときには、国家自体が国民を抑圧する場合もある。そうした背景から前節で紹介した人間の安全保障のような考えが発展していく。

2.3 コスモポリタニズムの歴史

コスモポリタニズムの概念は古代にまで遡る。特に、紀元前4世紀のギリシャの哲学者であるディオゲネスが出身を尋ねられて「自分はコスモポリテス（kosmopolitēs）である」と主張したことが最初とされる。また、ポリスの拡大と多様化が進むに従って、普遍的な都市や共同体のあり方が、ストア派の哲学者を中心に志向されるようになった。

紀元前1世紀からローマ帝国が拡大するにつれ、さまざまな文化と出会い、帝国内はよりコスモポリタンな環境になった。ギリシア哲学の影響を受けたキケロのような思想家は、ストア派の思想を取り入れ、すべての人々に対する共通の人間性と倫理的義務感を促進した。彼は人間の尊厳について論じた

最初の一人でもある[21]。

中世ヨーロッパにおいては、ルネサンス期（14〜16世紀）に、人文主義や古典の再発見に重点が置かれ、特に知識人の間で国際的な思想への関心が再び高まった。また啓蒙時代（17〜18世紀）には、イマヌエル・カントのような思想家がコスモポリタニズムをさらに発展させ、普遍的な道徳原則と、個人が国境を越えて平和的に共存できる世界を提唱した。

近代以降は、国民国家とナショナリズムが台頭し、2つの世界大戦の時期に、コスモポリタニズムは大きく後退することになる。人々は世界市民としての自覚よりも、国境によって分割された国民としてのアイデンティティを中心に据えることが基本となった。それは今日まで継続しているが、第二次世界大戦後には国家間の相互依存性がますます強まり、インターナショナリズムを具現化した国際機関が登場してきている。コスモポリタニズムはその潮流の中で再び息を吹き返したと言ってよい。

そして、20世紀後半から21世紀初頭にかけて、コスモポリタニズムはグローバルな正義、倫理、ガバナンスに関する議論の最前線に登場した。さらに、気候変動や感染症の拡大といった地球規模課題は、私たちに国民国家を単位とする思考の再考を促し、コスモポリタニズム的な連帯の重要性を投げかけている。

3.　グローバルな現代における比較

ここまで、ナショナリズム、インターナショナリズム、コスモポリタニズムの定義や歴史を概観してきた。最後にこれら3つを比較する。それぞれの視点からグローバルな現代を共通の考察対象と捉えることで、その違いを際立たせる。

1990年代以降、国境を越えた人、思想、モノの急速な流れを特徴とするグローバリゼーションが進展した。多国籍企業は冷戦構造崩壊後の新自由主義

21　尊厳概念の歴史については、マイケル・ローゼン（2022）による『尊厳：その歴史と意味』（内尾太一・峯陽一（訳）、岩波書店）に詳しく書かれている。

を追い風に、グローバル経済において国民国家から主導権を獲得した。また
グローバルな政治においては、東西のイデオロギーの対立から、相互依存や
協調を基本とする国際社会が再出発し、国際機関や非政府組織の役割がさら
に増してきている。このような近代ウェストファリア体制の揺らぎは現代の
特徴で、グローバリゼーションの進展によって国境のもつ意味はますます薄
れていくかに思われた。

　しかし実際、そうはならなかった。グローバリゼーションの今日的展開を
みると、かえってナショナリズムが再燃している。経済移民の増加は、受け
入れ国にとって労働力を補う上で重要である一方、国民は雇用をめぐる競争
や生活空間における文化摩擦、治安の悪化などを危惧するようになる。彼ら
がマジョリティの立場で不安定な多文化社会に不満を表明する際、移民に脅
かされる国民、という構図が思い描かれる。近年、民族主義的な政党や運動
が国家アイデンティティの強化や移民制限を求める傾向にある。こうしてナ
ショナリズムはポピュリズムと結びつき、国民の感情や伝統に訴える政策が
打ち出される。さらに、ソーシャルメディアによって愛国心と排外主義はた
やすく煽られる。フェイクニュースも交じって拡散されるナショナリズムは、
ポストトゥルースの時代を反映した危うさをはらんでいる。この一連の流れ
は、グローバリゼーションへの反動として捉えられる。

　グローバリゼーションによって引き起こされた課題に直面して、インター
ナショナリズムは国際的な協力と相互理解を促進することに重点を置く。経
済移民の増加に伴う問題、ナショナリズムの高まり、そしてそれによる社会
的な分断に対して、インターナショナリズムはより協調的な世界観を提案す
る。それは異なる国の利益を調和させ、共通の目標に向かって作業するプラッ
トフォームを提供する。たとえば、国連持続可能な開発目標で掲げられた17
の目標、すなわち貧困削減や教育の普及、環境保護と経済成長のバランス、
パートナーシップやガバナンスの強化などは、多国間の取り組みが不可欠で
ある。

　また、インターナショナリズムは、外交や国際協力の分野だけでなく、国
民の日常生活においてナショナリズムとのバランスをとる上でも重要である。
それは多くの場合、多様化する社会におけるエスノセントリズムと多文化主

第6章

２０５

義のせめぎ合いという形をとる。インターナショナリズムは、文化間の相互理解と教育の重要性を認識し、異なる文化や価値観に対する理解と尊重を深めることを国民に求める。多文化教育、文化交流プログラム、国際的なシンポジウムなどは、異なる文化的背景を持つ人々間の対話と理解を促進するための重要な手段である。

また、ナショナリズムとインターナショナリズムは必ずしもいつも対立するものとは限らない。先進国では少子高齢化による社会の存在が危ぶまれる状況もますます現実的となり、将来の自国の国際的な競争力や影響力を危惧するナショナリストもいる。その際、多文化の共生は、外国人労働者の権利や人道といったリベラルな観点ではなく、国家の存続という関心から文化やエスニシティの違いを越えた包摂的なナショナル・アイデンティティの構築を推し進めるだろう。

この文脈で、コスモポリタニズムは、ある種のトランスナショナリズムと考えることができる。ナショナリズムは国民国家の境界線を強く意識し内部での結束を高めようとする。インターナショナリズムはそうした国民国家を基本単位として各国が協力することを呼びかける。そして、コスモポリタニズムはこの世界を国民国家で分割するその思考そのものを相対化しようとする意味で、トランスバウンダリーな思想と言える。ナショナリズムが特定の国家や民族に焦点を当てるのに対し、コスモポリタニズムは国家や民族を超えた、より包括的な人間の共同体に目を向ける。インターナショナリズムが国家間の協力に重点を置き、国際秩序の維持を図るのに対して、コスモポリタニズムは国家の枠を越えて個人の尊厳と普遍的な権利を中心に据える。

政治的な枠組みとしてカントが構想したような世界市民の統一的な共同体が出現したことはないが、グローバル経済は実質的に世界全体を結びつけている。ある地域の政情不安定が国際的な流通網を滞らせ、外国企業の株価に影響する。また、デジタルテクノロジーの進化によって、世界中の人々がリアルタイムで情報を共有できるようになった。ソーシャルネットワーキングサービス、オンラインコミュニティ、仮想空間などの参加型のメディアは、国境を越えた交流と共感を生み出している。

より重要なことに、私たちがこの時代に直面している課題の幾つかは地球

規模のものだということが指摘できる。近年よりリスクを増している環境破壊や気候変動、大規模自然災害は、一国で対処できないどころか、各国の政府首脳や外交官、国際協力の実務者だけに任せておけば良いというものでもない。この世界を共有する私たちのライフスタイルに関わることだといえる。

4. 結語

　本章ではナショナリズム、インターナショナリズム、コスモポリタニズムをそれぞれひもといてきた。比較の上でまとめるならば、それらは私たちの他者に対する想像力に関する事柄だと結論づけることができる。その想像力は、他者を同胞や疑似的な家族とみなすか、外敵や競争相手とみなすか、異なる帰属意識をもつ協力者とみなすか、それとも同じ宇宙船の乗組員とみなすか、といった具合に展開する。

　これらの思想はより糸のように互いに絡み合い、ときに摩擦を起こしながらダイナミックに人間の歴史を動かしてきた。そして、私たちはこれからの時代の変化の当事者となる。他者を概念化する際の選択は、現在のイデオロギーを反映するだけでなく、グローバル社会の輪郭を形作る。それが包摂性、協力、人間性の共有に傾くのか、それとも分裂、競争、孤立に傾くのかにかかわらず、私たちが選択する集団的想像力は、人間の相互作用とグローバルな共存の未来に大きな影響を与えるだろう。

文献

Anderson, B. (1991). *Imagined communities: Reflections on the origin and spread of nationalism* (Revised and expanded ed.). Verso. (アンダーソン, B. 白石 隆・白石 さや (訳) (2007)『定本 想像の共同体—ナショナリズムの起源と流行』書籍工房早山)

Appiah, K.A. (2006). *Cosmopolitanism: Ethics in a world of strangers*. W. W. Norton & Company Inc. (アッピア, K. A. 三谷尚澄 (訳) (2022)『コスモポリタニズム—「違いを越えた交流と対話」の倫理』みすず書房)

CHS. (2003). *Human security now*. Commission on Human Security. https://digitallibrary.un.org/record/503749/files/Humansecuritynow.pdf

Gellner, E. (1983). *Nations and nationalism*. Blackwell Publishers. (ゲルナー, E. 加藤 節 (監訳) (2000)『民族とナショナリズム』岩波書店)

Hobsbawm, E & Ranger, T. (Eds.). (1983). *The invention of tradition*. The Press of the University of Cambridge. (ホブズボウム, E・レンジャー, T. 前川 啓治・梶原 景昭 他 (訳) (1992)『創られた伝統』紀伊國屋書店).

Kant, I. (1795). *Zum ewigen Frieden. Ein philosophischer Entwurf*. F. Nicolovius. (カント, I. 中山 元 (訳) (2006)『永遠平和のために／啓蒙とは何か 他3編』光文社).

Smith, A.D. (2010). *Nationalism* (2nd ed.). Polity. (スミス, A.D. 庄司 信 (訳) (2018)『ナショナリズムとは何か』筑摩書房).

UNDP. (1994). *Human development report 1994*. Oxford University Press. https://hdr.undp.org/system/files/documents/hdr1994encompletenostatspdf.pdf

第7章
「国籍」の背後にみえる世界、
超えた先にひろがる世界

佐々木綾子

　ネパールで開催される国際会議に参加する場面を想像してみよう。あなたは、その場でどのように自己紹介をするだろうか。どこから始め、自らのどのような側面について述べるだろうか。紹介の仕方は講演の前なのか、懇親会の場なのか、どのような相手に対して行うのかによって異なるかもしれないし、どのような言語を使うかにもよるかもしれない。一般的には、英語を用いて、名前と出身国を述べるだろうか。もしあなたが、英語が公用語ではないA国[22]の国籍をもち、A国で生まれ育ち、A国に住む人々を表象するような「外見」をしていて、A国の主要な言語ないし公用語を第一言語として話し、A国出身の人たちらしいアクセントのある英語で自己紹介をしたら、あなたの自己紹介は「自然に」受け入れられる可能性が高い。しかし、もしあなたが英語を第一言語とするが、英語を公用語としないA国の国籍を持ち、B国で生まれたがC国で育ち、D国を表象するような「外見」をしているが、現在はE国に住んでいるとしたら、どのように自己紹介をすべきだろうか？　周囲の人々は、あなたはいったい「ナニジン」であるのか混乱し、「あなたのもともとのルーツはどこですか？」と尋ねたり、「英語が上手ですね」とコメントしたりするかもしれない。こうした反応は、ミックスルーツの人々や文化的・言語的に多様な背景を持つ人々がしばしば経験する、マイクロアグレッ

22　本稿では、パスポートが発行される単位において「国」および「国籍」を論じる。

ション[23]の一例であり（Ventura, 2018）、とりわけ、人々のもつ文化的・言語的な背景の同質性が高いと信じられてきた国においては顕著な現象である。そしてまた、グローバル化した現代社会においてもなお、国籍にかかわらず、その国に生まれ、その国のイメージに見合った外見と一般的に多い名前をもち、その国の公用語や主流な言語を第一言語として話す人に「本物らしさ」を見出そうとする人は、いたるところに存在している。

2020年の国際移住者は2億8100万人で、世界人口の3.6％を占めた（International Organization for Migration [IOM], 2022）。しかし、国際移住機関（IOM）によると、2020年の国際移住者の推定数とその割合は、コロナ禍による国境封鎖の影響を受けているため、コロナ前に推定されていた人数よりも200万人ほど少なかった（IOM, 2022）。一方、アラブ首長国連邦では、2022年時点で移民が国内総人口の88％を占めており（United Nations Department of Economic and Social Affairs Population Division, 2022）、米国では5060万人以上の移民が国内に居住している（IOM, 2022）。人々の同質性が高いと信じられてきた国においても、その国の国籍以外をもつ「外国人」の割合は増加していることだろう[24]。こうしたデータは、ある国出身の人々に「典型的な特徴」を見出そうとしたり、ある人の国籍とその人の文化的・言語的な背景、外見や名前とを単純に結びつけて考えようとしたりすることが現実に即している

23　デラルド・ウィン・スーがまとめた定義について記した金（2016: 108）の日本語訳によれば、「マイクロアグレッションとは、日々のありふれた言葉、行動、または環境の面での侮蔑的な行為で、意図的かどうかにかかわらず、有色人種に向けて彼ら・彼女らを軽視し侮辱するような敵対的、中傷的、否定的なメッセージを送る。マイクロアグレッションの犯人はたいていの場合、人種的／民族的マイノリティとの対話のなかでそうしたメッセージを伝えていることに気づかない。」と説明されている。これに加え、デラルド・ウィン・スーら（2020: 7）は、2010年に出版した『日常生活に埋め込まれたマイクロアグレッション』（Microaggressions in Everyday Life）の第二版なかで、初期の理論では人種のみに焦点が当たっていたが、マイクロアグレッションは社会の周縁化されたあらゆる集団に関しても向けられていると説明している。

24　たとえば、人々の同質性が高いと信じられてきた日本においても、2023年現在、「外国人」が322万人居住しており（出入国在留管理庁, 2023）、「帰化」して日本国籍を取得する人は毎年7000人から9000人を数え（法務省, 2023）、日本国籍をもちながらも日本語指導が必要な子どもたちが1万人以上暮らしている（文部科学省, 2022）。

のかどうかを批判的に振り返る機会を与えてくれる。

　本章では「国籍」に焦点を当て、国籍にまつわる現在の議論の動向や現実の変化を概観するとともに、国籍が人々の生活にどのような影響を与え、ソーシャルワーク実践においてどのような意味をもたらしているのかについて探りたい。

1.　国籍の持つ3つの意味

　国籍とは何か？　自分の国籍がある国で、「国民」として生活している多くの人々にとって、国籍は日常生活において大きな意味を持たない。しかし、国際的な人の移動が活発なグローバル化した現代社会においては、日常生活から特定の空間まで、国籍がさまざまな場面で大きな意味をもたらしている。このような現代社会で活躍するソーシャルワーカーは、国籍が人々の日常生活にどのような影響を与え、社会においてどのような機能を果たしているのかを考える機会を持つことが必要であろう。

　国籍は、政治学、社会学、国際関係学、移民・難民研究など、さまざまな学問分野で議論されてきた。その議論は、たとえば、愛国心やナショナリズムが国籍との関係でどのように生まれ維持されるのか、人はその国でどの程度まで国民とみなされるのか、特定の国籍を持つことを通して、人は集団の中でどのように国民的アイデンティティを作り上げるのか等、主に政治的な側面や、自己認識の仕方に焦点が当てられてきたといえるだろう。以下では、これまで国籍が議論されてきた学問分野を横断し、国籍がもつ3つの意味-基本的人権としての国籍、アイデンティティの証明としての国籍、より良い人生を実現するためのツールとしての国籍-について考察することで、国籍が具体的にどのように人々に影響を及ぼしているのかについて探っていく。

1.1　基本的人権としての国籍

　1948年に公布された世界人権宣言は、その第15条で国籍を規定している。「①すべて人は、国籍を有する権利を有する。②何人も、恣意的に国籍を奪われたり、国籍を変更する権利を否定されたりしてはならない」(Universal

Declaration of Human Rights 1948)。また、1989年に採択された「児童の権利に関する条約」第7条は、国籍を次のように規定している。「①児童は、出生後直ちに登録されるものとし、出生時から、氏名、国籍を取得する権利及びできる限り父母を知り、父母に監護される権利を有する。②締約国は、自国の国内法およびこの分野における関連国際文書に基づく自国の義務に従い、これらの権利の実施を確保するものとする」（United Nations Convention on the Rights of the Child, 1989）。

こうした複数の国際人権規範による規定があること、実際に国籍がなければ享受できない権利が数多くあることに鑑みても、国籍を持つことは基本的人権のひとつである。しかし、国連難民高等弁務官事務所（United Nations High Commissioner for Refugees (UNHCR) 2023: 43）によれば、現在、推定で440万人が無国籍か国籍が不明の状態に置かれている。このような状況を生み出す制度的要因のひとつに、国家による出生時の国籍取得方法の違いがある。

国籍に関する政策には大きく分けて2種類あり、ひとつは「血統主義」と呼ばれるもので、子どもがどこで生まれたかにかかわらず、両親の国籍によって子どもの国籍が決定される方法である。この政策を採用している国には、日本、インドネシア、中国などがある。もうひとつは、親の国籍に関係なく、子どもが生まれた国の国籍を取得することを認める「生地主義」[25]である。オーストラリア、カナダ、ブラジルなどがこの政策を採用している。この2つの政策を混合して採用したり、二重国籍や複数国籍を認めたりする国も多い。しかし、血統主義を採用する国で外国籍を持つ非正規滞在の親から子どもが生まれた場合、強制送還を恐れて親が出生届を出さず、無国籍になる可能性もある。また、ひとりで出産した非正規滞在の女性が移民局に収容されたり、親だけが強制送還されたりすることによって、子どもはその国や地域の児童養護施設等に収容されたまま、児童保護制度の下で生活しているケースもある。

たとえば台湾では、家庭において主に高齢者介護や家事を担う移民女性が差別や搾取的な労働環境を背景に、より良い条件や環境を求めるなどして現

25　本説明は、オクスフォード辞典による。https://www.oxfordreference.com/display/10.1093/oi/authority.20110803100027515（2023年9月29日閲覧）

在の職場をさり、非正規滞在者となることがある。そうした非正規滞在となった女性たちが病院や助産施設以外の場所で出産するケースが多発しており、その子どもが未登録のまま無国籍状態となっていたり、台湾の児童養護施設で保護されたりしている（Wang & Lin, 2023）。ミン・シェン・ワンら（Wang & Lin, 2023）によれば、2022年1月現在、台湾には66万4733人の移民労働者がいるが、さらに5万人の行方不明の移民労働者（unaccounted-for migrant workers: UMWs）がおり、そうした状況にある女性たちが出産した非正規滞在の子どもは800人ほどいるという。女性たちが病院や助産施設以外で出産した場合を考えると、毎年700人の無国籍もしくは未登録の子どもたちが生まれており、現時点で2万人以上の子どもたちが出生証明書や市民権のない状態に置かれていると推測されている（Wang & Lin, 2023）。

　国連難民高等弁務官事務所（UNHCR）は、このような無国籍者を含め、人種、宗教、国籍、特定の社会集団の一員であること、政治的意見を理由として迫害を受けるという十分な根拠のある恐怖のために国籍のある国の外におり、その国の保護を受けることができない、または受ける意思がない「難民」の生活を支援する主要な国際機関である（UNHCR, 1951）。UNHCRによれば（2023: 45）、無国籍者のなかでも最も大きな集団はロヒンギャである。無国籍者の数え方やその報告には統計上の問題があるが、2023年現在、バングラデシュ（95万2300人）、コートジボワール（93万1100人）、ミャンマー（63万人）、タイ（5万7420人）で最も多くの無国籍者が報告されている。

　こうした無国籍者がおかれた脆弱な立場を考慮し、UNHCRでは、2014年から2024年までの「無国籍者をなくすための世界行動計画」を策定し、無国籍者をなくすために以下の10項目のうち1つ以上の行動をとることを各国に奨励している[26]。具体的には、①既存の主要な無国籍状況を解決する　②無国籍の子どもが生まれないようにする　③国内法からジェンダー差別を撤廃する　④差別的な理由による国籍の拒否、喪失、剥奪を防止する　⑤国家継承の場合の無国籍を防止する　⑥無国籍移民に保護資格を与え、その国民化を促進す

26　詳細は、UNHCRのウェブサイトを参照のこと。https://www.unhcr.org/media/global-action-plan-end-statelessness-2014-2024（2023年12月26日閲覧）

る　⑦無国籍の予防のために出生登録を確実にする　⑧国籍を取得する資格の
ある者に国籍証明書を発行する　⑨国連の無国籍条約に加盟する　⑩無国籍者
に関する量的・質的データを改善する　の10項目である。

1.2　アイデンティティの証明としての国籍

　国籍は、基本的人権の一要素であると同時に、自己が何者であるのかを示
すアイデンティティの証明であるとも捉えられてきた。一方、過去30年にお
いて、「アイデンティティ」をめぐる学問的概念の解釈は、本質主義に基づく
ものから社会構築主義やポストモダニズムに基づくものへと変化してきた
(Cerulo, 1997)。つまり学術的には、反本質主義的な問いかけや、アイデン
ティティの社会的構築性がより一般的な見解となっているのが現状にもかか
わらず、特定の国籍を持つ人々はその国籍に伴う「本質的」な特性や資質を
共有しており、それは遺伝的なもので、地域的な特徴や場所の特性とともに
「自然に」伝えられていくものであるとの考えが、いまもなお強く社会に存在
するということだ。こうした本質主義に基づく、いわゆる真正性を伴ったア
イデンティティとは、集団の「われわれらしさ」に基づく概念であり、集団
の成員たちがもつと捉えられている類似性や共有された属性を強調するもの
である。本質主義者の見解に基づけば、同じ国籍を持つ人々が集団的アイデ
ンティティを内面化するのは「自然」なことである。

　ただ、社会構築主義的な見解をもっていても、出身国や国籍で人を識別し、
「ルーツ」や「外見」や「名前」で他人のアイデンティティを判断してしまう
こともあるだろう。特に、最初に筆者が示したように、国際会議などの場で
初対面の人と会うときや、ソーシャルワーカーが文化的・言語的に多様な背
景を持つ移民や難民のサービス利用者とともに活動するときには、無意識の
うちにそのような思考に陥ってしまうことがあるかもしれない。しかし、こ
うした本質主義的な見解は、人はひとつの国や文化、地域と強く結びついて
いるべきだという規範を維持することにつながり、ミックスルーツの人々や
様々な地域や国への移住を経験している人々をアイデンティティの葛藤に陥
れることになってしまう。二重国籍や多重国籍を認めない国では、一定の年
齢に達するまでにいずれか一つの国籍を選択しなければならない場合も多い

が、そうした国では、ルーツの複数性・多様性の生み出す可能性を否定されてしまうことにもなり得る。そして、「国籍」として選ばなかった国への想いや複数のルーツを持つことを背景として培ってきたアイデンティティそのものを否定されることにもつながり得る。

出生時に国籍を取得する方法のほかに、国籍取得の方法としては「帰化」がある。「帰化」とは、出生時の国籍とは別の国の国籍を取得し、新たに取得した国における「市民権 citizenship」を得ることを指している。しかし、たとえばシリア出身のクルドの人々のように、「クルド」という国籍そのものが存在しない「無国籍の国 Stateless nation」（McGee & Barman, 2021）の人々は、出生時にシリアにおける国籍取得を否定された状態のまま、国内紛争によって強制的な国際移住を強いられ、シリアから国境を越えて移動した先の国で難民認定を求めて庇護申請をするとともに「帰化」申請のプロセスを経て国籍を取得することが必要になった。2011年のシリア内戦開始以降、このような「二重の無国籍状態」（McGee & Barman, 2021）にあった人々は、庇護申請時に「無国籍」であることを証明することが大変難しい状況に置かれたという。原則として、庇護申請は国籍国とは別の国にいる状態で行わなければならないが、シリア出身のクルドの人々には自らの国籍国を証明する正規の書類がない者が多かったため、既存の庇護申請プロセスそのものの前提にのれなかったのである。このように、たとえばドイツにおいて庇護申請をし、その後ドイツ国籍を得たシリア出身のクルドの人々は、自らのアイデンティティを国籍国となったドイツに求める「べき」なのだろうか。

言うまでもないが、個人のアイデンティティとは、国籍や出身地、どの言語を最もよく話すか、どのような食べ物を普段食べているか、どのような集団に属し、どのような集団的歴史を共有しているかといったことのみで決められるものではない。どのように個々のアイデンティティを確立するかは個人の選択であり、いかなるナショナル・アイデンティティもエスニック・アイデンティティも強制されるべきではない。塩原（2017）は、文化のグローバリゼーションによって人々は越境的なアイデンティティを形成する可能性が増大したが、自らのルーツへのアイデンティティを捨て去るのではなく、むしろルーツそのものがハイブリッドなものでもあるという認識をもつことこ

そが、文化的な意味でのコスモポリタンを築くと指摘している。国籍は基本的人権のひとつであり、パスポートを取得したり、「身分証明書」として自分が何者であるのかを証明したりするために必要だが、必ずしも自分自身のアイデンティティを規定する唯一の要素とはなり得ない。基本的人権の構成要素であるという意味において、無国籍者は国籍を付与される必要があるが、その国籍によって自らのアイデンティティを縛られる必要はない。なぜなら、国籍がなくても、それぞれの「生きられた経験」に基づく個々のアイデンティティは確立し得るし、アイデンティティそのものがひとつの属性や置かれた社会的位置に規定されるものではなく、他者との関係性のなかで変容するものだからである。

1.3　より良い人生を実現するためのツールとしての国籍

　これまで、ナショナル・アイデンティティは2つの帰属意識から構成されると論じられてきた。1つは市民的な側面、すなわち特定の国家を構成する市民であるという意識であり、もう1つは民族的ないしエスニック集団的な側面、すなわち特定のエスニック集団への帰属意識ないし「出自」へのこだわりである（たとえば、佐々木, 2006; 店田, 2019；李, 2016）。佐々木（2006: 129）は、在日コリアンの研究において、国籍の取得を民族意識の喪失とは無関係な単なる形式的なものとみなす人が増えていることを論じており、国籍は「ナショナル・アイデンティティと切り離された、形式的な資格」と考えられていると指摘している。たとえば日本国籍への帰化の理由には、「子どもたちに日本国籍を与えることができた」という安定志向を求める回答や「日本国のパスポートを所持することができる」といった利便性を挙げる人が多かったと論じる研究もある（李, 2016: 121）。

　国籍をより良い生活のためのツールであると考えることは近年では一般的になっていると言える。たとえば、生地主義を取る国への「出産ツアー」（birth tourism）はその典型であろう。出産ツアーとは、妊婦が出産前後の一定期間、生地主義を採用する国で過ごすことで、子どもがその国の国籍を取

得できるという「旅行」である[27]。こうした「出産ツアー」には、子どもがより良い人生を築くため、将来の選択肢を広げるためのツールとして国籍を取得することを目的に多くの人々が参加してきた。ツアーの道徳的善悪や政治的議論は別として、ここには佐々木（2006）が述べるところの「ナショナル・アイデンティティと切り離された資格としての国籍」に大きな意味があることが垣間見られる。出まれた国、育った国、教育を受けた国、仕事をする国、余生を過ごす国など、人生を一国内に留まらず、トランスナショナルに築き上げていく人々は、自らのルーツだけではなく、自らが歩むルートとともにより良い人生を実現するために必要なツールとして国籍を捉えているのである。こうした現状をふまえ、国民国家、国籍、ナショナル・アイデンティティをめぐり生み出されてきた本質主義的な言説を脱構築し、現実に即した国籍の在り方、捉え方を再考する必要もあるだろう。

2. 移民の社会統合と難民保護システムのジレンマ

2.1 「外国人」と「国民」の二項対立を超えた複雑な排除構造

ここまでみてきたように、国籍は人々の生活全般や一生に大きな影響を及ぼしている。しかし、国籍だけに焦点をあてても、ある人の社会的脆弱性やウェルビーイングの状態は説明できない。なぜなら、国籍だけではなく、人々のもつ様々な属性や集団のカテゴリー化、その社会的な位置づけが実際の差別や抑圧状況をつくりだし、私たちのウェルビーイングに影響を及ぼし得るからである。また、国籍は人々が直面する諸問題を解決することもあるが、その問題を作り出したり維持したりする側面もあわせ持っている。

移民の置かれた状況について考えてみよう。移民の社会統合を示す指標のひとつに、移民統合政策指数（Migrant Integration Policy Index: MIPEX）[28]があ

---

27 ある記事（Mechling, 2023）によれば、中国からアメリカへの出産ツアーの費用は3万ドルから10万ドルかかるという。

28 詳細は下記サイトを参照のこと。https://www.mipex.eu/what-is-mipex（2024年2月3日閲覧）

る。この指標は、世界56か国における国民以外の正規滞在外国人の権利保障
比較の目的で使用されており、この指標によって、労働市場における可動性、
家族再統合、教育、保健医療、政治参加、永住許可、国籍取得、差別禁止の
8領域の政策において「外国人」ないし「移民」の権利がどのように保障さ
れ、社会統合が達成されているのかを比較することができる（Solano &
Huddleston, 2020）。本指標のもと、移民の国籍取得（市民権取得）がいかに
簡単にできるかを比較したところ、ニュージーランド、アルゼンチン、ブラ
ジル、カナダ、アメリカの順に高く評価でき、最下位はサウジアラビアでス
コアは0点となった。また、報告のなかでは、56か国中12か国は、移民の子
どもたちに二重国籍や市民権を認めるという国際的な動向に追いついていな
いとの分析が行われている（Solano & Huddleston, 2020）。

　移民の社会統合の指標のひとつとして国籍取得が挙げられているのは、国
籍が基本的人権の一要素であり、移民が移動した先の国でより良い生活、よ
り安定した生活を送るためのツールとして機能しているという認識が前提に
あるからと考えられる。しかし、これまで見てきたように、国籍取得によっ
て移民が主観的に社会へ統合できていると感じているかどうか、アイデンティ
ティの証明として国籍を捉えているかどうかは測ることが難しい。加えて、国
籍取得ができれば、社会的マジョリティとして国民と同じような生活ができ
るのかどうかは保障され得ない。

　たとえばMIPEXにおいて国籍取得が比較的簡単にできると評価されたアメ
リカには、家族が移民という背景をもつ二世、三世のアンダークラスとして
扱われる国民が、「強力すぎるほどに文化的に包摂されているにもかかわらず、
そうした文化がふりまくイメージから系統的に排除されている」(Young,
2007/2019 木下他訳：56) 状況があるという。アメリカ政府が「不法移民」を
入国させないようにするために、メキシコとの国境に壁の建設を進めたこと
は記憶に新しいが、そうしたあからさまな排除においてだけではなく、「移
民」と「国民」の境界線が曖昧で頻繁な越境が行われるなかで、「大規模な文
化的包摂と系統的かつ構造的な排除が同時に起きている」(Young, 2007/2019
木下他訳：69) のである。ジョック・ヤング (2007/2019 木下他訳) は、MIPEX
で示されているような社会包摂のプロセスに影響を及ぼす制度やマスメディ

アにおける報道などが、社会統合のための価値観を共有させる装置となっていると同時に、排除の場を構造的につくりだし維持していることを指摘し、こうした状況を「過剰包摂」（social bulimia）と名付けた。政策上の国籍取得へのアクセスの良さは移民の社会統合を図る一要素にもなり得るが、統合されたはずの「元移民」のより良い生活やウェルビーイングの向上は構造的な排除のシステムによって閉ざされてしまうことがあるのだ。

2.2　難民保護システム：国籍と国境管理

　国境を越えて移動しようとする際、国籍が大変重要であることはいうまでもない。たとえば、イギリス発行のパスポートを持っている場合、90日以内であれば世界191か国をビザなしで旅行することができ、自由に世界中を行き来できるパスポートを発行する国としては上から4番目の位置にあると報告されている（Henly & Partners, 2023）[29]。しかし、イギリスに入国する場合にはどこの国のパスポートを持っているかが非常に重要になる。なぜなら、イギリス政府とビザ免除措置をとっている国が発行するパスポートを保持していなければ、入国する以前にビザを申請しなければならないからである[30]。つまり、国際移動をするためには、どの国が発行したパスポートを持っているか、パスポートを発行した国と行先の国がどのような外交関係にあるのかによって、人の移動範囲や可動性が変わってくるということである（小川, 2023）。

　このような人の移動範囲と可動性の違いは、アフガニスタン人とウクライナ人が他国へ避難しようとしたときに顕著に現れた。難民条約に加盟している国は2018年現在146か国[31]あり、加盟国には他国から逃れて庇護申請をする

29　フランス、ドイツ、イタリア、スペイン、日本、シンガポールが発行するパスポートでは調査対象となった227か国中194か国を自由に旅行することができ、最も移動の自由度が高いパスポートとされている。

30　2024年7月にキア・スターマー首相が選出されるまで、イギリス政府は、適切な書類を持たずに「不法」にイギリスに入国した庇護希望者を含むすべての人々をルワンダに移送しようとしていた（米川, 2024）。この計画は2022年のボリス政権下で導入され、批判を浴び、世界中で政治的な議論となっている。

31　批准国、加入国、継承国の一覧はUNHCRのウェブサイトを参照のこと。https://www.unhcr.org/jp/treaty_1951_1967_participant（2024年1月30日）

人々を難民として認定する仕組みが整備されている。2021年8月、アメリカ軍の撤退期限を前にタリバンがカブールを制圧し、2022年2月にはロシアによるウクライナへの軍事侵攻が開始され、国境を越えて退避せざるを得ない状況に置かれた多くのアフガニスタン人とウクライナ人は、他国に逃れ、庇護申請を行うことになった。UNHCR（2023）によれば、2022年末現在、シリア（655万人）、ウクライナ（568万人）、アフガニスタン（566万人）、ベネズエラ（545万人）、南スーダン（230万人）から逃れた人々が難民として他国で暮らしており、上記5か国を含む世界10か国を出身国とする人々が難民の87％を占めている。一方、トルコ（357万人）、イラン（343万人）、コロンビア（246万人）、ドイツ（208万人）、パキスタン（174万人）において多くの難民が受け入れられている。

　しかし、難民状態に置かれ、他国への庇護申請をしたいと願いながらも、国内に留まることを余儀なくされたままの国内避難民（Internally Displaced Persons: IDPs）も難民以上に存在する。ここで確認すべきは、難民条約における難民の定義上、庇護申請をするにあたっては国籍国の外にいなければならないというルールがあることだ。国内避難民が国際移動をしない、あるいはできない理由は様々だが、国境を越えて移動する際にパスポートが必ず必要になることを考えると、まず国籍があるのか、国籍国のパスポートを発行してもらうことができるのか、事前にビザを取得することなく、国籍国発行のパスポートによって世界何か国に合法的に移動することができるのかが、他国への庇護申請の可否に大きく影響する可能性がある。事前にビザを取得することなく渡航できる国が何か国あるのかを調査し、ある国が発行するパスポートのもつ力をランクづけするヘンリー・パスポート指数（Henly Passport Index）によれば、2023年現在、ウクライナは調査対象となった227か国中148か国にビザなしで渡航でき、32位に位置付けられている。一方で、アフガニスタンは227か国中28か国にしかビザなしでの渡航が認められておらず、ランキング最下位となっている（Henly & Partners, 2023）。つまり、アフガニスタンから他国へ合法に出国して庇護申請をするためには、ほとんどの場合に入国先の国が発給するビザが事前に必要なのであり、出国前にそのビザを入手しておかなければ、他国において庇護申請すらできないのである。

しかしながら、たとえば日本政府は、2021年にアフガニスタンで政変が起きた当初、原則としてアフガニスタン人には「短期滞在」ビザさえ発給しなかった（小川，2023）。一方、ロシアによるウクライナ侵攻が始まった2022年2月以降、日本政府はウクライナからの避難民に対して、日本に知人や親族がいない場合でも、速やかに「短期滞在」ビザを発給したのである。小川（2023：20）は、こうした状況とともに、サウジアラビア、アラブ首長国連邦、パキスタンなどの第三国では、ビザ発給管理を通じて日本の国境の強化が行われ、人種のヒエラルキーに基づいて国境管理が実施されていたことを指摘している。このように、戦争や迫害を背景とした命にかかわる国際移動の場面においてさえ、あるいはそのような場面であるからこそ、国籍は重要な意味をもってしまうことがわかる。

3.　インターセクショナリティか、カテゴリーの解体か

　歴史を振り返ると、同じ国籍の集団の中で民族や部族、エスニシティや宗教に基づく差別を要因とした紛争が起きており、それらはジェノサイドにまで発展してきた。国境とは人為的に引かれた境界線であり、同じ国籍であれば一致団結してうまくやっていけるわけではないし、集団の境界線をいくら細かく引き直したところで、その集団内部に属する人々が「同じ文化」や「同じ言語」を共有し、同じことを考えて団結できる保障などない。たとえ国籍が同じであっても、文化や言語は必ずしも共有されているとは限らず、コミュニケーションがとれるとも限らない。さらに言えば、集団の境界線となりうるのは人種や民族、宗教だけではない。現代社会においては、性自認、性的指向、社会階層、職業、教育レベルなど、あらゆる基準やラベルによって人々をカテゴリー化することが可能なのであり、それぞれのカテゴリーに基づいた他者化が可能なのである。

　たとえばドメスティックバイオレンス（DV）は、「女性」が被害者となるケースが8割であると言われるジェンダーに基づく暴力であるが、同じ国籍の移民家族において妻である女性が逃げざるを得ない立場に置かれた場合、妻は同じ国籍の女性コミュニティにすら居場所がなくなる可能性も高い。また、

彼女たちは就労をする夫の「家族」としてその国に滞在することを許可されていることが多いため、離婚すればその国に留まることが難しいことがある。同様に、子どもが虐待を受けているケースでも、一時的に保護して家族から引き離すことは非常に難しい。全米ソーシャルワーカー協会（NASW）でも、入管法や移民法が家族の訪問や家族の再統合を阻むことについて指摘しており、家族内のメンバーがそれぞれ異なる在留資格を持っていたり国籍が異なっていたりすることによって、DVや虐待、雇用主からの搾取などを訴え出ることが、安心・安全や正義を追求するというよりもむしろ「強制送還」へとつながってしまいかねないことを指摘している（National Association of Social Workers, 2015）。

　さらに、筆者はアメリカや日本における人身取引被害者の支援や調査にたずさわった経験のなかで、被害者は、同国出身の人に通訳を依頼したがらない場合が多いという声を複数回にわたってきくことになった。背景には、自らの被害経験を同国出身の者に知られることは恥であると感じる者が多いこと、また同国出身者のコミュニティのなかにも存在する「加害者」に自らの居場所が伝わる可能性に恐怖を感じる者が多いことがあるというのだ。どの国においても、移住した時期やその方法、出身階級や学歴、出身地域やエスニシティの違いなどに基づき、同じ国籍の人々のコミュニティ内にいくつもの複数の集団が存在している。西洋生まれのソーシャルワークにおける「バイスティックの7原則」では、高齢者、障がい者といった集団の属性やアルツハイマーといった症状や病名等で利用者の状況を一様に判断すべきではないという「個別化の原則」が唱えられているが、国籍が同じである集団であっても一人ひとりの個別性を見る姿勢が最も重要になるのである。

　近年では、同じ国籍や性別、人種やエスニシティに属していたとしても、それぞれがどのような立場にあるのかによって受ける差別や抑圧が異なることを分析する方法として、「インターセクショナリティ」（交差性）という概念が用いられるようにもなった。インターセクショナリティとは、「階級、人種、ジェンダー、セクシュアリティ、年齢、障がいなどの構造的（structural）アイデンティティと、それらが交差し複合的に作用する方法を分析するための批判的分析枠組み」（Caragata, 2022: 101）である。交差性の概念は、権力の

システムや構造の中で起こる、さまざまな社会的位置の交差が重なりあっており、相互に依存し合っていることを認め、その様相を可視化する（Caragata, 2022: 101）ために役立つが、各個人の抑圧の経験や、交差性が現わされる方法も、置かれた文脈によって異なり得る（Ang et., 2023）。そしてまた、交差性の概念を適用し、階級や人種、ジェンダー等の個人が属するとされる複数のカテゴリーの交差のなかで起こる具体的な差別や抑圧状況を可視化できたとしても、当該のカテゴリーそのものを本質化していることに変わりない。つまり、権力の在り様や社会状況がどのように構造的な影響を与えているかを分析することはできても、その構造的な影響をどのような経験として解釈し、どのように対応しようとするかは、個人によって異なり得るということだ。では、どうすればカテゴリー化から自由になれるのだろうか。すべてのカテゴリーを解体することは可能なのか。

4. 国籍とカテゴリーの本質化を超えて

　本章では、国籍とは何か、国籍は人々にとってどのように重要で生活にどのような影響を及ぼし得るのか、そして国籍に加えて他のカテゴリー化がどのように互いに絡み合いながら抑圧状況をつくり出し、個人はどのようにそれを経験し得るのかを考察してきた。ソーシャルワーカーが異なる国籍を持つ人々と協働するためには、「私たち」と「他者」という概念がどのように定義されるのか、また、人々を取り巻くカテゴリー間の境界線がどのように引かれているのかを理解することが重要である（佐々木, 2024）。そして、国籍によるカテゴリー化は、あらゆる差別やナショナリズム、国際政治に利用されてきたが、世界各国における移民の入国管理や国際条約に代表される難民保護の制度も「国民国家」を前提として成り立っており、簡単に解体することはできないことを理解する必要がある。マクロレベル、メゾレベルでの社会変容を目指したソーシャルアクションをおこす場合、カテゴリー化は人々を結びつけて集団への帰属意識を感じさせ、「一人ではない」という意識を生み出しながら協働するのに有効であるかもしれない。反抑圧的ソーシャルワークが目指すように、マジョリティが属する特権的なカテゴリーがいかに交差

し、相互に影響しあいながら権力構造を強化しつつマイノリティへの抑圧状況を維持しているのかを可視化すること、そのうえで構造自体の変化を促そうとする試みは必要不可欠である。しかし、ミクロレベルでの実践において、国籍をはじめとした様々な属性や社会的位置づけに基づくカテゴリーにすぐさま個人を押し込めてしまうことは、一人ひとりの強みや個性を不可視化し、エンパワメントの妨げになってしまうこともあるだろう。

　カテゴリー化による他者化を緩和する視点のひとつに、カテゴリー化がどのようにマクロレベルにおける権力構造やマイノリティへの抑圧状況をつくりだしているのかを理解したうえで、個人の経験をその個人をとりまく特有の環境と文脈のなかで分析し、個々の関係性の変容を目指して働きかけを試みていく方法がある。まさに世界中のソーシャルワーカーが、意識的、無意識的に日々の実践のなかで実行を試みていることだろう。学術的観点から、すべてのカテゴリーの社会構築性を主張するだけでは、あるいはすべてのカテゴリーの解体を唱えるだけでは、現実社会に生きる人々を取り巻く課題の具体的解決や実質を伴った社会変革を促すことはできない。個々人が生きる生活空間において、様々なカテゴリー化が個々人のアイデンティティや行動にどのような影響を与えており、現実の生活にどのような具体的課題をもたらし得るのかを分析すること、その課題の解消に向けた具体的取組みとそれを促す社会の変革がソーシャルワーカーに求められている。

　謝辞
　本研究はJSPS科研費JP20K02291及びJP24k00338の助成を受けたものです。

文献

小川玲子（2023）「アフガニスタン人の退避と人種化された国境管理」『移民政策研究』15, 10–27.

金友子（2016）「マイクロアグレッション概念の射程」立命館大学生存学研究所『生存学研究センター報告書』24, 105–123. https://www.ritsumei-arsvi.org/uploads/center_reports/24/center_reports_24_08.pdf　（2024年2月10日閲覧）

佐々木てる（2006）『日本の国籍制度とコリア系日本人』明石書店

塩原良和（2017）『分断と対話の社会学－グローバル社会を生きるための想像力』慶應義塾大学出版会

出入国在留管理庁（2023）「令和5年6月末現在における在留外国人数について」https://www.moj.go.jp/isa/publications/press/13_00036.html（2023年12月26日閲覧）

店田廣文（2019）「滞日ムスリムの生活・アイデンティティ・宗教実践―日本に帰化したムスリムを事例として」『日本中東学会年俸』35(2), 153–175.

法務省民事局（2023）『国籍別帰化許可者数』https://www.moj.go.jp/content/001392230.pdf（2023年12月26日閲覧）

文部科学省（2022）『日本語指導が必要な児童生徒の受入状況等に関する調査』https://www.e-stat.go.jp/stat-search/files?page=1&layout=datalist&toukei=00400305&tstat=000001016761&cycle=0&tclass1=000001171786&tclass2=000001171787&tclass3val=0　（2023年12月26日）

米川正子（2024）「不法入国者らをルワンダに移送するイギリスの計画が物議『ルワンダは安全』は本当か」『朝日新聞Global+』（2024.1.15）. https://globe.asahi.com/article/15108107　（2024年3月6日閲覧）

李洙任（2016）「コリア系日本人の再定義：「帰化」制度の歴史的課題」駒井洋監修・佐々木てる編著『マルチ・エスニック・ジャパニーズ　○○系日本人の変革力』明石書店（pp. 108–129）

Ang, S., Lynn-Ee Ho, E., & Yeoh, B. (Eds.) (2021). *Asian migration and new racism beyond colour and the 'West'*. Oxon and New York: Routledge.

Caragata, L. (2022). Seeing low-income single moms: Intersectionality meets struggles for an anti-oppressive practice. In Baines, D., Clark, N., & Bennett, B. (Eds.) *Doing anti-oppressive social work: Rethinking theory and practice, 4ᵗʰ edition*, 96-114. Manitoba: Fernwood Publishing.

Cerulo, K.A. (1997). Identity Construction: New Issues, New Directions, *Annual Review of Sociology, 23*, 385–409.

Henly and Partners. (2023). *These are the world's most (and least) powerful passports in 2024*, Retrieved February 3ʳᵈ, 2024 from https://www.henleyglobal.com/newsroom/press-releases/global-mobility-report-2024-january.

International Organization for Migration. (2022). Chapter 1: Report overview: Technological, geopolitical and environmental transformations shaping our migration and mobility futures, *World migration report 2022*, Retrieved December 26, 2023 from https://publications.iom.int/books/world-migration-report-2022-chapter-1.

McGee, T., & Bahrman, H. (2021). *Navigating intersecting statelessness: Syrian Kurds in*

Europe, Retrieved February 3rd, 2024 from https://www.statelessness.eu/updates/blog/navigating-intersecting-statelessness-syrian-kurds-europe.

Mechling, L. (2023). A lot of these women had no idea what they got into: Inside the world of birth tourism, *The Guardian*, Retrieved February 3rd, 2024 from https://www.theguardian.com/tv-and-radio/2023/dec/11/birth-tourism-documentary-china-us-citizenship

National Association of Social Workers. (2015). *Social work speaks 2015–2017 10th edition*, NASW Press.

Sasaki, A. (2024). Reconstructing the Narrative of "Because Japan is an Island": Discussions of Immigration, Migration, and Refugee Policy, In Gaitanidis, I., & Pool, G. *Teaching Japan: A handbook*, 3-21, Tokyo: MHM Limited, and Amsterdam: Amsterdam University Press.

Sue, D. W., & Spanierman, L. (2020). *Microaggressions in everyday life*. John Wiley & Sons.

Solano, G., & Huddleston, T. (2020). *Migrant integration policy index 2020*, Retrieved February 3rd, 2024 from https://www.mipex.eu/what-is-mipex.

Universal Declaration of Human Rights, G.A. Res. 217 (III) A, U.N. Doc. A/RES/217(III) (Dec. 10, 1948). Retrieved December 26, 2023 from https://www.un.org/en/about-us/universal-declaration-of-human-rights

UN General Assembly, Convention Relating to the Status of Refugees, 28 July 1951, United Nations, Treaty Series, vol. 189, p. 137, available at: https://www.refworld.org/docid/3be01b964.html [accessed 26 December 2023]

United Nations Convention on the Rights of the Child, November 20, 1989. Retrieved December 26, 2023 from https://www.ohchr.org/en/instruments-mechanisms/instruments/convention-rights-child.

United Nations Department of Economic and Social Affairs Population Division. (2022). *The 2022 Revision of World Population Prospects*, Retrieved December 26, 2023 from https://population.un.org/wpp/.

United Nations High Commissioners for Refugees. (2023). *Global Trends Report* 2022. Retrieved December 26, 2023 from https://www.unhcr.org/global-trends-report-2022.

Ventura, R. (Ed.) (2018). *Made in Japan stories of Japanese-Filipino Children*. Manira: Ateneo de Manila University.

Wang, S.W., & Lin, C.H. (2023). Barriers to health and social services for unaccounted-for female migrant workers and their undocumented children with precarious status in Taiwan: An exploratory study of stakeholder perspectives. *International Journal of Environmental Research & Public Health, 20*, 956.

Young, J. (2007). *The Vertigo of late modernity.* Sage Publications: London, Thousand Oaks and New Deli and Singapore. (ヤング, J. 木下ちがや・中村好孝・丸山真央（訳）(2019)『後期近代の眩暈－排除から過剰包摂へ』〔新装版〕、青土社)

第8章
対外援助と国益

佐藤（大門）毅

　対外援助は、第二次世界大戦によって破壊された国々の再建のための国際的な取り組みとして登場した。1960年代までにその多くが独立を果たしたアジアやアフリカの戦争で荒廃した国々は、貧困国に対する対外援助の最も一般的な形態である政府開発援助（ODA）の主要な受益国となっている。ODA被援助国の中には、被援助国から卒業し、新たな援助国となる国もある。環境保護への配慮から援助プロジェクトの資金調達や調達の条件に至るまで、援助政策のいくつかの側面について、伝統的ドナーと新興ドナーの間で見解の一致を求めることはますます困難になっている。伝統的なドナーにとって、新興ドナーは既存のルールやガイドラインに異議を唱え、ODAの基本的な定義や内容にさえ疑問を投げかけているようにみえる。また、国益を追求するためにODAを利用しているようにもみえる。本章では、対外援助と国益の関連性を取り上げ、ドナーが他国を支援することで経済的・政治的目的を追求する動機があるかどうかを問う。

1.　各国が援助する動機は何か？

1.1　ODAの概要

　対外援助は、第2次世界大戦直後の1940年代後半に始まり、戦後の東西対立の激化により、援助は被援助国を援助国に依存させる主要な手段と見なされ、それぞれの同盟国への対外援助を加速させた。1948年、米国は西欧諸国

の復興を支援するため、マーシャル・プラン[32]を制定した。ソビエト連邦は東欧の計画経済を支援した。1950年代から1960年代にかけて、西側諸国はアジアやアフリカの旧植民地を支援し始めた。日本も1962年に海外経済協力基金（OECF）を通じてODAの供与を開始した。

　当初、対外援助に関する主要ドナー間の政策調整は行われなかったが、1960年代後半、主要ドナー国が対外援助の条件を協議、決定するようになった。経済協力開発機構（OECD）の開発援助委員会（DAC）は、ODAを「グラントエレメント」の25%を超える公的資金の流れの一形態として初めて定義した。グラントエレメントは、「その額面と借り手が行う債務返済の現在価値の合計との差額で、ローンの額面金額の割合として表される」と定義されている[33]。したがって、100%グラントエレメントは、贈与または技術支援を意味する。

　主要な二国間ODAおよびその他の公的資金（OOF）供与国は、米国、ドイツ、フランス、英国、日本である（**表8-1**）。輸出信用は公的に保証された信用であり、同表で報告されている私的な資金の流れとは異なる。

　しかし、OECD-DACのODAの定義に拘束力を持たないほとんどの被援助国や新規ドナー国については、ODAとOOFの区別はしていない。どちらのタイプの資金フローも、一般的に民間資金よりも譲許的であり、OECD-DACが一般に「介入」[34]と呼ぶプロジェクトやプログラムを通じて、被援助国の資金ギャップを埋めることができる。

　実際、無償資金供与の要素に基づくODAとOOFの区別は、OECD加盟国の開発機関にとっても、開発効果の評価という点では意味をなさなくなってきている。ここで、開発機関は2つのタイプに分けることができる。1つは技

32　1948年4月に米国議会で採択された「自由な制度が存続し、かつ、合衆国の強さと安定の維持と整合的な外国の状況を維持するために必要な経済的、財政的、その他の措置を通じて、世界平和と合衆国の一般的な福祉、国益、外交政策を促進するための法律」。

33　世界銀行（World Bank）ウェブサイト https://thedocs.worldbank.org/en/doc/28706230 6faaab990e9ea7a5deb0ace8-0410012017/original/grant_element_calculation_formu la_2013.pdf（2023年12月20日閲覧）

34　OECD「評価基準」https://www.oecd.org/dac/evaluation/daccriteriaforevaluatingdeve lopmentassistance.htm（2023年12月20日閲覧）

表8-1. ODA および OOF 純支出額　（単位：百万米ドル）

		2019	2020	2021	2022
米国	ODA	32,980.72	35,396.41	47,528.16	60,328.68
	OOF	311.03	622.74	2,215.74	1,861.39
	輸出信用	▲693.00	▲332.29	18,221.27	3,987.92
	民間	77,886.93	▲68.736.33	165,566.53	114,517.64
日本	ODA	11,720.19	13,660.18	15,767.00	16,747.35
	OOF	▲770.10	4,700.51	712.19	▲11.52
	輸出信用	▲1,029.55	▲5,216.96	▲690.96	▲2,675.61
	民間	45,024.93	18,723.15	22,071.50	39,428.18
英国	ODA	19,344.60	19,253.43	16,277.78	15,761.32
	OOF	▲400.46	146.76	▲131.84	298.02
	輸出信用	n.a.	n.a.	n.a.	n.a.
	民間	n.a.	n.a.	n.a.	n.a.
フランス	ODA	11,984.15	16,013.14	16,721.92	17,558.93
	OOF	248.29	▲400.84	37.34	146.21
	輸出信用	n.a.	n.a.	n.a.	n.a.
	民間	9,618.27	5,108.83	2,276.49	7,959.83
ドイツ	ODA	24,122.38	29,320.38	32,455.57	36,444.68
	OOF	13.7	422.45	1,271.98	231.17
	輸出信用	▲1,947.72	▲1,222.21	▲1,259.38	▲1,373.27
	民間	18,477.00	14,665.77	35,216.30	18,357.29

出典：OECD データベース

術支援（TA）と無償資金協力を専門とする機関で、もう1つは開発金融機関（DFI）と呼ばれるさまざまな融資および非融資の金融スキームを持つ機関である。

　現在、主要な二国間DFIには、フランスのフランス開発庁（AFD）と、特に民間セクターの開発を対象とするプロパルコ・グループが含まれる。ドイツの金融公社（KfW）もODAとOOFの両方を提供している。国際復興開発銀行（IBRD）は、1944年7月にブレトンウッズで設立された最初の機関であり、ODAとOOFの両方を提供している。国際金融公社（IFC）は、OOFを提供する民間セクター開発を専門とする世界銀行グループのメンバーである。アジア開発銀行（ADB）、米州開発銀行（IDB）、欧州復興開発銀行（EBRD）、アフリカ開発銀行（AFDB）、イスラム開発銀行（ISDB）は、ODAとOOFの両方を提供する地域DFIである。

　日本では、ODAは独立行政法人国際協力機構（JICA）が担当し、OOFは国

際協力銀行（JBIC）が担当している。JICAとJBICは、2023年6月に日本政府が改定した「開発協力大綱」に大きく貢献している。大綱は、「日本は、政府及び関係機関の様々なスキームを有機的に組み合わせることにより、シナジーを高め、民間資金と連携して開発協力を推進する」と謳っている。JICA、JBIC、独立行政法人貿易保険（NEXI）などのOOF機関が加盟している。 その根底にあるのは、ODAとOOFが互いに競合するのではなく、互いに補完し合うように協力すべきだという期待である。

ODAとOOFの補完性は、ODA融資がない米国、英国、スウェーデンなどの国では、すべて無償であるため、実際には問題にならない。 米国国際開発庁（USAID）、スウェーデン国際開発庁（SIDA）、英国国際開発省（DFID）が代表機関である。ここで、DFIDの運命について言及すると、DFIDは、労働党のトニー・ブレア首相が政権を握っていた1997年に誕生し、国際開発目標（MDGs）や国連総会で採択された持続可能な開発目標（SDGs）の合意に主導的な役割を果たした。保守党が政権に返り咲くと、DFIDは廃止され、2020年に外務省に統合された。

1.2　対外援助と国益の過去と現在の関連

冷戦時代、対外援助は経済大国による国益の追求と結びつけられることが多かった。この時期の政治的リアリズムの創始者の一人であるハンス・モーゲンソー教授にとって、「対外援助政策は、外交・軍事政策やプロパガンダと何ら変わらない。彼らは皆、国家の武器庫だ」（Morgenthau, 1969: 105）と。リベラルな国際主義者は、冷戦のパラダイムに異議を唱え、対外援助を相互依存世界における協力に向けた協調的な努力と見なし、この見解は、経済および政治問題をめぐって米国と新興中国の間に新たな緊張が出現した2010年代初頭頃まで優勢であった。

マルクス主義の視点から当時の援助に関するもう一つの有力な理論は、プレビッシュ・シンガーの「依存理論」仮説[35]であり、対外援助が強力な資本主義国家の道具と見なされ、世界の中心にいる多国間企業が周縁の貧しい国々

35　ラウル・プレビッシュとハンス・シンガーの論文（Prebisch, 1950; Singer, 1950）を参照。

を搾取しているというものである。一般的に経済のグローバル化に反対する依存理論の支持者にとって、対外援助は避けるべきものである。最近、新左翼世代からこの理論が復活している。

2010年代頃から、中国はOECD-DACが援助のガイドラインや政策を決定する伝統的な援助パラダイムへの挑戦者として台頭してきた。中国は対外援助の最大の資金源として浮上し、欧州のドナーの国益と相反するとみなされた。東南アジアでは、中国が日本を主要な金融国の地位を獲得し、日本の国益と対峙しているように思える。ラテンアメリカ市場をめぐっては、米国と中国の間でも同様の緊張が生じている。

競争は政治学ではしばしば対立を意味するが、経済学では効率性、社会福祉と幸福の最大化を意味する。したがって、エコノミストにとって、「援助競争」は、最も費用のかからない提案をしたドナーのみが国際競争入札に勝つことができるため、開発の成果を最も費用対効果の高い方法で実現するのに役立つ。しかし、援助競争はコスト削減にはなり得るが、異なるドナーが調整なしに最下位の競争を繰り広げ、援助の質が犠牲になる場合、援助の混乱が生じる可能性がある。

1.3 対外援助と国益：日本の事例

日本にとって、アジア諸国の戦災国支援は独立の条件であり、対外援助政策の出発点でもあった。1951年、サンフランシスコで、日本は「日本人の役務を当該連合国の利用に供することによって、与えた損害を修復する費用をこれらの国に補償すること」[36]ことに合意した。

戦争賠償として始まった日本の援助政策は、途上国への対外援助を拡大し、1990年代初頭には世界有数の援助国となった。当時の日本の対外援助政策は、1955年にインドネシアのバンドンで開催された会議から「バンドンの精神」[37]と呼ばれることもある、内政不干渉の姿勢を特徴としていた。

日本は、1990年代末から2000年代初頭にかけて、国際関係における軍事紛

36　サンフランシスコ講和条約第14条。

37　バンドン会議の10の原則の1つに、「4. 他国の内政への介入や干渉を控えること」がある。

争や政治的緊張が高まる時期に、対外援助政策の方針を根本的に転換した。日本のODAは、東ティモール、アフガニスタン、イラク、ハイチなどの戦争で荒廃した国々の復興支援を開始した[38]。2023年4月、日本政府は、同志国に対外援助を拡大する計画を発表し、外交政策と軍事目的を結びつける日本の立場を明確にした。2023年6月、日本政府は「開発協力大綱」を採択し、従来の要請型プロセスから脱却し、中国の一帯一路構想（BRI）キャンペーンとより積極的に競争するインフラ投資を図った。

1.4　自由で開かれたインド太平洋（FOIP）構想と安倍ドクトリン

　安倍元首相が達成しようとしたのは、国際秩序と法の支配へのコミットメントを高めることによる国家間の互恵性または平等性であった。安倍ドクトリンの遺産の１つであるFOIPは、中国の指導者が領土的野心を追求するために核心的利益と呼ぶレトリックに対峙し、アジアで台頭しつつある覇権を相殺しようとした。これまでの前任者とは異なり、安倍首相はいかなる政党ともいかなる問題についても議論を避けなかった。

　安倍ドクトリンは、リベラリズムというよりは政治的リアリズムと解釈されるかもしれないが、最近になって両者のイデオロギー陣営の区別が曖昧になってきている。ジョン・ミアシャイマー（Mersheimer, 2018）は、人権を保護し、世界中にリベラルな民主主義を広めるために国家が戦う「リベラルなヘゲモニー」を批判している。フランシス・フクヤマ（Fukuyama, 2022）は、「リベラルな社会は強力な国家をつくり、その上で国家の権力を法の支配の下で制約する」という理由で、「リベラル・ナショナリズム」を達成するための武力行使を正当化している。

　冷戦時代、米国と日本は、開発金融機関とともに、非自由民主主義体制（実際、1980年代までに民主化される前のほとんどのアジア諸国）を、経済・軍事支援を通じて支援し続けた。

　安倍ドクトリンは、敵対国とのエンゲージメント（関与）を推奨しているが、そのようなエンゲージメントは短期的には外交的対立の引き金となり得

---

[38]　日本の軍事・経済協力の見直しについては先行研究（Daimon-Sato, 2021）を参照。

るが、最終的には互恵的な国際関係を実現できると考える。2022年に国交正常化50周年を迎えた中国と日本は、長期的には不均衡ではなく均衡を達成するために、いかなる戦場でも互いに距離を置くのではなく、関与しなければならない。

2022年のウクライナ戦争は、エネルギー安全保障（欧州のロシア産天然ガスへの依存を参照）、ウクライナ難民への人道支援とウクライナへの経済・軍事支援、対ロシア経済制裁など、国際社会の課題に緊急性を増している。2022年4月にワシントンで開催されたG20財務・中央銀行大臣会合では、より具体的な共同経済回復計画が採択され、ロシアに対する各国間の格差が深まっていることが示された。

ウクライナでの戦争は、ジョン・ミアシャイマーが著書『大いなる妄想』で述べているように、自由民主主義に反対する人々によってなされたすべての予測を裏付けているように思われる。ウクライナ危機について、ミアシャイマーは「米国と欧州の同盟国は、危機の責任の大部分を分かち合っている。問題の根源はNATOの拡大であり、ウクライナをロシアの軌道から外し、西側に統合するというより大きな戦略の中心的な要素だ。同時に、EUの東方拡大と、2004年のオレンジ革命に始まるウクライナの民主化運動に対する西側の支援も重要な要素だった。」と述べた（Mearsheimer, 2014: 1）。

パンデミックとその副産物から学んだ開かれた議論と教訓は、国内レベルと国際レベルの両方でリベラルな制度に対する信頼が喪失しという1つの方向性を示唆しているように思われる。国際関係の複雑さについて、日中援助外交の視点から以下詳細に論じる。

2. 対外援助の競争と協力

2.1 被援助国の視点

対外援助の効果は、被援助国の政策立案者が対外援助をどのように活用し、意図した政策効果を政策成果に変えることができるかに大きく依存する（Bourguignon & Sunberg, 2007: 317）。1980年代から1990年代初頭にかけて、

サブサハラ・アフリカの低所得国は、IMFと世界銀行から、一般にワシント
ン・コンセンサスと呼ばれる国家統制経済に市場メカニズムを導入すること
を目的とした、いわゆる構造調整のためのプログラム融資を受けた。

構造調整プログラムは、多くの場合、ドナーが意図したことを達成できな
かったが、その主な理由は、ワシントンの経済学者がさまざまな問題に対し
て画一的な処方箋を実行しようとしたためである。その結果、ワシントン・
コンセンサスが崩壊した1990年代半ばまでに、ほとんどの国が多額の債務を
抱えた貧困国に陥った。

西側諸国のドナーもまた、民主的な開発プロセスを達成するための対外援
助を条件とすることを望んでいた。しかし、結果はまちまちである。中東の
多くの国は、2010年の「アラブの春」以降、民主化を達成した。主にサハラ
以南のアフリカ諸国では、西側の対外援助は民主主義の助けにはならなかっ
た。新型コロナウイルス感染症（COVID-19）の危機は、経済に対する国家の
統制が厳しい多くの国が危機を乗り越えることになったため、民主主義の基
本原則が揺らいだ。

2.2　中国国際発展協力庁

2015年、中国政府は中国国際発展協力庁（CIDCA）[39]をODA中心機関として
設立し、これまで商務部や外交部との独立したチャネルの複雑なネットワー
クを通じて行われていた業務を遂行している。中国輸出入銀行と中国開発銀
行はOOF業務を継続している。

CIDCAの目覚ましい成果の1つは、COVID-19危機の初期段階で世界中の
国々にワクチンの供給を含む緊急医療援助を提供したことであった。
COVID-19は、国や人々が取り残されるなかで、国レベルの個人主義や孤立主
義の餌食にならないことの重要性を示した。これは、経済学者の多くが合意
するであろうリベラルな見解に反する一種の理想主義といえる[40]（Deudney &

39　http://en.cidca.gov.cn/（2023年12月20日閲覧）.

40　リベラリズムやリベラル・インターナショナリズムは、パンデミックの脅威の影響に対抗
　　することさえできると言われてきたが（Mawdsely, 2012）、現実と比較すると、この見方は
　　非常に楽観的であったことが示されている。

Ikenberry, 1999)。この考え方は、援助や貿易・投資を「自国の利益を追求する外交手段」とみなす回顧的リアリズムの見方と真っ向から対立するものである (Morgenthau, 1962, 1969)。

冷戦期に米ソが対立した時代の古典的リアリズムとは異なっているが、このネオリアリズムは、米中貿易競争などを特徴とするGゼロ時代の特徴といえる。構成主義は、地域性、アイデンティティ、社会規範に着目した国際関係論を契機に、貧困撲滅やSDGsをハイレベルな規範として推進するなど、援助理論の中にも位置づけられている (Fukuda-Parr & Hume, 2011)。このように、援助は外交的・政治的調停手段といえる。

パンデミック後の対外援助の勢力均衡が中国の影響を受け、伝統的な援助大国の地位が後退することはほぼ間違いない。中国当局は、被援助国における中国の影響力を維持するため、世界のあらゆる場所で対外援助を重要な外交手段として利用しており、だからこそ、世界の多くの国が、COVID-19危機からの経済回復を加速させるために中国の資源を活用しながら、民主主義をどこまで放棄できるかという重要な決断を迫られている。

2.3　援助相補性仮説

先行研究 (Daimon-Sato, 2021) において、ゲーム理論の枠組みを用いて、中国、インド、日本の大連立がすべての当事者にとって有益である場合の「win-win-win」仮説を提示した。三国間の協力がなければ、三国にとって互恵的な利益を得ることは難しい。三者間で連立が組まれると、共通の経済的利益を達成するための何らかの執行メカニズムにより、三国間で有益な見返りを得ることができることを示した。

初期には、対外援助の補完性をより正式に定義した研究 (Panchamukhi, 1983) がある。2つの主体は、(a) 両方の主体が存在しない限り、アクティビティを実行できない場合、任意の特定の活動において補完的であると言われる。(b) 主体の1つのレベルが変更された場合、活動のレベルを維持できない。(c) 一方の主体の増減は、活動のレベルも増減する場合、必然的に他方の主体の増減を意味する。

概念フレームワークを使用すると、相互または片側相補性を次のように定

義できる。(a)南南協力、対等なパートナー協力または相互依存などの相互補完性、および (b) 中央-周縁関係（成長センター対供給国）または依存などの一面的な補完性。この分析は、さらにセクターレベル（産業連関、産業間、または産業内）の相補性に分割できる。また、資源（熟練労働者、資本）、制度、ハードウェア、ソフトウェア（インフラと管理システム）の補完性の多次元に分析を拡張することも可能である。

2.4 実際の援助の補完性

筆者は2022年5月、東ティモールのディリでベテランの中国人エンジニアにインタビューする機会を得た。中国政府は、フランスの民間企業ボロレが主導する官民パートナーシップ（PPP）に基づいて実施された、国内最大の国際港として機能することが期待される5億ドルの投資であるティバー湾港の建設のためにOOFを拡張していた[41]。港湾は2022年5月に完成間近で、上海港湾エンジニアリングの中国人プロジェクトマネージャーと1時間ほど非公式に会話をする機会となった。

日本で土木技師の訓練を受けたプロジェクトマネージャーは、私たちを快く迎え入れ、国際的な仕事の経験を自発的に共有してくれた。日本の援助環境には全般的に前向きな姿勢が欠けていたため、東ティモールの発展に対する中国人エンジニアの前向きな見方に感銘を受けた。一方で、日本の援助関係者は皆、中国の存在について、敵意とまでは言わないまでも、懐疑的な見方を表明していたことと好対照であった。

ベテランのシニアマネージャーは、「私たちの港湾プロジェクトは、首都ディリへのアクセスという点で、日本が資金を提供した道路を補完することができる。私たちは、開発のためのさらなる投資のための絶好の機会を共有すべきである。」と述べた。日本が懐疑的な見方をするのは、日本が日本企業の獲得を期待していたにもかかわらず、日本とアジア開発銀行が共同出資した主要国道が、中国に本社を置く民間企業である上海建設集団と中水集団公司に落札されたという近年の「悲劇」に端を発している。

---

41 ボロレはパリ証券取引所に登録された会社で、その株式は主にボロレ家が所有している。

ディリでのこの経験は、対外援助の補完性が草の根レベルで観察できることを再認識した。援助政策を調和させるのは、トップの意思決定者間よりも実務家の間でも容易であり、それは調整による実際的な利益が存在するからである。しかし、国益の最大化を使命とするトップの意思決定者は、何の利益も得られず、競争が蔓延する傾向がある。

3. ポストCOVID-19開発パラダイム[42]

3.1 自由資本主義の崩壊と新しい資本主義の模索

自由主義と自由貿易に基づく国際協力の体制は、第二次世界大戦の戦勝国、特にイギリスとアメリカによって築かれた国際通貨基金（IMF）と世界銀行の設立や、世界貿易機関（WTO）の前身の関税と貿易に関する一般協定（GATT）のブレトンウッズ体制に象徴される。

1970年代以降、これらの機関は自由主義システムの主要なプレーヤーになった。ドイツ、フランス、イギリス、日本、アメリカで始まった先進国首脳会議（後にイタリア、カナダとのG7サミット）は、自由主義の原動力となった。

中国や韓国などの新興国は高い経済成長を遂げ、世界経済において重要な位置を占めていたが、1997年にアジア通貨危機が発生した。インドネシアや韓国などIMFの勧告に従った国々は経済的打撃を受けた。インドネシアでは、スハルト政権が30年間政権を握った後、崩壊した。韓国はIMF危機と呼ばれる経済構造改革を実施した。

こうしたなか、新興国を含む20か国がG20サミット・財務大臣・中央銀行総裁会議を開催した。2020年には、COVID-19対策を中心に、財務大臣・中央銀行総裁会議6回、財務大臣・厚生労働大臣会合1回、首脳会議1回を含む8回の会合を開催した。

COVID-19のパンデミックは、自由市場モデルが持続可能で信頼できるという仮定に疑問を投げかけた。逆説的ではあるが、リベラルを自認する政党や

42　本節は大門（佐藤）（2022）の日本語版原版を更新した概要である。

メディアは、国家による個人の権利の制限を積極的に要求する態度をとった。イデオロギー的には対立するはずの保守派が、政府の介入を望まない、ワクチンを打たない自由があるなど、リベラルな主張をするようになり、リベラル派と保守派の間に溝が生まれた。

こうした問いの中で、マルクス主義への関心が高まっていった。新左翼への関心を高めたピケティ（2014）の『21世紀の資本』を皮切りに、「脱成長」の議論が発展し、「左翼世代」の支持を得ている（Latouche, 2020）。脱成長論者はSDGsに懐疑的で、一部の欧米企業を富ませ、環境破壊につながるデマだと主張している。彼らは、SDGsは特別な利益を守り、隠蔽するための手段に過ぎないと主張する。

一方、中国はSDGsや気候変動などの国際開発目標でリーダーシップを発揮したいとの意向を示した。新たに設立されたCIDCAにより、中国は西側諸国が確立した開発パラダイムに反抗した。しかし、SDGsの分野では、国連を中心とした協力を推進している。アジアとアフリカにおける中国の力は、南南協力と「一帯一路」政策を通じて、米国内の西側諸国に対抗するために拡大された。COVID-19のパンデミックは、中国の国力拡大に拍車をかけ、COVID-19後の資本主義モデルを揺るがすワクチン外交の発展につながった。

3.2　プラットフォーム資本主義

自由貿易体制の礎を築いた米英が国際協調から離れる一方、旧来の国際ルールに挑む中国は、従来の自由資本主義体制に挑戦するようになった。多くの投資家は、COVID-19のパンデミックをプラス成長で乗り切った唯一のモデルである中国モデルを高く評価した。

「ジェネレーション・レフト」の一部は、不動産や大企業の国有化とビジネスへの国家の介入を支持する国家資本主義モデルを支持している。ネオ・マルクス主義の国家資本主義モデルは、ビジネスの自由やプライバシー権など、国益や社会秩序に反する個人の権利は制限されるべきであると主張する。COVID-19のパンデミックに対応して、このモデルは中国だけでなく他の多くの国でも効果的に採用された。

市場と国家機関の連携と市民社会の連帯の促進を基本原則とするレギュラ

シオン学派のボワイエ教授は、COVID-19のパンデミックによって加速した資本主義モデルの変容をプラットフォーム資本主義の概念を用いて説明している（Boyer, 2020）。「プラットフォーム」という用語は、米国のGoogle、Apple、Facebook、Amazon、Microsoft（GAFAM）と、TikTok、Weibo、WeChatなどの中国のソフトウェアやアプリを指す。中国ではGAFAMにアクセスできず、欧米のインターネット情報は「万里の長城」ともいえる堅固な仮想の壁で保護されている。ベルリンの壁を現代風に解釈したもので、米中対立を象徴する。

21世紀の資本主義にとって、情報は貴重な資産である。米中対立の激化は、米中のプラットフォームと、その所有者、企業、ないしは中国共産党などの政党との対立軸とみなすことができる。中国でCOVID-19の新規感染が発生すると、当局は感染者の所在や銀行残高などの詳細を把握した。その結果、香港を含む全国の建物や地域は、陽性者が発生するや否や封鎖された。

また、大株主にとって都合の悪いGAFAMの情報はAIによって削除される。その一例が、ワクチン接種に反対するYouTube動画の頻繁な削除である。これは、GAFAMの資金源がワクチンの利益と密接に関連していることを示唆する。万里の長城の両側では、各システムにとって不都合な情報が管理されているのだ。

ワクチン接種に前向きな欧州諸国では、ワクチン接種パスポートの義務化やデモ、暴動に激しく反発する市民もいた。ワクチン接種が個人やコミュニティの安全にとって重要であることは認識しているが、当局が個人の健康に関する情報を入手することに抵抗感を持つ人もいた。ヨーロッパの理想主義者は、ビッグデータは市民によって管理される公共財であると信じている（Boyer, 2020）。スウェーデンが採用したCOVID-19政策は、市場優位に立ち向かう欧州の理想主義を強く反映している。

3.3　SDGsを問い直す

SDGsはMDGsを発展させたもので、17の目標と169の数値ターゲットから構成されている。SDGsは、MDGsが完成した2015年9月に国連総会で採択された。オープンで参加型の政策立案では、ロビー団体の声の大きさが決定的な影響力を持ち、ポピュリスト的な政策が採用される傾向がある。MDGsは、

具体的な政策手段や責任ある主体を明らかにしない単なる希望的観測に過ぎないと批判されている。SDGsはMDGsの構造的な欠陥を克服できていない。

MDGsの8つの目標のうち、まず最も重要な目標が貧困撲滅であり、これは主に東アジアと東南アジアで達成された。しかし、これはMDGsが見落としていた成長戦略によるものである。アジア、アフリカ、中南米の国々は、世界銀行や欧米のドナーによるインフラ投資の撤退に対応し、MDGsに沿って、中国に本部を置くインフラ投資銀行（AIIB）の設立や中国からの融資を通じて、中国資本の受入れを支援した。

新型コロナウイルス感染症（COVID-19）のパンデミックから世界を再建するためには、持続可能な解決策としてSDGsを再構築する必要がある。現状のSDGsの最大の問題は、指標の収集・報告が途上国の事務負担よりもメリットが少ないことである。指標を達成しなかったことに対するペナルティはなく、達成しても報酬はない。

4.　結語

国益は、対外援助に対するドナーのアプローチを形作る上で重要な役割を果たす。第1に、対外援助は経済的利益を達成するために経済的に動機付けられている。他国の経済成長を支援することで、ドナーも恩恵を受けることができる。第2に、対外援助が地域や世界の安全保障に影響を与える戦略的動機を持っている。第3に、COVID-19のパンデミック時のように、人道的配慮は、リーダーシップを発揮するための国の自己利益にも関連している。

人類はCOVID-19を生き延びた。しかし、リベラル派と保守派の両方から批判され、COVID-19のパンデミックに対して効果的な解決策を提供できていないSDGsは、根本的に見直されなければならない。また、これまで見過ごされがちだった企業や投資家が果たす役割も大きくなるはずである。NGOやボランティアは、開発成果に十分影響を与えなかった。国内機関や国際機関は意見をまとめるのに時間が必要で、包括的な政策しか提供できません。企業や投資家は、これらの弱点を克服でき切るという点で有効である。

現在のSDGsに取って代わる国際的に協調したレジームのためには、将来

のパンデミックの際に、孤立、情報統制、人権抑圧という誤った選択をしないように、強靭な経済システムに基づく倫理的なビジネスが新しい基準となるべきである。

　しかし、エボラ出血熱に匹敵する毒性の強いパンデミックが発生した場合、国際社会が協力して対応するためのレジリエンス（回復力）のメカニズムはない。COVID-19のパンデミックの間、ほとんどの国が厳格な経済封鎖を実施した。SDGsは、これらが浅薄な解決策であり、パンデミックに対して有効な成果をもたらさないことを示した。日本では、明確な法的根拠のない緊急事態宣言が繰り返し発令され、政府や医療専門家への信頼が損なわれた。

　冒頭の質問に戻ると、我々の分析は、ドナーが実際に他国を支援することによって経済的・政治的目的を追求する動機を持っていることを裏付けているように思われる。しかし、競合するドナーと国が共通の目標に合意すれば、相互に利益を得ることは可能である。SDGsは、MDGsの経験から課題を克服しようとする、伝統的なドナーと新しいドナーによって一般的に合意された目標である。COVID-19の経験は、人類が達成したいことの基本的な前提を再検討する必要があるかもしれない教訓を残したのである。

文献

大門（佐藤）毅（2023）「資本主義経済とSDGs─豊かさの意味を問い直す」野田真里編『SDGsを問い直す─ポスト/ウィズ・コロナと人間の安全保障』法律文化社、182-197頁

Boyer, R. (2020). *Les Capitalismes à l'épreuve de la Pandémie*. Paris: Le découverte.

Bourguignon, F., & Sundberg, M. (2007). If foreign aid helping? Aid effectiveness – Opening the black box. *American Economic Review, 97*(2), 316-321. https://doi.org/10.1257/aer.97.2.316

Daimon-Sato, T. (2021). Nexus of military and economic cooperation: Japanese challenges in Afghanistan and Iraq. *Journal of US–China Public Administration, 18*(1), 1-15. https://doi.org/10.17265/1548-6591/2021.01.001

Deudney, D., & Ikenberry, G. J. (1999). The nature and sources of liberal international order. *Review of International Studies, 25*(2), 179-196. https://doi.org/10.1017/S0260210599001795

Fukuda-Parr, S., & Hulme, D. (2011). International norm dynamics and the "end of poverty": Understanding the Millennium Development Goals. *Global Governance, 17*(1), 17-36. https://doi.org/10.1163/19426720-01701002

Fukuyama, F. (May/June 2022). A country of their own: Liberalism needs the nation. *Foreign Affairs*, 80-91.

Lancaster, C. (2007). *Foreign aid: Diplomacy, development and domestic politics*. University of Chicago Press.

Latouche, S. (2020). *La décroissance*. Paris : Que sais-je.

Mersheimer, J. (2018). *The great delusion: Liberal dreams and international realities*. Yale University Press.

Mearsheimer, J. (2014). Why the Ukraine crisis is the West's fault: The liberal delusions that provoked put in. *Foreign Affairs, 1*.

Morgenthau, H. (1962). A political theory of foreign aid. *American Political Science Review, 56*(2), 301-309. https://doi.org/10.2307/1952366

Morgenthau, H. (1969). *A new foreign policy for the United States*. Frederick A. Praeger.

Panchamukhi, V. R. (1983). Complementarity and economic cooperation: A methodological discussion. *Foreign Trade Review, 18*(2), 5-18

Piketty, T. (2014). *Capital in the 21st Century*. Harvard University Press.

Prebisch, R. (1950). The economic development of Latin America and its principal problems. *Economic Bulletin for Latin America*, 7, 1-12.

Singer, H. (1950). The distribution of gains between investing and borrowing countries. *American Economic Review, Papers and Proceedings, 40*, 473-485.

第9章

ソーシャルワーカーおよび
ソーシャルワーク校のマッピング

東田全央

　本章では、各種データベースや地理空間情報システム（GIS）等を利用し、世界におけるソーシャルワーク関連の分布について探索的に示す。本稿では、国際組織等が公開しているデータを使用した。主に、人口当たりのソーシャルワーカーの分布およびソーシャルワーク校の分布の量的データを利用した。GISのマッピングにはEsri社のArcGIS Onlineを使用した。本章のねらいは、データの「客観的」で横断的な特徴を視覚化することであったため、主観的な解釈を最小限に抑えてデータ分析を提示しようと試みた。

　他方、本稿の執筆過程において、上記に加え、とくにデータ収集に関して多くの困難さに直面した。全世界において各国のソーシャルワーカーの数値に関する情報は入手できなかったこと、その他のデータの信頼性については検証していないことから、本章のデータ分析結果は探索的な性格を有したままである。

　本稿で該当度数の比較に際し国連加盟国数を参照した場合は、便宜上193か国を対象とした。これには、バチカン、コソボ共和国、クック諸島、ニウエ、台湾（中華民国）、パレスチナ、ソマリランド共和国などが含まれていないが、本稿はそれらの国際的位置づけ等について議論するものではない。また、本稿で利用される地図上の境界等については、GISソフトのデータに基づくものであり、本稿は特定の国境線を政治的に主張するものではない。

1. ソーシャルワーカーの人数と分布

全世界におけるソーシャルワーカーの人数や実態には諸説あるが増加傾向とみられる。国際ソーシャルワーカー連盟 (IFSW, 2021)によれば、2019年において128の会員国から300万人以上のソーシャルワーカーを代表しているとされた。2022年報告書 (IFSW, 2023) においては146の国の協会から500万人以上を代表していると記述された[43]。2022年11月現在の世界人口は80億人を超えたと推計されるため、粗く単純計算すれば1万人当たり約6.25人のソーシャルワーカーがいることになる。しかしながら、その地理的な分布についての十分なデータを収集することはできなかった[44]。そこで、可能な範囲で情報収集をして部分的に示すことを計画したところ、主に課題・領域別および地域・国別の集計方法を採用した。

課題別については、世界保健機関（WHO）が公開するデータの中に精神保健領域におけるソーシャルワーカーに関するデータを活用することができた。そのデータの範囲は、精神保健に従事するソーシャルワーカーで、民間および公的な精神保健施設ならびに個人診療所で働く専門家を含む。全世界各国（n = 100）における人口10万人当たりの数値が利用可能であった。**図9-1**にソーシャルワーカーの人口比を国別にプロットした。人口1万人当たりに換算すると、範囲は0人（キプロス）から14.54人（カナダ）で、中央値は0.05人であった[45]。人口1万人当たりで、0.50人以上の国は9か国（カナダ、モナコ、コスタリカ、米国、ベルギー、パナマ、韓国、日本、ブラジル）であった。その一方で、0.01人未満の国は25か国であった（イラク、赤道ギニア、ブルンジ、セネガル、インド、タンザニア、イエメン、トーゴ、マダガスカル、エリトリア、エチオピア、ウガンダ、ニジェール、シエラレオネ、アンゴラ、中央アフリカ共和国、コンゴ共和国、エクアドル、ザンビア、モザンビーク、

---

[43] 2002/2004の議事録には、78か国から47万人のソーシャルワーカーを代表している、という記述もある (IFSW, 2012)。

[44] 2023年4月にIFSW事務局に本件について問い合わせたが、執筆期日までに回答は得られなかった。

[45] 実数等の情報がないため、割合の統計処理は不可能であった。

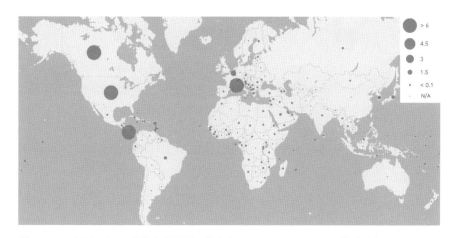

図9-1.　100か国における精神保健領域で従事するソーシャルワーカーの推計分布
注：筆者作成。データソースとしてWHO（2019）の人口比データを使用。人口1万人当たりのソーシャルワーカー数の推計を国別に表示した。黒ドット（N/A）は、国連加盟国数193か国のうちデータが含まれなかった国・地域を表す。なお、本図の原型図はWHO（2019）を、本図の改変図は東田（2024）を、それぞれ参照のこと。

ミャンマー、ブルキナファソ、ギニア、チャド、グアテマラ）。

　さらに、国・地域別のデータについては、各国や地域の機関が公開するデータを利用することができた。果たして、それらをすべて集計すれば世界のソーシャルワーカーの推計になるのであろうか。たとえば、U.S. Bureau of Labor Statistics（2022）によれば、米国においては2021年現在70万8100人（同年現在1万人当たり21.3人）がソーシャルワーカーとして従事していると推計され、毎年平均して約7万4700人のソーシャルワーカーの募集が予測された。また、その統計情報によれば、ソーシャルワーカーの全体的な雇用について、2021年から2031年にかけて、全職種の平均より高く、9％の成長が予測された。

　英国においては、ソーシャルワーカーの人数は、2010年の11万1100人から、2022年には約12万2300人（同年1万人当たり18.1人）になると推定され、増加傾向であった。

　日本においては、1987年に法制度化された国家資格である社会福祉士の登録者数（2022年現在）が28万968人で、1万人当たりは約22.5人であった。さらに、別の国家資格である精神保健福祉士の登録者数（同年現在）が約10万

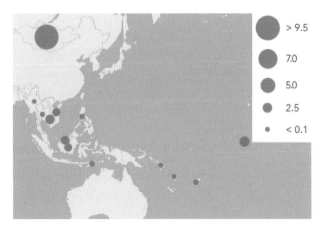

図9-2. 東南および東アジアにおいて把握されたソーシャルワーカー等の推計分布
注：UNICEF East Asia and the Pacific Regional Office (2019)のデータを使用して筆者作成。試みとして、最小の過小推計・実数値を人口1万人あたりに概算換算して示した。該当国はカンボジア、フィジー、インドネシア、キリバス、ラオス、マレーシア、モンゴル、ミャンマー、パプアニューギニア、フィリピン、ソロモン諸島、タイ、東ティモール、バヌアツ、ベトナム、である。ただし、表9-1にもある通り、これらのデータは把握された人数に基づいており、実態を必ずしも示すものではない。

人、介護福祉士が約188万人、その他社会福祉主事、民生委員などもあり、どこまでをソーシャルワーカーとみなすかについては議論の余地がある。

東南アジアおよび周辺地域においてはいくつかのまとまったデータが利用可能であった。**図9-2**にソーシャルワーカー等の1万人当たりの人口比を国別にプロットしたものを、**表9-1**に基本となる情報を整理したものを示した（カンボジア、フィジー、インドネシア、キリバス、ラオス、マレーシア、モンゴル、ミャンマー、パプアニューギニア、フィリピン、ソロモン諸島、タイ、東ティモール、バヌアツ、ベトナム）。データが含まれなかった2か国（ラオス、パプアニューギニア）を除き、人口1万人当たりで最も多かったのはモンゴル（約9.52人）、次いでキリバス（約2.82人）であった。人口1万人当たり1人未満であったのは7か国（ミャンマー、ソロモン諸島、バヌアツ、タイ、フィリピン、フィジー、東ティモール）であった。

また、狭義のソーシャルワーカーに当てはまるかどうか議論する際の別の事例として、コミュニティ・ヘルスワーカーに関する数値が利用可能であった。**図9-3**に、WHOが収集した98か国のデータのうち、各国において最も新

表9-1. 東南アジア及び周辺国におけるソーシャルワーカー等の推計情報

国名	社会サービスの労働力の規模と範囲	専門職化
カンボジア	ソーシャルワーカーは約3,764人で、そのうち33%が中央政府機関、67%が州政府・地方政府で働いている。非政府組織（NGO）で働く人数は不明。	職能団体有り、倫理綱領無し。
フィジー	政府で働いているのは57人。NGOや信仰基盤組織（FBO）で働いている人数は不明。	職能団体有り、倫理綱領有り。
インドネシア	政府機関に45,000人。NGOは不明。	専門職団体あり、倫理綱領あり。ソーシャルワーク専門職に関する法律は国会審議中。
キリバス	政府機関に31人。NGOやFBOは不明。	未確立。
ラオス	社会福祉従事者が該当、人数は不明。	未確立。
マレーシア	6,900人（うち児童保護官5,000人）	専門職団体あり、倫理綱領あり。ソーシャルワーク専門職に関する法律は国会審議中。
モンゴル	中央・地方政府の教育、保健、司法の各分野で2,856人従事。NGOにおける人数は不明。	6つの職能団体有り、倫理綱領有り。
ミャンマー	推定200人。NGOについては不明。	未設立。
パプアニューギニア	人数は不明。	職能団体有り、倫理綱領有り。
フィリピン	人数は不明。ある推計によると、社会福祉開発局（DSWD）の登録ソーシャルワーカーは5,423人、ただし保健、教育、司法のセクターを除く。	専門職団体有り、倫理綱領と実践基準有り。法律で義務付けられたソーシャルワークの専門職、専門職免許制度有り。
ソロモン諸島	政府機関に13人。NGOやFBOにおいては不明。	未確立。
タイ	登録ソーシャルワーカーは3,000人（準ソーシャルワーカーを除く）。その他の準専門職およびボランティアの人数は不明。	専門職団体有り、倫理綱領有り。法律で義務付けられたソーシャルワークの専門職、専門職免許制度有り。
東ティモール	政府に90人、NGOやFBOに未知数	未確立。
バヌアツ	法務・地域サービス省に7人（その他の政府機関、NGO、FBOにおける人数は不明）	未確立。
ベトナム	政府機関に16,424人。NGOとFBOにおいては不明。政府の社会福祉において58,033人の需要があると推定。	専門職協会有り、倫理綱領有り。ソーシャルワークに関する法令草案有り。

注：データソースはUNICEF East Asia and the Pacific Regional Office (2019: 99-103) より抽出および一部修正・再解釈し、筆者作成。FBOsは信仰基盤組織（Faith-based organisations）、NGOsは非政府組織（Non-governmental organisations）を指す。

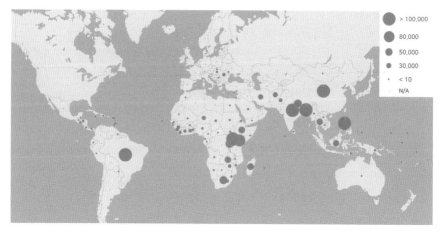

図9-3. コミュニティ・ヘルスワーカー（実数）
注：筆者作成。データ源はWHO（2023）。黒ドット（N/A）は、国連加盟国数193か国のうちデータが含まれなかった国・地域を表す。

しいデータのみを抽出して示した。最終収集年は、2000年（Saint Vincent and the Grenadines）から2021年（11か国）までであり、人口当たりの算出が困難であったため、度数のみを示した。範囲は0人（5か国：ギニアビサウ、マラウイ、ペルー、スリランカ、ツバル）から100万人以上（中国およびインド）までであり、中央値は1,859人であった。

2. ソーシャルワーク校・プログラム数と分布

全世界のソーシャルワーク校については国際ソーシャルワーク学校連盟（International Association of Schools of Social Work: IASSW）のいわゆるセンサスデータ（Rautenbach, 2021）を参照した。ソーシャルワーク教育・訓練について、2000年に114か国で計1,384のプログラム[46]が、2010年には125か国で計2,110プログラムが、2020年末には159か国で計3,572プログラムが把握された。その調査方法の限界から、これらのデータはソーシャルワーク関連校およびプログラムの実数をどこまで正確に示しているかは定かではない。国によっ

46　2000年のIASSWセンサスの再解析についてはBarretta-Herman(2005)を参照のこと。

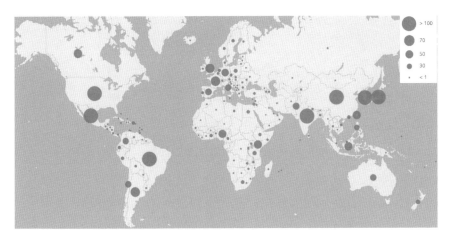

図9-4. IASSWが把握したソーシャルワーク教育プログラム数の各国分布
注：筆者作成。データはRautenbach (2021)を使用した。重複等が見られたデータについては修正を加えて算出した。

ては実数より低い可能性がある[47]。本データにはいくつかの誤記が散見されたため、データを調整したうえで、国別の実数をマッピング化したものを図9-4に示した。100プログラム以上は7か国（米国、ブラジル、日本、インド、中国、韓国、メキシコ）で、米国が最大（714プログラム）であった。5プログラム未満の国は全体の過半数（約51.9%）を占めた。

3．事例：精神保健ソーシャルワーカーとソーシャルワーク校の関係性

図9-5に、中近東・アフリカ地域を事例として、精神保健ソーシャルワーカー数とソーシャルワーク教育プログラム数の両方の分布を示した。この図は上記で使用した国際データ（Rautenbach, 2021）とWHO（2019）のデータに基づいて作成された。上述のとおり、いずれかのデータが無い国はその実態が無いということを必ずしも示すものではなく、またデータがある国においてもその情報が正確かどうかの検証は行われていない。そのため、この図

47　たとえば、モンゴルには14校程度があるといわれるが、2校のみが示されている。

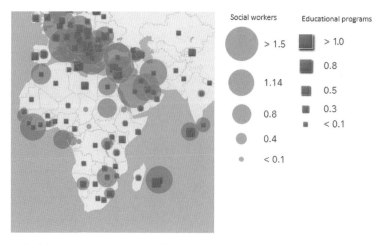

図9-5．中近東・アフリカ地域における精神保健ソーシャルワーカーとソーシャルワーク教育プログラム数の分布
注：筆者作成。それぞれ人口比にて換算した後、0を含むデータがあったため、すべての実数に1を加算して常用対数変換を行った。

も、横断的な傾向を捉えるための視覚的データとして、議論の素材にしてもらいたいために示したに過ぎない。

　加えて、同様のデータを用いて、精神保健領域で従事するソーシャルワーカーの推計値（WHO, 2019）と、IASSWによって把握されたソーシャルワーク教育プログラム数（Rautenbach, 2021）の関係性について探索した。欠損値[48]を除外して得られた共通のデータ（n = 73）のうち、そのソーシャルワーカー数およびソーシャルワーク教育プログラム数の人口当たりの推計値をそれぞれ対数変換して検定したところ p < .01 で有意となり、相関係数 r = .38 で比較的弱い正の相関があった。この結果はソーシャルワーク教育実施校数とソーシャルワーカーの人材育成との関係が探索される余地を示唆する。

48　本データは欠損値が大きいため、使用データの偏りが生じている可能性がある。

4. 結語

　本章では、ソーシャルワークに関連する実践者や教育機関の世界における分布を探索的に示した。本章には、客観的な事実を示すことが期待されていたため、そのデータ自体についての解釈は読者に委ねる。

　しかし、ソーシャルワーカーに関連するデータについては付言しておきたい。冒頭でも述べたように、そのデータ自体が十分に整理されておらず、また信頼性も検証が不可能な状況に筆者は直面した。ソーシャルワークの全世界的な状況把握が求められる一方で、それはソーシャルワーカーの定義にかかる問題も含むことから、簡単ではなかろう。たとえば、ソーシャルワーカーとして含まれている実践者の諸相は各国で異なることが容易に想像される。その一例として、仏教ソーシャルワークについては次章と、第I部の補章を参照いただきたい。いずれにせよ、本章のテーマは継続的に検証される必要がある。

　謝辞
　本研究はJSPS科研費JP23K25597の助成を受けたものです。

文献

東田全央 (2024) 「国際開発におけるソーシャルワーク―精神保健福祉領域に焦点を当てて」『精神保健福祉』139号, 346-350.

Barretta-Herman, A. (2005). A reanalysis of the IASSW World Census 2000. *International Social Work, 48*(6), 794–808.

International Federation of Social Workers (IFSW). (2012). *Minutes of the IFSW General Meeting 2004*. Retrieved from www.ifsw.org

International Federation of Social Workers (IFSW). (2021). *IFSW statement on the draft convention on the right to development*. Retrieved from www.ifsw.org

International Federation of Social Workers (IFSW). (2023). 2022 *end of year report*. Retrieved from www.ifsw.org

Rautenbach, J.V. (2021). *Global directory of schools of social work: Census 2020*. International Association of Schools of Social Work (IASSW).

Statista. (2022). *Estimated number of social workers in the United Kingdom from 2010 to 2022*. https://www.statista.com/statistics/319253/number-of-social-workers-in-the-uk/

UNICEF East Asia and the Pacific Regional Office. (2019). *The social service workforce in the East Asia and Pacific region: Multi-country review.*

U.S. Bureau of Labor Statistics. (2022). *Community and social service*. https://www.bls.gov/ooh/community-and-social-service/social-workers.htm

World Health Organization, WHO. (2019). *The global health observatory. Social workers working in mental health sector (per 100,000)*. https://www.who.int/data/gho/indicator-metadata-registry/imr-details/2959

World Health Organization, WHO. (2023). *Community Health Workers (number)*. https://www.who.int/data/gho/data/indicators/indicator-details/GHO/community-health-workers-(number)

第10章
仏教ソーシャルワーク

郷堀ヨゼフ

　ソーシャルワーク専門職のグローバル定義に対して異議を唱えた秋元（Akimoto, 2017）は、ソーシャルワークをすべての人々のものとするための一つの切り口として、仏教ソーシャルワークを提案した。ソーシャルワークそのものを専門職という狭い範囲に限定する動きとしても捉えられる2014年に採択されたグローバル定義に対して（ISSW, 2014）、秋元は西洋生まれのソーシャルワーク専門職から仏教ソーシャルへの方向性を提示した。したがって、秋元の独創的な論の展開をたどっていけば、本章で取り上げる仏教ソーシャルワークはソーシャルワークそのものの議論にもつながっていく。一方で、民族や地域等を超越する世界宗教の一つである仏教に着目することによって、該当する地域の文化や生活様式も当然ながら射程に入るので、インディジナス（土着）のソーシャルワークのあり方といった視点も必然的に出てくる。さらに、ソーシャルワークの理論と実践宗教やスピリチュアリティといったカテゴリーとの関連性も視野に入り、多層構造の議論になる。本章では、この多様な側面を念頭に置きながら、仏教ソーシャルワークの概念を紹介することを目指す。

　秋元の提唱したコンセプトを土台に、仏教や仏教哲学の立場からカルマ・サングボ（Karma, 2017）やヘラ（Herath, 2017）等の研究者は仏教ソーシャルワークの特徴的な要素を提示しているが、本章ではこれらについて整理しながら、仏教ソーシャルワークに関するこれまでの研究の展開について振り返っていき、仏教学及びソーシャルワークの両方の専門領域に偏ることなく、仏教ソーシャルワークの概要と特徴を一般論としてまとめていく。

253

1. 仏教ソーシャルワークに関する研究の小史

アジアのコンテキストにおけるソーシャルワークの位置づけと役割を再考する際に、秋元がいくつかの研究プロジェクトを進めていく中で、2010年代初頭に初めてソーシャルワーク領域における仏教の可能性に触れる。2012年、3年間にわたってベトナム国家大学ハノイ校のグエン・ホイ・ロアンの率いる研究グループは、仏教に内在するソーシャルワーク的な要素を特定した（Sakamoto, 2014）。さらに、ウィクラマシンハを中心とするスリランカの研究グループは、仏教とソーシャルワークが絡み合う現地の活動モデルをソーシャルワークの代替機能として位置付けた上でその可能性を指摘している（Sasaki, 2014）。これらの調査研究が土俵を形成し、後にベトナム、タイ、スリランカ、ネパールとミャンマーを対象としたいわゆる「5ヵ国調査」等のようなさらなる研究活動へと発展していき、後述する「ABCモデル」の提唱につながっていく（Akimoto, 2017）。アジアのソーシャルワークにおける仏教の可能性が次第に認識されるようになり、単なる代替ではなく、独自性のあるソーシャルワークのあり方として確立されつつある。これらの研究活動を踏まえ、2015年、アジアにおける仏教ソーシャルワークの実態の明確化を目的とした国際共同研究は、文部科学省による私立大学戦略的研究基盤形成支援事業の一環として淑徳大学を拠点に発足した。12のアジアの国と地域で同時展開されたこの研究プロジェクトは、現地調査をはじめ、ワークショップやフォーラムを活用しながら仏教ソーシャルワークの議論を進め、研究シリーズ『仏教ソーシャルの探求』（2017-2024, 学文社）と称した、22冊の学術図書から構成される研究叢書を主な研究成果としている。さらに、2017年に発足した「アジア仏教ソーシャルワーク研究ネットワーク」は、約150名の研究者と実践者の集う組織として新たな研究活動の受け皿として機能し始めた。

10年間の活動を振り返った時、仏教ソーシャルワークへの理解の知見が深まり、研究対象及び研究領域としての進展についても確認できるが、同時に、研究の組織化に向けた動きもみられる。

2. 仏教ソーシャルワークの特徴

　共同研究の成果として、アジア各地で仏教寺院、仏教徒、仏僧（僧侶および尼僧）あるいは仏教NGOなどが提供する著しい数の活動が確認された。子ども、高齢者、貧困層に焦点を当てた活動が中心となり、個人、家族、地域社会等に支援と援助を提供する点においても、多くは一般的とされるソーシャルワークの実践と重複していることが明らかになった。このようにして、ソーシャルワークの中核機能に準拠した活動もある一方、教育、保育および職業訓練のほか、カウンセリングや瞑想などのプログラムも数多く確認された。さらに、リハビリテーションセンター、ホスピスなどの施設も仏教寺院や仏僧などによって経営され、慢性疾患患者、障害者、あるいはHIV/AIDS患者のためのプログラムなども確認された。これらはすべて、医療や教育などの領域との境界を明らかに越えているにもかかわらず、仏教ソーシャルワークの一環とした活動として、地元の文脈において理解され解釈されている。ただし、ヒューマンケアといった観点から福祉やソーシャルワークに隣接する領域のみならず、農業支援やインフラ整備および構築のほか、環境保護プログラムなどの活動も、仏教ソーシャルワークの一部と認識され、ソーシャルワーク専門職として一般的に想定されている活動範囲を明らかに超えており、環境や開発などの領域との重複が明確である。同時に、このような活動範囲や活動対象などは、仏教ソーシャルワークを特徴づける要因のひとつであるといえる。これらの活動をすべて仏教ソーシャルワークの一部として位置付ける根拠となるものは、「生きとし生けるすべてのものの利益のために」という中心的な仏教理念であり、人々の幸福を目的とした活動すべては仏教ソーシャルワークとして解釈されることになる（Gohori, 2021a）。この背景には、仏教哲学の中心的なもうひとつの概念があると考えられる。日本語では「縁起」と称され、パーリ語で「paṭiccasamuppāda」という用語の意味とは、すべての事象が互いに関係しあっており、依存しあっているということである。人間や人類社会だけではなく、すべての生き物、すべての存在は、尊重されるべきといった仏教的価値基盤が諸活動に対する考え方と解釈に反映さていると考えられる。この意味において、人間社会（または文化）と環境（または自

然）は同一のものであり、分割することができないということになる。私た
ち人間の身体でさえも人間以外の微生物叢で構成されていることが生物学で
実証されているように、人体や個々人を取り巻く環境もまた無数の関係性に
よって形成されていることが明らかである。パーリ語のpaṭiccasamuppādaを
「Everything matters＝すべてが大事である」と解釈した上で、社会は単に「人
類社会」としてのみ存在し得ないことになる。したがって、仏教ソーシャル
ワークは人間だけに焦点を当てることができず、環境や生態系なども仏教ソー
シャルワークの構成要素になる。この考え方は、キリスト教文化の価値体系
を形作ってきた垂直的な階層構造とは明らかに異なり、さらに、エコロジカ
ルアプローチなどのようなソーシャルワーク（対人援助）の代表的な手法と
の相違点も明らかである。換言すると、仏教ソーシャルワークの理論的基盤
は、西洋生まれのソーシャルワーク専門職とは異なる要素を必然的に内包す
ることになる（Gohori, 2021b）。社会に対する解釈および環境問題に関する考
え方は、ドミネリ（Dominelli, 2012）の提唱した「グリーン・ソーシャル・ワー
ク」（2012）といった概念との類似性を認めるが、人間（界）と自然（界）を
区別せず、同一の存在体として位置付ける仏教とは明らかに異なる。

　上記のことからも明らかであるように、仏教のソーシャルワークは仏教の
教えによって支えられており、その倫理的原則もまた仏教の倫理基盤及び行
動規範（五戒に代表される戒律を参照されたい）に厳密に従っていることに
なる。このことは、信仰や信者を基盤とする組織（Faith-based-organizations,
FBO）や宗教関連団体による活動に共通する点だが、仏教ソーシャルワーク
の性質のみならず、その理論的基盤と具体的な手法を形成する仏教的要素は、
単なる地域的な属性ではない、と指摘されている。つまり、世界全域に対す
る普遍的なソーシャルワークとグローバル定義に基づいて想定できるものの
特定地域特有の付属品ではないということになる。例えば日本では、社会福
祉やソーシャルネットワークの概念には、死者との関係性が含まれており、
個々人の社会的ネットワークの構造や社会そのものの構造が仏教の本質的な
側面を反映していると指摘され、生活支援において死者との「続きゆく絆」
がどのように活用されているかという事例も紹介されている（Klass, 1996;
Gohori, 2016）。また、ワルニ（Waruni, 2021）は、スリランカでの実践経験を

踏まえながら責任と人権といった中核的要素への理解と解釈が仏教ソーシャルワークの文脈において、主流と呼ばれるソーシャルワーク専門職とは大きく異なることについて分析している。さらに、ソーマーナンダ（Somananda, 2022）は原始仏教の教えをまとめたパーリ仏典からソーシャルワーク関連の概念、理論および方法を直接抽出し独自の分析を行っている。原始仏教から見いだされる福祉・ソーシャルワークの思想は先駆的な取り組みとして、仏教ソーシャルワークを論じる上で極めて重要であり、仏教ソーシャルワークの独自性を明確に示すものでもある。

　おそらく仏教ソーシャルワークの最も重要な特徴は、人々が生活の中で遭遇する諸問題の本質的な原因を求める独自の考え方である。仏教のソーシャルワークでは、個々人が直面する様々な社会問題の原因は、「苦しみ」を意味するドゥッカと呼ばれる概念を用いて解釈されている。これはむろん仏教の教理に強く影響されている解釈だが、苦しみに対して仏教では、死や死別などのできごとが様々な苦しみを生み出すと考えられる。生老病死に代表される人生のできごとに対して、私たち人間は死や病気などの苦しみの原因を回避したり排除したりすることが不可能であるという点から仏教哲学が出発している。これは、かつて一部の西洋の学者が仏教を虚無主義の信念体系として誤って分類したことにつながる（Narada, 2022）。しかし、これはひどい誤解であって、生老病死を回避できない現実を受け入れるということは諦めるということではなく、虚無主義的な考えをもつということでは決してない。私たちの苦しみは、生老病死などの人生の出来事から生まれるのではなく、私たちの心の拡張機能や自らの概念化や思い込みから生じる、というのが本来の仏教の教えである。苦しみの正体を理解した上で、仏教では、この苦しみから解放される（解脱）具体的な方法が説かれている。つまり、仏教は幸せになるための、救済されるための具体的な生活実践まで示している。これらの思想は当然ながら仏教ソーシャルワークの構成要素にもなっており、あらゆる事象について内側と外側、つまり物質側面と非物質（精神的）側面の両方を考慮し、包括的なアプローチが常に活用されている。換言すると、仏教ソーシャルワークでは、生活課題や諸問題に対してその原因を、社会構造等の「外」だけではなく、生活者がこれらをどのように考えて、どのように受

け止めているかという「内」の領域をも視野に入れており、両方に対して常に働きかけているという点も特徴的ある。

　仏教のソーシャルワークの現場には、訓練を受けたソーシャルワークの専門家や、ソーシャルワーカーの資格に相当するライセンスを持った人がほとんどいない。一方で、ホンが指摘しているように（Huong, 2023）、仏教ソーシャルワークを実践する人々の態度や行動様式とコミュニケーション様式は菩薩行に基づくものである（Huong, 2023）。生きとし生けるすべてのものの幸せ（利益）のために自ら努力し、すべての存在の救済を目標とした菩薩の道は、大悲と大慈などの仏教の教えに基づいており、仏教の価値基盤を反映している。ソーシャルワーク専門職の教育では、何をどのように行うかに焦点を当て、理論と方法が重視されるが、一方の仏教ソーシャルワークの教育では、仏教ソーシャルワークの提供者自らの内面から始まる。つまり理論や方法という手段ではなく、活動の主体の内面的な変化から出発し、価値基盤や態度などに重点が置かれているといえる。

　むろん、仏教ソーシャルワークには懸念事項やマイナス面も含まれている。上座部仏教では、聖職者の社会的地位の高さやジェンダーバイアスなどがしばしば問題視される。さらに、障害や病気は、当事者やその親の前世での悪行を行った結果として認識され批判の対象になることもあると報告されている。しかし、チャンド・シリマネが指摘したように（Sirimanne, 2015）、これらの制限の多くは仏教の教えよりも地元の文化や社会的環境の影響を受けている。ここで言及しておかなければならないのは、ここで紹介されている仏教ソーシャルワークは理想的な概念と実践ではなく、当然、課題や問題もあるが、本章では、仏教ソーシャルワークの特徴を描写することを目的としているだけであって、その構造的や機能的な課題に関する分析等を目指したものではない。

3.　概念化

　秋元は、西洋の思想と実践に根ざしたソーシャルワーク専門職を（A）とし、特定の地域独自の文化や社会構造等の要素を取り入れた（土着化された）

西洋生まれのソーシャルワーク専門職を（B）としたうえで、西洋生まれの
モデルに依拠しない、特定の地域特有のソーシャルワーク実態を求めて（C）
モデルとして位置付けた。これらの３つの形態を意識したのが、前述したABC
モデルである。そこで、秋元のABCモデルに基づく仏教ソーシャルワークの
作業定義は次のようになる：

モデルC

Buddhist social work is human activities which help other people solve or
alleviate life difficulties and problems, based on the Buddha-nature. Buddhist
social work always finds causes to work on in both the material, or social arena,
as well as in the human, or inner arena, working on both arenas in tandem. Its
fundamental principles include compassion, loving kindness and mutual help,
and interdependency and self-reliance. The central value is the Five Precepts.
The ultimate goal is to achieve the wellbeing of all sentient beings and peace.
(Akimoto, 2018, p. 3)

　研究成果のひとつとしてアジア仏教ソーシャルワーク研究ネットワークに
集う共同研究者によって定められた上記の英文定義に対して正式な和文定義
がないが、筆者の解釈を含めて日本語で整理しておきたい[49]。「仏性及び仏教の
教えを基盤としながら仏教ソーシャルワークは、人々の生活と人生における
問題を解決することを目的としながら、社会や環境のような外部要因のみな
らず、人々の内面もしく心理的側面の内部要因にも常に働きかけている。大
悲、大慈、縁起とそれに伴う相互扶助と同時に、一人ひとりの意識と行動に
重点を置いた独立独歩を重んじる。仏教ソーシャルワークの価値基盤は五戒
によって構成されており、最終的な到達目標とは、生きとし生けるすべての
ものの利益と平和である。」

49　［編者注］淑徳大学アジア国際社会福祉研究所として、英文の本作業定義の正式な和
　　　訳・定訳は意図的に設けていない。したがって、本章の筆者による和訳は、筆者（ら）
　　　の見解による仮訳・解釈である点について留意されたい。

モデルB

Buddhist Social Work is the social work based on the Buddhist philosophy. It helps individuals, families, groups and communities enhance social functions, and promote their wellbeing and peace, and human happiness and harmony. It is an academic inter-discipline and profession. Buddhist Social Work professionals will demonstrate his/her knowledge and skills, values guided by the principle of Buddha-nature. (Akimoto, 2018, p. 3)

　モデルAと同様に、モデルBについても筆者の解釈を付け加えたい。正式な和文定義ではない点について、ここでも留意されたい。モデルBにおいて、「仏教ソーシャルワークを仏教哲学に基づくソーシャルワークとして定義づける。学際的な学問と専門職として、個人、家族、集団とコミュニティを対象としながら、仏教ソーシャルワークが社会的機能を強化し、ウエルビーイング、平和と人々の幸福と調和を向上させる。」仏教の教えに導かれて仏教ソーシャルワークの専門職は自らの知識や能力などを発揮することもこの定義に盛り込まれている。

　両方の定義に関して（著者もこの論文の議論に関与した一人であることを念頭に置きながらも）、考慮しなければならない問題がいくつかある。モデルCに関しては、それが仏教そのものの定義なのか、それとも仏教ソーシャルワークの定義なのかは明らかではない (Akimoto, 2017: 31-32を参照)。仏教の中核的な思想や特徴を求められた場合、ほとんどの仏教学者は、上記の定義のすべて、またはほぼすべての部分が含まれるべきだと回答するに違いない。たとえその定義が狭すぎて仏教のすべての側面を包括的に伝えることができないとしても、仏教の構成要素の一部を直接指している (Sobitha, 2023)。したがって、定義として曖昧に見えてしまい、仏教そのもの、あるいは仏教に基づく慈善活動、またはよく知られている「社会参加仏教」などの概念との区別は難しくなりかねない。

　一方、モデルBの定義は、ソーシャルワーク専門職のグローバル定義の単なる拡張として解釈される可能性がある。仏教ソーシャルワークはソーシャルワークの一形態であるという記述は、広く受け入れられているソーシャル

ワークの学問と専門職が存在することを前提としており、仏教ソーシャルワークをこれらの地域展開版として位置付けてしまう意味合いを含んでいる。さらに、学問分野や専門職に仏教ソーシャルワークの範囲を限定することによって、前述した仏教ソーシャルワークの特徴を反映し、応用できるかどうかさえ疑問である。

したがって、批判的に分析した際、両方の定義は構築途上の段階にあり、仏教ソーシャルワークの思想的基盤から見いだされる理論、実践現場から抽出される独自の方法、担い手の育成からみえてくる教育形態、そして、これまでの歴史的展開から明らかになる政治的・社会的等の背景と位置づけに関する更なる研究を進めて、仏教ソーシャルワークの概念化（体系化）のプロセスを続けることが必須である。

4.　結語

宗教とソーシャルワークへの取り組みに関して、論の展開や文脈に落とし込んでいく方法については常に複数の選択肢がある。1つ目は、信仰に基づく組織に焦点を当て、FBOという観点から論じることである。もう1つは、宗教およびスピリチュアリティとソーシャルワークの関係に関連する背景を扱うことである。3つ目のアプローチは、ソーシャルワークそのものの社会的背景と文化的背景に着眼することによって、その思想と価値に大きな影響を与えてきた宗教の果たした役割について論じることである。本章は、仏教のソーシャルワークとその特徴を紹介することを試みたものである。そのため、FBOやスピリチュアリティなどを論じる前に、筆をおきたいと思う。表層的な紹介ではあるが、本章は、仏教ソーシャルワークが世界中のソーシャルワークの多様な形態のうちの1つであるという可能性を示したものである。

文献

郷堀ヨゼフ（2016）『生者と死者を結ぶネットワーク ―日本的死生観に基づく生き方
　に関する考察』上越教育大学出版会

藤森雄介編（2020）「東日本大震災を契機とした、地域社会・社会福祉協議会と宗教施
　設（仏教寺院・神社等）との連携に関するアンケート調査」調査報告書 淑徳大学
　アジア国際社会福祉研究所

Akimoto, T. (2017). The globalization of Western-rooted professional social work and
exploration of Buddhist social work. In Gohori, J., Akimoto, T., Ishikawa, T., Loan,
N.H., Onopas, S., & Sangbo, K. (Eds.). *From Western-rooted professional social work to
Buddhist social work* (pp. 3–41). Tokyo: Gakubunsha.

Akimoto, T. (2017). ABC model of Buddhist social work. In Gohori, J., Akimoto, T.,
Ishikawa, T., Loan, N.H., Onopas, S., & Sangbo, K. (Eds). *From Western-Rooted
professional social work to Buddhist social work* (pp. 22–25). Tokyo: Gakubunsha.

Akimoto, T., & Hattori, M. (Eds.). (2018). *Working definition and current curricula of
Buddhist social work.* Faculty of Sociology, USSH-VNU, and ARIISW.

Akimoto, T., Fujimori, Y., Gohori, J., & Matsuo, K. (2020). Objection to Western-rooted
professional social work. To make social work something truly of the world:
Indigenization is not the answer. Gohori, J. (Ed.). *The journey of Buddhist social work:
Exploring the potential of Buddhism in Asian social work* (pp. 65–68). ARIISW.

Dominelli, L. (2012). *Green Social Work. Cambridge*: Polity.

Gohori, J., Akimoto, T., Ishikawa, T., Loan, N.H., Onopas, S., & K. Sangbo. (Eds.) (2017).
*From Western-rooted professional social work to Buddhist social work. Exploring
Buddhist social work.* Tokyo: Gakubunsha.

Gohori, J. (2019). On religion and social work. In Tran Nhan Tong Institute. (Ed.). *Social
assistance activities of contemporary Buddhism* (pp. 107–114). Hanoi: Vietnam National
University Press.

Gohori, J. (2021a). Cultural background of social work: Exploring the Buddhist social work.
In Tulshi Kumar Das et al. (Eds.). *Social Work and Sustainable Social Development*
(pp. 63–69). Sylhet: Shahjal University Press.

Gohori, J. (2021b). Beyond the comparative study: An attempt to touch the essence of
Buddhist social work. In Akimoto, T., & Someya, Y. (Eds.). *What Buddhist social work
can do while Western-rooted professional social work cannot* (pp. xiii–xvii). ARIISW.

Gohori, J., & Someya, Y. (Eds.). (2021). *Social work academics resisting the globalization of
Western-rooted social work decolonization, indigenization, spirituality, and Buddhist
social work.* ARIISW.

Herath, H.M.D.R. (2017). Buddhist social work: Theory and practice. In Gohori, J., Akimoto,
T., Ishikawa, T., Loan, N.H., Onopas, S., & Sangbo, K. (Eds.) *From Western-rooted
professional social work to Buddhist social work.* (pp. 46–56). Tokyo: Gakubunsha.

Huong, N. (2023). What is a true Buddhist social worker? *International Journal of Buddhist
Social Work, 2,* 78–89.

IFSW & IASSW. (2014). Global definition of the social work profession. Retrieved February

4, 2024, from https://www.ifsw.org/what-is-social-work/global-definition-of-social-work/.

Karma, S. (2017). Social welfare by Buddhist monasteries in Nepal. In Gohori, J., Akimoto, T., Ishikawa, T., Loan, N.H., Onopas, S., & Sangbo, K. (Eds.). *From Western-rooted professional social work to Buddhist social work* (pp. 57–65). Tokyo: Gakubunsha.

Kikuchi, Y. (Ed.). (2015). *Buddhist "social work" activities in Asia.* (Headed by Akimoto, T.). Asian Center for Social Work Research (ACSWR), Shukutoku University.

Klass, D. (1996). *Continuing bonds: New understandings of grief (Death education, aging and health care)*. Routledge.

Loan, N.H. (2020). Comparing Western-rooted social work and Buddhist social work in providing psychotherapy/counselling for people with mental problems in Vietnam. In Akimoto. T., & Someya, Y. (Eds.). *What Buddhist social work can do while Western-rooted professional social work cannot.* ARIISW.

Loan, N.H. (2022). Buddhist social work: Questioning the professionalism. *International Journal of Buddhist Social Work, 1*, 70–72.

Narada, P. (2020). Sri Lankan monk's social work process while disproving Weber's statement as Buddhism is an asocial religion. In Akimoto, T. (Ed.). *Buddhist social work in Sri Lanka: Past and present* (pp. 153–168). Tokyo: Gakubunsha.

Oyut-Erdene, N. (2022). Buddhist social work: Questioning the professionalism. *International Journal of Buddhist Social Work, 1*, 70–72.

Sasaki, A. (Ed.). (2014). *(Professional) social work and its functional alternatives.* Asian Center for Welfare in Society (ACWelS), Japan College of Social Work, and APASWE.

Sakamoto, E. (Ed.). (2014). *The roles of Buddhism in social work: Vietnam and Japan comparative research* (Headed by Akimoto, T.). Shukutoku University, USSH-VNU, ACWelS-JCSW, and APASWE.

Sirimanne, C. (2016). Buddhism and women: The Dhamma has no gender. *International Journal of Women's Studies, 18*(1), 273–292.

Sobitha, O. (2023). How Buddhist teachings encourage social welfare and altruism. In Gohori, J. (Ed.). *Reviewing Buddhist social work through the lens of history, education, and practice.* (pp. 1–11). ARIISW.

Somananda, O. (2022). *An analytical study on applicability of teachings in Buddhism for the development of Buddhist social work education.* Doctoral thesis, Shukutoku University. (unpublished)

Waruni, T. (2020). A survey analysis on a more effective model of social work for Sri Lanka with reference to selected WPSW and BSW institutions operated in Sri Lanka. In Akimoto. T., Someya, Y. (eds.) *What Buddhist social work can do while Western-rooted professional social work cannot.* ARIISW.

おわりに

　新たな国際ソーシャルワーク理論の探究において、私たちがこの間ともに歩んできた旅を振り返ると、大きな感謝を感じるということに尽きる。初版の構想から本書の発刊に至るまで年単位の月日を要したが、その間になされた議論や対話、交流は紛れもなく本書の内容を豊かにした。改めて、どこかの旅路で交流やご協力をいただいた関係者の皆様方と、そのご縁に、最大限の感謝を申し上げたい。

　2024年2月27日にアジア国際社会福祉研究所主催（日本ソーシャルワーク教育学校連盟後援）の第8回国際学術フォーラム「国際ソーシャルワーク理論研究100年の『その先』には何があるのか？」にて、はじめて英文の初版（本書第I部）が紹介された。同フォーラムに、本書第1章等でも触れられた、世界を代表する国際ソーシャルワーク研究者であるリン・ヒーリー名誉教授（コネティカット大学）と、マノハー・パワール教授（チャールズ・スタート大学）を招聘し、国際ソーシャルワーク理論研究の現在地とその先の展望についてご講演いただいた。そのフォーラムと研究交流を通じて、国際ソーシャルワーク理論の進化に情熱を燃やす関係者の間で、本書の内容や視点が様々な知的な議論を巻き起こしうることを確信した。

　さらに、私たちは重要な節目を迎えようとしている。2024年4月6日にパナマで開催されたソーシャルワーク世界合同会合にて、秋元樹名誉所長がキャサリン・ケンドル賞を受賞した。この賞は、ソーシャルワーク教育の国際化等に多大な貢献をし、国際ソーシャルワーク学校連盟（IASSW）の名誉会長である故・キャサリン・ケンドル女史の功績を称え創設されたものである。この受賞の意義は、個人の業績を反映するだけでなく、ソーシャルワークにおける国際的な視点を推進する重要性を強調するものでもある（第I部補章参照）。つまり、本書発刊の意義ともパラレルに関連するものであった。

　第2版（英文）および本書和訳版の出版は、国際ソーシャルワークを包括的に理解する必要性がかつてないほど高まっている現在だけではなく、将来

に向けても重要な意義を持つと考える。本書は、国際ソーシャルワークに関して、多角的な視点と洞察をもたらし、様々な問いを投げかけるように、それらは将来に向けても開かれたものであるに違いない。

将来的には、本書のさらなるアップデートを期待してやまない。国際ソーシャルワーク理論の継続的な探究と発展は、まだ緒についたばかり、と考えてもいる。繰り返しになるが、私たちは、本書がソーシャルワークのあらゆるコミュニティにおいて、活発な議論を喚起することを切に願っているが、それも第一歩に過ぎないのかもしれない。将来、ソーシャルワークの教育、実践、研究のあらゆる側面に、「国際的」な視点、多角的・複眼的な視点が取り入れられ、強化されることを切望する。本書第3章で提示された新しい定義に象徴されるように、本書の新たな視点を検討することにより、ソーシャルワークそのものがより豊かになると信じている。

末筆ながら、この書籍プロジェクトの実現に貢献してくださったすべての方々に心から感謝申し上げるとともに、読者の方々にも国際ソーシャルワークの未来についての継続的な対話に参加していただくことができれば、この上ない喜びである。世界中のすべての人びとの国際ソーシャルワークの実現を願って。

東田全央

索引

あ

愛国心　211
アイデンティティ　214
アジア太平洋ソーシャルワーク教育連盟
　（APASWE）　26
アジア仏教ソーシャルワーク研究ネットワーク
　164, 254
アメリカ独立戦争　200
アラブの春　234
安全保障理事会　197
生きられた経験　216
イスラムソーシャルワーク　87
「依存理論」仮説　230
一極世界理論　112
一帯一路構想（BRI）　232
一定の価値　84
イデオロギー　102
異文化接触　65
異文化ソーシャルワーク　128
異文化間実践　81
移民　43
移民統合政策指数（MIPEX）　217
移民労働　213
印刷機の発明　200
インターセクショナリティ　222
インターナショナリズム　201
インディジナイズ　84, 164
インディジナイゼーション（現地化）　111, 115,
　159
インディジナス（土着）　87, 253
インディジナスな社会　116
インディジナスな人々　134
「win-win-win」仮説　235
ウェストファリア条約　186, 194
ヴェルサイユ条約　202
内なる国際化　65

か

ABC モデル　164, 254, 259
エクメーネ　186
SDGs　239
エスノ象徴主義　196
エスノセントリズム　205
MDGs　239
縁起　255
援助相補性仮説　235
欧米化　122

GAFAM　239
海外経済協力基金（OECF）　228
外交　66
外国人労働者　60, 210
開発援助委員会（DAC）　228
開発協力大綱　230
改良主義アプローチ　27
過剰包摂　219
価値定義　36
カテゴリー化　186, 217
歓待の権利　199
帰化　215
技術援助（TA）　228
機能定義　36
基本的人権　68
境界線　183, 221
境界引き　185
強制送還　222
ギリシア哲学　203
キリスト教系 NGO　64
近代国家　95
クライアント　109
グループワーク　29
グローバライズされた社会　33
グローバリゼーション　205

266

CARE インターナショナル　62
経済移民　205
経済協力開発機構（OECD）　228
ケースワーク　29
ゲーム理論　235
血統主義　212
原始仏教　257
現地化（インディジナイゼーション）　111, 115, 159
権利擁護　33
交差性　222
構築主義　196
公的資金（OOF）　228
5カ国調査　254
国際移民サービス　23
国際移住機関（IOM）　210
国際移住者　210
国際開発機関　33
国際協力　43
国際協力機構（JICA）　229
国際社会福祉協議会（ICSW）　24
国際政策開発　33
国際政府組織　31
国際ソーシャルワーカー連盟（IFSW）　244
『国際ソーシャルワーク』'（ダッシュ）　107
国際ソーシャルワーク　25
国際ソーシャルワーク（A）　97, 98, 121
国際ソーシャルワーク会議（第1回）　23
国際ソーシャルワーク学校連盟（IASSW）　24
国際ソーシャルワーカー協会（IFSW）　24, 114, 248
『国際ソーシャルワーク──相互依存の世界における専門職の活動』　22
『国際ソーシャルワークハンドブック』　21
国際ソーシャルワーク（B）　98
国際通貨基金（IMF）　237
国際的コンサルテーション　31
国際比較調査　59
国際非政府組織（INGO）　26
国際養子縁組　38
国際連盟　202
国際連合　202
国際労働機関（ILO）　26
国籍　223

国籍取得　218
国内化　116
国内ソーシャルワーク　39
国内避難民（IDPs）　220
国民　183
国連児童（緊急）基金（UNICEF）　62
国連難民高等弁務官事務所（UNHCR）　212
コスモポリタニズム　198, 203
コスモポリテス　199
「国家論」モデル　85
国境　39, 72-74, 81-86, 96, 119, 131, 170, 183
国境管理　190
国境線　183
国境なき医師団　62
コミュニティ・オーガニゼーション　29

さ

災害被災者　43
最終製品　46
産業化　195
ジェネレーション・レフト　238
自国ファースト　199
自己中心主義　129
持続的可能な開発目標　205
児童の権利に関する条約　212
児童福祉　110
市民権　215
社会開発　34, 55
社会構築主義　185, 214
社会参加仏教　260
社会主義革命　27
社会正義　34
社会福祉士　245
自由で開かれたインド太平洋（FOIP）構想　232
修道女　64
十四か条の平和原則　187
主権　183
出産ツアー　216
出自　216
主流ソーシャルワーク　86
主流モデル　81
障害　110
障害を持つアメリカ人法　59

上座部仏教　258
植民地化　185
植民地主義　200
植民地宗主国　27
児童労働　64
新型コロナウイルス感染症（COVID-19）　234
新自由主義　204
新帝国主義　27
侵入者　134
人類皆兄弟　199
ストア派　203
スピリチュアル　261
スピンオフ　105
西欧啓蒙思想　72
政治的イデオロギー　201
精神保健福祉士　245
生地主義　212
政府開発援助（ODA）　227
西洋生まれの専門職ソーシャルワーク　16,
　50, 88, 90, 101
西洋生まれのソーシャルワークの国際ソーシャ
　ルワーク　125
西洋化　113
西洋社会　93
生老病死　257
セーブ・ザ・チルドレン　23
世界銀行　237
世界人　74
世界人権宣言　197, 211
世界貿易機関（WTO）　237, 244
赤十字　23
慈善　117
戦後復興　27
先進国　112
戦争　43
戦争賠償　231
戦争被害者　130
専門職交流　32
専門職植民地主義　113
専門職ソーシャルワーカー　35
専門職帝国主義　30, 46-47
想像の共同体　196
ソーシャルディベロップメント（社会開発）
　34, 55

ソーシャルメディア　205
ソーシャルワーク教育協会（CSWE）　28
ソーシャルワーク専門職のグローバル定義
　92, 253, 167, 260
ソーシャルワーク帝国主義　113
『ソーシャルワーク年鑑』　25, 65, 81
ソーシャルワークの国際会議　25
『ソーシャルワーク百科事典』　25
ゾミア　191

た

第一次世界大戦　202
対外援助　227
大東亜共栄圏　201
第二次世界大戦　189, 202
多国間　197
多国籍企業　31
他者　223
多重国籍　214
多文化社会福祉　60
多文化主義　205
多文化福祉社会　60
短期滞在ビザ　221
地球市民　71
中国国際発展協力庁（CIDCA）　234
超国家主義　189
地理空間情報システム（GIS）　243
続きゆく絆　256
帝国主義　200
テクノロジー　190
デジタル化　190
デジタルテクノロジー　206
伝道師　189
透過性　184
統合定義　49, 88
東西対立　227
ドゥッカ　257
東南アジア諸国連合（ASEAN）　96
トーチ　124
独立運動　195
都市スラム　64
土着のソーシャルワーク　87
ドメスティックバイオレンス（DV）　221

トランスナショナル　191
トランスバウンダリー　206
トルデシリャス条約　187

な

内政不干渉　195
ナショナリズム　200, 204
ナショナル・アイデンティティ　216
南北問題　66
二国間　197
二重国籍　214
人間の安全保障　198
人間の安全保障委員会（CHS）　198

は

バイラテル（二国間）　197
白人の負担　201
白地図　131
パスポート　216, 219
バルカン諸国　96
バンド社会　194
P5　197
非英語国　56
庇護申請　215
非政府組織　203
非西洋世界　125
非専門NGO　87
ビッグデータ　239
被抑圧少数集団　130
貧困　110
ブーメラン　105
複眼　119, 135
福祉国家　56
福祉社会　56
部族社会　194
仏教学　253
仏教ソーシャルワークの作業定義　165, 259
不法移民　218
ブラックボックス　92
プラットホーム資本主義　239
フランス革命　200
ブレトンウッズ体制　237
フロンティア　183

紛争予防　34
文明化の使命　201
ベルリンの壁崩壊　189
ヘンリー・パスポート指数　220
封建制度　186
ボーダースタディーズ　192
ボーダーランド　184-185
北米自由貿易協定（NAFTA）　72
北米労働協力協定（NAALC）　72
ポストモダニズム　214
本質主義　214

ま

マーシャル・プラン　228
マイクロアグレッション　210
マルクス主義　230
マルチラテラル（多国間）　197
ミックスルーツ　214
ミッショナリー（伝道師）　189
南アジア　96
南満州鉄道会社調査部　65
民主主義　34
民族共同体　95
民族自決　195
無国籍者　213, 215
瞑想　255
恵まれない人　81
元移民　219
もの差し　102
ものの見方　67, 102, 135

や - わ

優越性　118
優秀性　136
ラテンアメリカ　96
理念　104
リベラル・ナショナリズム　232
領土　183
レジリエンス（回復力）　241
劣等生　118
ロシアによるウクライナ侵攻　221
ワシントン・コンセンサス　234

著者・編者一覧

＊秋元樹 (Tatsuru Akimoto, DSW)［第1章～第4章、補章］
大乗淑徳学園学術顧問
淑徳大学アジア国際社会福祉研究所 名誉所長
日本女子大学 名誉教授

内尾太一 (Taichi Uchio, PhD)［第6章］
静岡文化芸術大学文化政策学部 准教授

郷堀ヨゼフ (Josef Gohori, PhD)［第10章］
淑徳大学大学院総合福祉研究科 教授

佐々木綾子 (Ayako Sasaki, PhD)［第7章］
千葉大学大学院国際学術研究院 准教授

佐藤（大門）毅 (Takeshi Sato-Daimon, PhD)［第8章］
早稲田大学国際教養学部 教授

佐藤裕視 (Hiromi Satoh)［第5章］
麗澤大学国際学部 専任講師

＊東田全央 (Masateru Higashida, PhD)
［はじめに、第5章、第9章、おわりに］
島根大学学術研究院人間科学系 准教授
淑徳大学アジア国際社会福祉研究所 プログラム研究員

＊松尾加奈 (Kana Matsuo)
淑徳大学アジア国際社会福祉研究所 上席研究員

＊編者
(50音順、所属先は2024年12月1日現在)

国際ソーシャルワーク
新たな概念構築

2025 年 3 月 10 日　初版第 1 刷発行

編
東田全央
秋元　樹
松尾加奈

デザイン
坂野公一＋節丸朝子
（welle design）

発行者
淑徳大学アジア国際社会福祉研究所

制作・発売
株式会社 旬報社
〒 162-0041 東京都新宿区早稲田鶴巻町 544
TEL 03-5579-8973　FAX 03-5579-8975
ホームページ https://www.junposha.com/

印刷・製本
精文堂印刷株式会社

Ⓒ Masateru Higashida et al. 2025, Printed in Japan
ISBN978-4-8451-1960-8